本书出版获得国家社科基金项目"我国加工贸易企业生产控制模式研究"（项目编号：08BJL048)和上海市普通高校人文社科重点研究基地上海对外贸易学院国际经贸研究所的资助。

ZHONGGUO JIAGONG MAOYI QIYE
SHENGCHAN KONGZHI MOSHI YANJIU

# 中国加工贸易企业生产控制模式研究

沈玉良 孙楚仁 徐美娜 著

ZHONGGUO JIAGONG MAOYI QIYE
SHENGCHAN KONGZHI MOSHI YANJIU

人民出版社

# 目　录

# 第一章 导 论

[**本章摘要**]

从 1978 年广东东莞签订第一份来料加工合同至今,加工贸易发生了根本性变化。本章从生产控制方式分析了中国加工贸易发展的四个阶段,认为中国加工贸易已经从原先的中资企业主导的来料加工贸易合约转变为外资企业主导的进料加工贸易经营实体。我们进一步细化了采购权的权利归属,认为尽管加工贸易企业以进料方式拥有采购权,但是掌握销售权的外方通过指定采购国家的具体产品,甚至是指定采购特定企业方式实质性地控制了采购权。调研结果表明发现有些加工贸易企业不仅具有销售权,而且拥有自己的自主品牌,因此我们将具有销售权的加工贸易企业纳入生产控制模式的分析框架。

本章我们首先提出分析本书的研究意义,中国加工贸易企业的演变过程以及加工贸易企业生产控制方式的基本特征。

## 1.1 问题提出

根据海关总署对加工贸易的规定,加工贸易是从境外保税进口全部或部分原辅材料、零部件、元器件等(以下简称料件),经境内企业加工或装配后,将制成品复出口的贸易方式。

加工贸易与一般贸易最本质的区别是料件采购方式不同,加工贸易的料件采购中全部或部分必须通过进口方式,而一般贸易的料件采购没有任何规定。

一般情况下,加工贸易分为来料加工(单纯装配)贸易和进料加工

(进口并装配)贸易两种形式。来料加工贸易和进料加工贸易的基本区别是料件的所有权不同,来料加工贸易方式的料件由外方不作价提供给加工装配企业,进料加工料件由加工贸易企业自己购买。

之所以要研究加工贸易企业的生产控制模式,主要基于四个方面的原因。

第一,加工贸易是中国货物贸易的重要方式。1981 年,中国加工贸易进出口额只有 25 亿美元;1994 年超过 1000 亿美元;2000 年以后,随着台湾计算机企业进入大陆,中国加工贸易以年均 25% 的速度增长,到2008 年达 10305.8 亿美元,占国际贸易的 47.25%。① 这么大的加工贸易额,无论对中国宏观经济,还是微观经济,都产生了重大的影响。

第二,加工贸易企业的控制方式是中国加工贸易转型升级的基础。最近几年来,政府部门特别关注加工贸易企业的转型升级,其实质就在于能够通过加工贸易实现企业的转型升级。但是加工贸易企业的转型升级一方面取决于加工贸易企业是否愿意转型,它同加工贸易企业的性质、企业从事不同技术的加工贸易产品,以及加工贸易采购权和销售权在中外双方的配置方式等因素有关。另外,加工贸易企业如果有转型的可能,那么转型以后是否能够在国际贸易中获得更多的贸易利益。因此,从加工贸易企业生产控制方式的角度我们要研究企业是否能够转型,以及转型的贸易利益在哪里。

第三,20 世纪 90 年代中期以后,外国直接投资(FDI)的增加以及以成本和出口为导向的外商独资企业逐渐成为加工贸易的主体。1998 年,外商独资企业和外商合资企业占加工贸易的比重为 60.11%,其中外商独资企业所占比重为 38.10%,到 2008 年,两类企业占加工贸易的比重上升到 83.15%,其中外商独资企业所占比重上升到 64.29%,其通过外国直接投资的方式进入中国,对加工贸易企业控制模式产生很大影响。根本性的影响就是,原来加工贸易的基础是中方提供厂房、土地,外方提供销售渠道。而目前外商所需要的土地使用权是外商自己购买的,厂房

---

① 加工贸易的数据来源于商务部网站中的商务统计,http://www.mofcom.gov.cn/tongjiziliao/tongjiziliao.html。

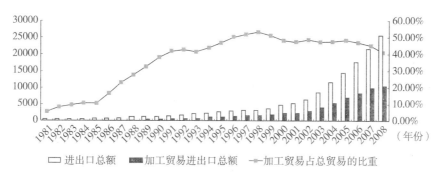

**图1.1　中国加工贸易总额及占国际贸易的比重**

等生产要素的所有权也属于外资企业,中方没有任何股权和销售权。由于没有任何所有权和销售权,采购权自然也就没有,这样就不存在中方与外方对加工贸易企业的控制问题,而是外方企业与外方企业之间控制和被控制的问题。

在图1.2中,外商直接投资与加工贸易之间的关系是通过两种形式表现的。一是发达国家跨国公司通过直接投资,采用加工贸易(一般采用进料加工贸易)的方式,形成跨国公司企业内贸易的一部分。美国英特尔公司在中国成都从事芯片的封装、测试就是这类加工贸易的典型企业。① 二是发达国家跨国公司通过外包给契约企业的方式,而契约企业通过外国直接投资以加工贸易方式形成业务联系。尽管对于跨国公司而言,这类企业是外包企业,但外包企业不是国内企业,而是国外企业进入中国投资而产生的一个子公司。这种形式在外商投资企业加工贸易中占主导,以计算机加工贸易为主。惠普(HP)等是世界计算机品牌制造商,但它们大多将业务外包给中国台湾地区企业,例如广达、仁宝等,台湾计算机企业又通过到大陆投资的方式加工组装计算机,它们大都采

---

① 1994年,英特尔在上海设立芯片测试和封装工厂,以加工贸易方式将产品出口到英特尔在亚洲的各个子公司。2007年,英特尔又在成都市投资5.25亿美元设立英特尔半导体产品封装和测试工厂。2009年2月,关闭上海芯片测试和封装工厂,将业务转移到在成都的封装和测试工厂。英特尔在成都采用加工贸易的方式是从设立在美国的子公司进口晶圆,进行封装和测试等加工程序,产品根据母公司的安排一般出口到英特尔在亚洲的各个公司,通过这些公司,销售给下游客户。

用加工贸易的方式,销售到这些品牌制造商的全球网络。

外商独资企业通过加工贸易方式形成了在全球范围内的产品内形成了不同生产段之间的生产配置。本书的研究重点在于,这些企业的贸易利益是如何分配,以及哪些因素影响着它们的利益分配。

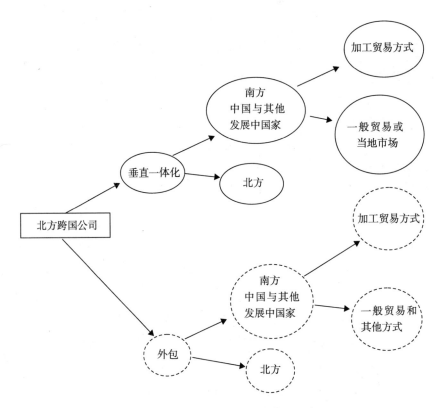

**图1.2　FDI下的外资加工贸易形成**

注:实线圆表示发达国家跨国公司具有股权连接的企业,虚线圆则表示没有股权关系的企业。

第四,在中国加工贸易发展过程中,出现了中资企业利用加工贸易的方式来形成自己的品牌。这些企业进口料件,通过加工装配生产中间品和最终产品,并通过自己控制的销售网络出口到国外,这种新型的加工贸易企业生产方式与原来的加工贸易最大的区别就是,一般假定加工贸易的销售权被外方控制。这就需要研究这种新型的加工贸易方式的生产控制方式是什么,为什么会出现这种生产控制方式,这种生产控制方式下企业之间贸易利益的分配同其他加工贸易类型企业有何不同?

这些问题需要我们去回答。

## 1.2　贸易方式与加工贸易
## 企业性质的转变过程

从 1978 年至今,中国加工贸易出现了巨大的变化,从以中资企业为主体的中外双方来料加工贸易合同方式转变为以外资企业为主的进料加工贸易实体经营方式。

表 1.1　中国加工贸易经营方式的演变阶段

| 时期 | 基本特征 | 加工贸易主导方式 |
|---|---|---|
| 第一阶段　1978—1983 年 | 中资企业主导的来料加工贸易合约 | 来料加工 |
| 第二阶段　1984—1991 年 | 广东来料加工厂和外资加工贸易企业的出现 | 来料加工向进料加工转换 |
| 第三阶段　1992—1999 年 | 外资进料、中资来料加工贸易 | 进料加工为主 |
| 第四阶段　2000—至今 | 外资企业主导的进料加工贸易 | 进料加工为主 |

资料来源:笔者根据调研和海关数据得出。

第一阶段:中资企业主导的来料加工贸易(1978—1983 年)。

国家对加工贸易政策的最初设计是通过国有和集体企业承接加工贸易业务,提高中资企业在国际市场的竞争力。

1979 年 9 月 3 日,国务院发布了《开展对外加工装配和中小型补偿贸易办法》,制定了来料加工贸易方式的运行规则。来料加工贸易是由外方提供原材料、零件或设备,由我方工厂进行加工装配。成品由外方销售,中方工厂收加工费或以加工费偿还设备价款,也可采用其他灵活的形式。即所谓来料加工、来样加工、来件装配和补偿贸易的"三来一补"贸易方式。

《开展对外加工装配和中小型补偿贸易办法》的主要内容是:第一,

5

中方(当时是国有企业和集体企业)是来料加工贸易合约的执行主体,中方不仅提供厂房,并且经营管理这个企业。《开展对外加工装配和中小型补偿贸易办法》明确规定:接受加工装配的工厂,"有权参加对外谈判、交流技术,必要时派人出国考察,并同外贸公司一起对外签订合同,在生产和交货方面,直接承担执行合同的责任。工业、外贸、银行等部门要分别研究技术、价格、信贷条件、支付方式和货币使用等方面的问题,并共同搞好谈判"[①]。第二,当时中资企业既缺乏技术,也缺乏资金和出口渠道,所以一开始的加工贸易政策设计是外方不作价提供设备和料件,同时负责产品的销售。但是国务院文件要求中资企业"要积极创造条件,争取逐步改变为进料加工或使用国产原料,有些装配业务要逐步提高国产零部件、元器件的比重,以至完全立足于国内"[②]。换而言之,今后的政策取向是以来料加工贸易为起步,中资企业逐步转型为进料加工甚至是一般贸易业务。第三,中方的所得是工缴费,即获得加工的收益。

中资企业可以承接来料加工业务,也可以不承接来料加工业务,政策赋予了中资企业更大的选择权,因而芬斯阙和汉森(Feenstra and Hanson,2005)将这种控制权描述为中方管理者在加工贸易合同执行中的作用,并将中方管理者的努力程度作为合同谈判的依据。但中资企业在实际运行中并不是这样,在当时的情况下,以广东集体企业为主开展的来料加工贸易,中方管理者在能力上缺乏管理的方法和经验,更为重要的是中方对外方从事的产品不感兴趣,经营管理权由中方交到外方手中,不仅不会减少中方的任何收益,反而会减少经营运作的风险。

尽管中国的相关统计年鉴中找不到承担来料加工贸易的企业数量,

① 国务院《开展对外加工装配和中小型补偿贸易办法》在2008年1月15日《国务院关于废止部分行政法规的决定》中被废止,被《中华人民共和国海关法》(2000年7月8日)、《中华人民共和国企业所得税法》(2007年3月16日)、中国人民银行《结汇、售汇及付汇管理规定》(1996年6月20)、《国务院办公厅转发国家经贸委等部门关于进一步完善加工贸易银行保证金台账制度意见的通知》(1999年4月5日)等法规所取代,参见http://vip.chinalawinfo.com/newlaw2002/SLC/SLC.asp? Db=chl&Gid=581,北大法律信息网。但是在这些法律和政策条款中,并没有包含对中资企业在从事来料加工贸易业务方面的要求。从目前的情况看,对中资企业的转型也没有实现政府所期望的从来料加工贸易到进料加工贸易的发展。
② 国务院:《开展对外加工装配和中小型补偿贸易办法》(1979年9月3日),第三条。参见http://vip.chinalawinfo.com/newlaw2002/SLC/SLC.asp? Db=chl&Gid=581。

但是从中国工业经济统计年鉴中我们可以推断,当时工业经济的承担主体是国有企业和集体企业①。

在具体贸易方式方面,1981 年来料加工贸易占加工贸易的比重为 78.42%,1983 年为 69.18%,说明这段时间来料加工贸易占主体,但是进料加工贸易发展比较快。

表 1.2 中国来料、进料进出口额及来料占加工贸易的比重(1981—1983 年)

(单位:亿美元、%)

| 年份 | 贸易方式 | | 加工贸易总额 | 来料加工占加工贸易的比重 |
|---|---|---|---|---|
| | 来料加工贸易额 | 进料加工贸易额 | | |
| 1981 | 19.48 | 5.36 | 24.84 | 78.42 |
| 1982 | 23.69 | 11.53 | 35.22 | 67.26 |
| 1983 | 29.16 | 12.99 | 42.15 | 69.18 |

资料来源:商务部机电和科技产业司加工贸易处提供。

第二阶段:广东"来料加工厂"和外资加工贸易企业的出现(1984—1991 年)。

20 世纪 80 年代中期,一方面随着香港制造业产业转移到珠三角地区的速度加快,另一方面广东也没有多少国有和集体企业作为来料加工业务的承担方,但为了加快发展广东地区的来料加工贸易,广东东莞等地区成立了对外加工装配服务公司,②由这家服务公司代表中方与规模相对较小的外商签订合同,形成来料加工厂。来料加工厂是外商不作价通过租赁或者建造厂房的方式在广东地区建立以来料加工为业务的加

————————

① 1979 年,全国工业企业 35.5 万家中,国有企业 8.38 万家,集体企业 27.12 万家;到 1983 年,全国工业企业为 39.25 万家,其中国有企业 8.71 万家,集体企业 30.46 万家,其他类型企业 800 家。《中国工业经济统计资料(1949—1984)》中对从事来料加工贸易的企业性质有明确的解释。"中国的全民或集体所有制工业企业,对外承接来料加工、补偿贸易、合作生产、建立技术协作关系等,因为这些经济技术活动并不改变这些工业企业的所有制性质,因此不属'中外合营'工业。"这就将 1983 年的其他类型企业排除在承接加工贸易企业之外。资料来源:《中国工业经济统计资料(1949—1984)》,中国统计出版社 1985 年版,第 358 页。

② 对外加工装配服务公司有两大类:一类是各省、自治区、直辖市及计划单列市外经贸主管部门下设立的服务性公司,其主要功能是同外商签订来料加工合同,广东地区主要是这类服务公司;另一类是以从事来料加工业务为主的进出口企业。

工装配厂,这种工厂并不具备法人地位①,以小型企业为主,但并不排斥后来有些大型企业甚至是跨国公司在东莞也设立来料加工厂。

同时,外商在中国组建加工贸易企业,开始是以中外合作经营为主。允许外商投资企业从事加工贸易的政策是海关总署等制定的《关于中外合作经营企业进出口货物的监管和征免税的规定》,该规定第六条指出,中外合作经营企业专为加工外销产品而从国外进口的原材料、元器件、零部件、辅料和包装物料(以下简称进口料件),免征进口关税和工商统一税,副次品和因其他原因不能出口留在国内部分应照章征税,其管理办法统一按海关对进料加工以及保税工厂的管理规定办理②。

允许外商投资企业意味着加工贸易并不需要依赖中资制造业,外资可以独立设厂,"三资"加工贸易企业的出现实质上影响了加工贸易的性质,从中外双方的加工贸易合同转换成以加工贸易作为经营方式的加工贸易企业经营实体。

表1.3 中国来料、进料进出口额及来料占加工贸易的比重(1984—1991年)

(单位:亿美元、%)

| 年份 | 贸易方式 | | 加工贸易总额 | 来料加工占加工贸易的比重 |
|---|---|---|---|---|
| | 来料加工贸易额 | 进料加工贸易额 | | |
| 1984 | 43.82 | 14.59 | 58.41 | 75.02 |
| 1985 | 52.81 | 22.61 | 75.42 | 70.02 |
| 1986 | 79.86 | 43.36 | 123.22 | 64.81 |
| 1986 | 79.86 | 43.36 | 123.22 | 64.81 |
| 1987 | 116.71 | 75.14 | 191.85 | 60.83 |
| 1988 | 161.58 | 126.93 | 288.51 | 56.00 |
| 1989 | 169.12 | 192.49 | 361.61 | 46.77 |
| 1990 | 191.78 | 250.13 | 441.91 | 43.40 |

① 有关广东来料加工厂的起源、发展过程以及目前的处理方法,我们将在分析广东东莞加工贸易时将作详细的研究。

② 海关总署、财政部、对外经贸部:《关于中外合作经营企业进出口货物的监管和征免税的规定》(1984年1月31日)。这个法规已被海关总署《中华人民共和国海关对外商投资企业进出口货物监管和征免税办法》(1992年7月25日)废止。

续表

| 年份 | 贸易方式 | | 加工贸易总额 | 来料加工占加工贸易的比重 |
|---|---|---|---|---|
| | 来料加工贸易额 | 进料加工贸易额 | | |
| 1991 | 238.59 | 336.28 | 574.87 | 41.50 |

资料来源:商务部机电和科技产业司加工贸易处提供。

第三阶段:外资进料、中资来料加工贸易(1992—1999年)。

1992年邓小平"南方讲话",中国开始了新一轮的改革开放,其表现为对外资的进一步鼓励政策和以开发上海浦东为中心的长三角和长江领域的开发政策。

进一步外资鼓励政策使外商利用加工贸易中的保税政策扩大了进料加工贸易的业务范围,而且在区域上从珠三角扩大到长三角。海关总署颁布的《中华人民共和国海关对外商投资企业进出口货物监管和征免税办法》(1992年)第十一条规定,外商投资企业为履行产品出口合同所需进口的原材料、燃料、散件、零部件、元器件、配套件、辅料和包装物料,由海关按保税货物进行监管,进口时,免领进口许可证,海关凭企业合同或进出口合同验放。也就是说,外商投资企业可以通过加工贸易合同直接进口所需要的料件。[①] 当外商投资企业自己拥有进出口权以后,外资就不需要对外加工装配服务公司。这样,在中国的加工贸易中,形成了两种形态:一种是中资企业性质以来料加工贸易为主的加工贸易,另一种是外资企业性质以进料加工为主的加工贸易。前者还存在着中外双方履行加工贸易合同的加工和分配方式;而后者已经不存在中方参与加工贸易企业经营的问题,而是将加工贸易作为保税、降低成本的手段。外资企业的加工贸易合同外方,既可能是外商投资企业的母公司,也可能是市场交易外方,但不管是哪一种情况,都与中资企业完全无关。

---

① 根据政策,进料加工贸易采购的国产料件可以出口退税,而来料加工中外方采购的国产料件不执行出口退税政策,这是加工贸易企业采用进料加工贸易方式的一个重要原因。

表1.4　不同所有制企业的加工贸易所占比重(1995—1999 年)

（单位:%）

| 年份 | | 来料加工贸易 | | | | | 进料加工贸易 | | | | | |
|---|---|---|---|---|---|---|---|---|---|---|---|---|
| | | 国有企业 | 集体企业 | 中外合作 | 中外合资 | 外商独资 | 国有企业 | 集体企业 | 私营企业 | 中外合作 | 中外合资 | 外商独资 |
| 1995 | 进口 | 22.62 | 0.62 | 0.62 | 2.78 | 1.14 | 12.67 | 0.53 | 0.03 | 8.95 | 27.72 | 22.26 |
| 1996 | 进口 | 21.80 | 0.79 | 0.69 | 3.57 | 1.73 | 10.39 | 0.38 | 0.01 | 8.34 | 26.86 | 25.43 |
| | 出口 | 22.54 | 0.88 | 0.61 | 3.10 | 1.61 | 12.92 | 0.70 | 0.00 | 8.01 | 25.19 | 24.43 |
| 1997 | 进口 | 22.01 | 0.91 | 0.77 | 3.78 | 2.26 | 8.69 | 0.46 | 0.00 | 7.76 | 25.77 | 27.57 |
| | 出口 | 22.40 | 0.98 | 0.66 | 3.38 | 2.14 | 11.78 | 0.76 | 0.01 | 7.25 | 23.97 | 26.67 |
| 1998 | 进口 | 20.67 | 0.94 | 0.80 | 3.65 | 2.97 | 7.42 | 0.56 | 0.01 | 7.31 | 24.15 | 31.52 |
| | 出口 | 21.60 | 0.98 | 0.67 | 3.33 | 2.91 | 10.38 | 0.87 | 0.01 | 6.80 | 23.16 | 29.29 |
| 1999 | 进口 | 20.95 | 1.01 | 1.28 | 3.92 | 4.84 | 5.80 | 0.62 | 0.04 | 5.42 | 22.70 | 33.42 |
| | 出口 | 21.85 | 1.04 | 1.05 | 3.75 | 4.56 | 8.83 | 1.01 | 0.03 | 5.25 | 21.56 | 31.06 |

资料来源:根据《中国海关统计年鉴》1995—1999 年数据处理而成。

第四阶段:外资企业主导的进料加工贸易(2000 年至今)

随着外资企业特别是跨国公司以及同跨国公司关联的大型企业的进入,中国在加工贸易管理制度方面进行了重大改革。高技术跨国公司及其关联企业生产产品的特点是,每个公司承担某个产品中的生产段(fragmentation),而不是完成所有的生产环节,而且根据要素禀赋在全球范围内配置工厂,这样公司之间出现了分段贸易。由于不同生产段的公司不可能都集中在一个出口加工区,因而产生了不同加工区之间的深加工结转和异地加工贸易。1999 年 5 月,海关总署发布了《海关关于加工贸易保税货物跨关区结转深加工的管理办法》。2000 年 4 月,国务院批复了《海关对出口加工区监管的暂行办法》,规定出口加工区内企业开展加工贸易业务不实行银行保证金台账制度和《加工贸易登记手册》管理。① 这些措施实际上就是减少企业从事加工贸易时的运作

---

① 银行保证金台账制度是指企业进口料件时,先在指定银行账户中存放等值于进口料件的关税和进口环节增值税税款的保证金,海关根据企业加工产品出口或内销的情况进行核销并确定保证金返还及扣除。

成本。

表 1.5　不同所有制企业的加工贸易所占比重（2000—2008 年）

（单位:%）

| 年份 | | 来料加工贸易 | | | | | | 进料加工贸易 | | | | | |
|---|---|---|---|---|---|---|---|---|---|---|---|---|---|
| | | 国有企业 | 集体企业 | 私营企业 | 中外合作 | 中外合资 | 外商独资 | 国有企业 | 集体企业 | 私营企业 | 中外合作 | 中外合资 | 外商独资 |
| 2000 | 进口 | 18.77 | 1.00 | 0.03 | 1.37 | 3.86 | 5.20 | 5.14 | 0.93 | 0.08 | 5.10 | 22.30 | 36.23 |
| | 出口 | 19.26 | 1.05 | 0.02 | 1.12 | 3.65 | 4.78 | 7.57 | 1.35 | 0.11 | 4.89 | 23.12 | 33.08 |
| 2001 | 进口 | 17.95 | 1.23 | 0.08 | 1.36 | 3.82 | 6.27 | 4.60 | 1.15 | 0.18 | 4.49 | 20.58 | 38.28 |
| | 出口 | 17.61 | 1.24 | 0.07 | 1.14 | 3.32 | 5.27 | 6.74 | 1.76 | 0.29 | 4.25 | 22.99 | 35.32 |
| 2002 | 进口 | 16.22 | 1.19 | 0.24 | 1.18 | 2.72 | 6.43 | 3.84 | 1.08 | 0.41 | 3.90 | 19.09 | 43.71 |
| | 出口 | 15.73 | 1.21 | 0.20 | 1.06 | 2.57 | 5.62 | 5.89 | 1.71 | 0.46 | 3.80 | 21.38 | 40.38 |
| 2003 | 进口 | 11.35 | 1.13 | 1.66 | 0.88 | 2.14 | 6.84 | 3.14 | 1.12 | 0.72 | 3.42 | 17.93 | 49.67 |
| | 出口 | 11.20 | 1.12 | 1.40 | 0.81 | 1.87 | 6.02 | 5.09 | 1.61 | 0.87 | 3.17 | 20.99 | 45.84 |
| 2004 | 进口 | 9.37 | 0.84 | 2.01 | 0.70 | 2.08 | 9.23 | 2.87 | 1.13 | 0.95 | 2.75 | 17.33 | 50.75 |
| | 出口 | 9.22 | 0.88 | 1.67 | 0.60 | 1.76 | 6.78 | 4.23 | 1.55 | 1.24 | 2.64 | 20.56 | 48.88 |
| 2005 | 进口 | 7.79 | 0.71 | 2.00 | 0.43 | 1.90 | 11.62 | 2.84 | 1.04 | 1.22 | 2.01 | 16.30 | 52.12 |
| | 出口 | 7.22 | 0.75 | 1.70 | 0.41 | 1.58 | 8.50 | 4.04 | 1.54 | 1.53 | 2.21 | 19.63 | 50.90 |
| 2006 | 进口 | 0.74 | 0.60 | 2.13 | 0.36 | 2.04 | 11.95 | 3.11 | 0.87 | 1.51 | 1.98 | 16.24 | 58.47 |
| | 出口 | 5.96 | 0.56 | 1.65 | 0.34 | 1.55 | 8.44 | 4.11 | 1.41 | 1.81 | 2.10 | 17.97 | 54.08 |
| 2007 | 进口 | 7.16 | 0.54 | 2.14 | 0.27 | 1.67 | 12.19 | 3.14 | 0.74 | 1.81 | 1.30 | 13.76 | 54.95 |
| | 出口 | 5.73 | 0.51% | 1.77 | 0.47 | 1.50 | 8.80 | 3.96 | 1.32 | 2.20 | 1.48 | 17.52 | 54.65 |
| 2008 | 进口 | 6.66 | 0.51 | 2.63 | 0.26 | 1.70 | 12.08 | 2.99 | 0.69 | 2.38 | 1.12 | 14.27 | 54.72 |
| | 出口 | 5.04 | 0.57 | 1.93 | 0.63 | 1.34 | 6.85 | 3.90 | 1.16 | 2.65 | 1.05 | 17.42 | 57.44 |

资料来源:根据《中国海关统计年鉴》2000—2008 年数据整理而成。

# 1.3　加工贸易企业生产控制方式

　　加工贸易企业的生产控制权,实际上是一个企业的产权和经营权的归属。产权是指加工贸易生产企业的所有权,所有权在中国加工贸易生产企业的具体表现形式是外商独资企业、中外合资企业、中外合作企业、国有企业、集体企业、私营企业。其中,外商独资企业称为外资企业,国有企业、集体企业和私营企业称为中资企业,中外合作企业和中外合资企业是中外合营企业。加工贸易企业的经营权是指企业在经营过程中对财产经营、投资和其他事项所享有的支配、管理权。由于加工贸易企业的生产经营活动主要包括料件的采购、加工或装配和产品的销售,因而料件的采购权和产品的销售权成为加工贸易企业经营中的重要权利。芬斯阙和汉森(Feenstra and Hanson, 2005)将中国加工企业的生产控制权归结为两种权利,所有权和采购权,并根据所有权和采购权的不同归属将加工贸易生产控制模式划分为四种类型:(1)外方同时拥有采购权和所有权;(2)外方拥有采购权,中方拥有所有权;(3)外方拥有所有权,中方拥有采购权;(4)中方同时拥有采购权和所有权。一般的,第(1)和第(4)类称为"独占"模式,第(2)类和第(3)类又称为"分治"模式。在芬斯阙和汉森的分析框架中,不管哪种方式,假设加工贸易的销售权都掌握在外方。但根据我们的调研发现,并非所有加工贸易企业的销售权都掌握在外方手中,中方在某种情况下也掌握了加工贸易的销售权。

我们认为,加工贸易企业生产控制方式的不同,首先是建立在加工贸易的方式方面,因为来料加工贸易和进料加工贸易的采购方式完全不同,料件的归属完全不同,而且这个界限是明确的。

从来料加工贸易方式下的加工贸易企业生产控制方式看,来料加工贸易的基本特点是外方不作价提供进口料件,同时负责产品的销售,因而采购权掌握在外方,销售权也掌握在外方。这样,加工贸易企业的生产控制方式是:(1)中方拥有所有权,外方拥有采购权,生产控制模式为分治模式。(2)外方拥有所有权:如果加工贸易企业与外方是母子公司关系,那么这种生产控制方式为独占模式;如果采购权拥有者是另一家外方,这样独资加工贸易企业与另一家外方之间形成分治模式。但不管哪种方式,从中外双方对加工贸易企业控制的角度看,中方在这种类型加工贸易中没有任何权利,所以我们统一归结为外方独占方式。(3)中外合作和中外合资企业的生产控制方式,由于中外双方共同拥有所有权,尽管外方拥有采购权,这种加工贸易生产控制方式也是分治模式。

进料加工贸易企业的生产控制方式相对比较复杂,这种贸易方式下不同产权企业都有可能拥有采购权和销售权。

　　我们先讨论中资企业的情况。根据调查,中资企业是否拥有采购权,同是否拥有销售权之间存在着很大的相关关系。中资加工贸易企业在实际运行中有三种方式。第一种方式是外方不仅拥有销售权,而且完全控制了采购权,尽管加工贸易企业采用进料贸易方式,但实际上这类企业只是执行购买料件,购买什么料件,购买多少,甚至到哪家企业购买,外方都有明确的规定。第二种方式是外方拥有销售权,同时控制了部分采购权,一般情况下是核心料件的采购权,而另一部分采购权归中方所有。第三种方式是中方控制销售权,而且完全拥有采购权,这种加工贸易生产控制方式为中方独占模式。在进料加工贸易的实际执行中,前两种方式进料加工贸易所签订的合同我们称为进料对口合同,主要是因为具有明确的销售对象,第三种进料加工贸易方式所签订的合同为备料加工合同,没有明确的销售对象。

　　同中资企业的加工贸易企业类型一样,中外合作企业和中外合资企业在进料加工贸易的方式上也可以分为三种方式,一种是外方完全拥有采购权,跨国公司母子公司之间的股权关系一般都采用全资子公司的方式,之所以采用控股方式,可能是外资企业为了降低经营风险,也可能是对有些行业国家有些股权方面的限制,即使现在没有股权限制,但合资企业的方式还延续下去。① 第二种是中外双方共同拥有采购权,一般情况下,核心料件的采购权掌握在外方,而一般料件的采购权掌握在中方。第三种是中方完全拥有采购权,这种情况主要可能由于外方是一个不掌握技术的投资性公司,或者是为了获得税收等优惠而成立的合资公司。因为中外合作企业和中外合资企业的股权是中外双方共同拥有,因而是分治模式。

　　外商独资性质加工贸易企业的销售权和采购权的配置方式也是比

---

　　① 例如在汽车整车和主要零部件企业,中外双方一般各控股50%,这主要体现在1994年汽车工业产业政策。2001年中国加入世界贸易组织以后,尽管取消了股权比例的限制,但目前各主要整车和发动机企业基本采用合资方式,上海通用汽车有限公司的发动机加工贸易就是其中一例,通用汽车和上汽集团各拥有上海通用汽车有限公司50%的股权,因而实际情况与独资加工贸易的控制方式是一样的,只是股权的收益分配不同而已。

较复杂的,销售权既可能掌握在加工贸易企业,也可能掌握在加工贸易企业所属的母公司,或者由其他外方企业控制。由于销售权不同,采购权的配置方式也不同,加工贸易企业既可能完全拥有采购权,也可能不掌握采购权,还有一种可能是同时拥有采购权。但不管销售权或采购权如何配置,不可能存在中方拥有销售权或者采购权,外商独资加工贸易企业的销售权和采购权都归外方,同中方没有任何关系。①

表1.6 企业性质、贸易方式、生产控制和企业所得

| 企业类型 | 贸易方式 | | | | | | | | | | |
| --- | --- | --- | --- | --- | --- | --- | --- | --- | --- | --- | --- |
| | 来料加工 | | | | | 进料加工 | | | | | |
| | 采购权 | 是否存在外方 | 是否存在中方 | 独占还是分治 | 企业所得 | 是否有采购权 | 是否有销售权 | 是否存在外方 | 是否存在中方 | 独占还是分治 | 企业所得 |
| 中资企业 | 无 | 是 | 是 | 分治 | 工缴费 | 外方全部拥有 | 外方拥有 | 是 | 是 | 分治 | 销售利润 |
| | | | | | | 中外双方共同拥有 | 外方拥有 | 是 | 是 | 分治 | 销售利润 |
| | | | | | | 中方完全拥有 | 中方拥有 | 否 | 是 | 中方独占 | 销售利润 |
| 中外合营企业 | 无 | 是 | 是 | 分治 | 工缴费 | 外方全部拥有 | 外方拥有 | 是 | 是 | 分治 | 销售利润 |
| | | | | | | 中外双方共同拥有 | 外方拥有 | 是 | 是 | 分治 | 销售利润 |
| | | | | | | 中方完全拥有 | 中方拥有 | 是 | 是 | 分治 | 销售利润 |
| 外商独资企业 | 无 | 是 | 否 | 外方独占 | 工缴费 | 外方完全拥有 | 外方拥有 | 是 | 否 | 外方独占 | 销售利润 |

资料来源:笔者根据调研整理所得。

# 1.4 中国加工贸易企业生产控制方式的基本特征

总体而言,在中国加工贸易企业中,外商独资企业占主导地位,2008

---

① 有些中资企业为了获得外资的优惠政策到中国香港、开曼群岛等地设立公司,再通过这个公司到中国大陆投资,在统计方面表现为外商独资企业,但实际上可能是民营企业,所以从统计上看是外方独占,实际的控制方式是中方独占。中资企业在香港注册比较多的是贸易公司,这种公司主要承担件的进口和寻找客户,同时通过香港企业对在内地的企业投资,形成"三资"企业,可以在税收方面获得优惠,这种情况在福建、浙江等地比较普遍。在开曼群岛注册的公司也是为了税收优惠,例如无锡尚德太阳能有限公司。

年这类企业中的来料加工贸易占加工贸易总额的 6.85%,进料加工贸易占加工贸易总额的 57.44%,外商独资企业总加工贸易额占 64.29%。说明中国加工贸易生产控制方式中,外方独占成为加工贸易的主要生产控制方式。

表 1.7　中国加工贸易企业的所有制结构和贸易方式及其变化率(1996 年、2008 年)

（单位:亿美元）

| 企业性质 | | 贸易方式(出口额) | | | | | |
|---|---|---|---|---|---|---|---|
| | | 来料加工 | | | 进料加工 | | |
| | | 1996 年 | 2008 年 | 出口额增长率 | 1996 年 | 2008 年 | 出口额增长率 |
| 中资企业 | 国有企业 | 190.10 (22.54) | 340.57 (5.04) | 79.16 | 108.97 (12.92) | 263.51 (3.90) | 141.82 |
| | 集体企业 | 7.40 (0.88) | 38.46 (0.57) | 419.84 | 5.91 (0.70) | 78.37 (1.16) | 1226.80 |
| | 私营企业 | 0.03 (0.00) | 130.05 (1.93) | 429519.43 | 0.034 (0.00) | 178.90 (2.65) | 526688.22 |
| 外资企业 | 中外合作 | 5.12 (0.61) | 42.80 (0.63) | 736.03 | 67.53 (8.01) | 71.21 (1.05) | 5.45 |
| | 中外合资 | 26.18 (3.10) | 90.54 (1.34) | 245.80 | 212.45 (25.19) | 1176.33 (17.42) | 453.70 |
| | 外商独资 | 13.56 (1.61) | 462.77 (6.85) | 3313.04 | 205.99 (24.43) | 3878.30 (57.44) | 1782.76 |
| 合计 | | 242.39 (28.74) | 1105.20 (16.37) | 355.96 | 600.88 (71.26) | 5646.63 (83.63) | 839.73 |

资料来源:根据中国海关统计年鉴整理。括号内的数据是不同贸易方式的比例。国家海关总署对外公布不同企业性质、不同加工贸易方式的数据是从 1996 年开始的。

　　从 1996 年到 2008 年的变化看,中资企业里国有企业呈现明显下降的趋势,私营企业所占比重上升最快。在外资企业中,中外合作企业所占比重下降较快,这是因为中外合作企业做一个项目就要签署一个合同,交易成本相对较高。中外合资企业加工贸易所占比重也是下降的,在新公司成立阶段,外方为了减少投资、降低风险,往往允许中方以土地和厂房折算成资本入股,但随着合资企业进入盈利阶段,外方为了独占收益,独资化倾向明显。①

不同技术水平下加工贸易企业的生产控制方式存在着明显不同,高技术产品加工贸易中,外商独资企业占绝对比重。而中低技术产品加工贸易中,私营企业占最大的比重。

中国对高技术产品出口的统计从 2000 年开始。1999 年,科技部和相关部门制定了《中国高新技术产品出口目录》(2000 年版)②,目前使用的是根据 2003 年版修订的 2006 年版《中国高新技术产品出口目录》。在中国使用的"高新技术"这个概念,在国外一般称之为高技术。中国高技术出口贸易方式以加工贸易为主。高技术加工贸易出口比重最高时为 93%,最低时也要达到 76%;同时,在加工贸易中,进料加工贸易占相当高的比重。因此,中国高技术产品出口以加工贸易为主,在加工贸易中,又以进料加工贸易方式为主。

表1.8　中国高技术出口结构(1994—2007 年)　　(单位:%)

| 贸易方式 | 1994 年 | 1995 年 | 1996 年 | 1997 年 | 1998 年 | 1999 年 | 2000 年 |
|---|---|---|---|---|---|---|---|
| 进料加工 | 56.6 | 60.4 | 63.8 | 64 | 64.7 | 62.5 | 67.3 |
| 来料加工 | 20 | 19.5 | 19 | 19.2 | 20 | 22.5 | 19.5 |
| 一般贸易 | 23.4 | 20.1 | 17.2 | 16.8 | 15.3 | 15 | 13.2 |
| 贸易方式 | 2001 年 | 2002 年 | 2003 年 | 2004 年 | 2005 年 | 2006 年 | 2007 年 |
| 进料加工 | 70.8 | 71.5 | 74 | 75.7 | 77.5 | 76.1 | 70.4 |
| 来料加工 | 19 | 18.8 | 18.5 | 17.5 | 16.4 | 15.4 | 15.2 |
| 一般贸易 | 10.2 | 9.7 | 7.5 | 6.8 | 6.1 | 8.5 | 14.4 |

资料来源:商务部机电和科技产业司加工贸易处提供。

① 王涛:《契约、控制权与效率——外商投资企业独资化倾向的理论与实证研究》,人民出版社 2008 年版,第 142—152 页。
② 1999 年,科技部与相关部门共同发布了 2000 年版《中国高新技术产品出口目录》(以下简称《出口目录》),并于 2003 年修订发布了 2003 年版《出口目录》。《出口目录》发布以来,对规范化、科学化管理高新技术产品出口,落实国家有关鼓励政策,促进高新技术产品出口,加快出口商品结构的调整发挥了积极作用。2006 年版《出口目录》的产品是在 2003 年版《出口目录》的基础上,经企业申报和地方有关部门推荐,根据目录调整的原则和相关规定,经专家评审而确定。该本《出口目录》所列产品共计 1601 项。

在高技术加工贸易生产企业类型中,外商独资企业无论是来料加工贸易,还是进料加工贸易,都占绝对高的比重。2001—2007年,外商独资企业来料加工贸易占高技术加工贸易的比重平均为10%,进料加工贸易占高技术加工贸易的比重平均为59%,两者之和为69%,说明在中国高技术加工贸易中,外方独占是中国高技术加工贸易企业的主要生产控制方式。

表1.9　不同所有制性质下的高技术加工贸易方式所占比重

(单位:%)

| 年份 | | 来料加工贸易 | | | | | | 进料加工贸易 | | | | | |
|---|---|---|---|---|---|---|---|---|---|---|---|---|---|
| | | 国有企业 | 集体企业 | 私营企业 | 中外合作 | 中外合资 | 外商独资 | 国有企业 | 集体企业 | 私营企业 | 中外合作 | 中外合资 | 外商独资 |
| 2000 | 进口 | 9.90 | 0.60 | 0.03 | 0.41 | 1.53 | 7.90 | 1.99 | 0.38 | 0.07 | 3.33 | 22.89 | 50.97 |
| | 出口 | 10.11 | 0.65 | 0.01 | 0.28 | 1.39 | 5.05 | 1.97 | 0.54 | 0.08 | 3.15 | 29.72 | 47.04 |
| 2002 | 进口 | 8.75 | 0.60 | 0.19 | 0.31 | 0.64 | 7.93 | 1.83 | 0.29 | 0.16 | 3.01 | 19.63 | 56.65 |
| | 出口 | 9.43 | 0.55 | 0.03 | 0.28 | 0.74 | 5.91 | 2.59 | 0.61 | 0.24 | 2.91 | 23.45 | 53.25 |
| 2003 | 进口 | 5.86 | 0.70 | 1.33 | 0.16 | 0.38 | 7.85 | 1.00 | 0.35 | 0.17 | 2.47 | 15.77 | 63.97 |
| | 出口 | 6.00 | 0.79 | 1.31 | 0.15 | 0.39 | 6.82 | 1.61 | 0.39 | 0.29 | 2.08 | 20.91 | 59.25 |
| 2004 | 进口 | 5.12 | 0.45 | 1.33 | 0.06 | 0.88 | 12.17 | 0.80 | 0.06 | 0.20 | 2.06 | 15.64 | 61.24 |
| | 出口 | 5.28 | 0.52 | 1.28 | 0.05 | 0.53 | 8.00 | 1.10 | 0.15 | 0.32 | 1.69 | 19.99 | 61.09 |
| 2005 | 进口 | 4.70 | 0.36 | 1.34 | 0.07 | 0.97 | 15.31 | 0.74 | 0.09 | 0.34 | 1.29 | 14.31 | 60.47 |
| | 出口 | 4.48 | 0.43 | 0.95 | 0.07 | 0.55 | 11.03 | 1.00 | 0.17 | 0.38 | 1.56 | 18.33 | 61.05 |
| 2006 | 进口 | 4.18 | 0.25 | 1.42 | 0.06 | 1.14 | 14.31 | 0.72 | 0.07 | 0.42 | 1.49 | 13.06 | 62.89 |
| | 出口 | 3.88 | 0.29 | 0.85 | 0.13 | 0.88 | 10.80 | 1.06 | 0.17 | 0.50 | 1.73 | 16.00 | 63.72 |
| 2007 | 进口 | 4.92 | 0.29 | 1.82 | 0.05 | 0.87 | 16.05 | 0.70 | 0.07 | 0.76 | 1.05 | 11.68 | 61.75 |
| | 出口 | 4.10 | 0.31 | 0.84 | 0.48 | 0.80 | 11.17 | 0.84 | 0.15 | 0.73 | 1.02 | 15.66 | 63.89 |
| 2008 | 进口 | 4.60 | 0.32 | 2.08 | 0.04 | 0.87 | 16.01 | 0.67 | 0.05 | 0.90 | 0.88 | 11.97 | 61.61 |
| | 出口 | 3.57 | 0.36 | 0.92 | 0.82 | 0.66 | 7.08 | 0.76 | 0.13 | 0.84 | 0.59 | 15.30 | 68.97 |

注:2008年为2008年1—10月的数据。

资料来源:商务部机电和科技产业司加工贸易处提供。

表 1.10　不同所有制性质下的中低技术加工贸易方式所占比重

（单位:%）

| 年份 | | 来料加工贸易 | | | | | | 进料加工贸易 | | | | | |
|---|---|---|---|---|---|---|---|---|---|---|---|---|---|
| | | 国有企业 | 集体企业 | 私营企业 | 中外合作 | 中外合资 | 外商独资 | 国有企业 | 集体企业 | 私营企业 | 中外合作 | 中外合资 | 外商独资 |
| 2005 | 进口 | 5.16 | 0.55 | 11.18 | 0.39 | 1.19 | 3.03 | 2.35 | 0.98 | 51.48 | 1.09 | 8.31 | 14.31 |
| | 出口 | 4.99 | 0.59 | 9.03 | 0.34 | 1.07 | 1.89 | 3.50 | 1.48 | 53.94 | 1.18 | 10.07 | 11.90 |
| 2006 | 进口 | 3.86 | 0.37 | 10.14 | 0.29 | 1.34 | 1.73 | 2.37 | 0.74 | 52.28 | 1.17 | 7.95 | 17.75 |
| | 出口 | 3.45 | 0.38 | 8.54 | 0.05 | 1.06 | 1.57 | 3.62 | 1.33 | 55.37 | 1.48 | 8.36 | 14.80 |
| 2007 | 进口 | 4.27 | 0.34 | 9.92 | 0.22 | 1.08 | 4.16 | 2.39 | 0.61 | 46.49 | 0.75 | 7.02 | 22.76 |
| | 出口 | 3.55 | 0.30 | 7.76 | 0.08 | 1.04 | 4.79 | 3.15 | 1.10 | 48.60 | 1.05 | 9.05 | 19.52 |

注:中低技术加工贸易方式的数据来源是根据同一企业性质和贸易方式下的所有加工进口或者出口减去高技术加工贸易进口或者出口获得。

资料来源:商务部机电和科技产业司加工贸易处提供。

在中低技术加工贸易中,私营企业加工贸易占比较高的比重,其中来料加工占 9% 左右,进料加工占 50% 左右,说明中低技术产品加工贸易中,中方独占是中低技术的主要加工贸易企业生产控制方式。

# 1.5　研究方法

加工贸易生产控制模式涉及的主要问题为加工贸易企业中的采购权、所有权和销售权在中外双方之间的配置。因此,为了考察和理解此问题,需要分析中外双方在这三种权利上进行配置的机理,并利用企业水平的资料对其进行实证分析。但到目前为止,据笔者所知,通过将采购权、所有权和销售权纳入同一个分析框架并考察这三种权利的配置的相互决定的研究很少。虽然芬斯阙和汉森(Feesntra and Hanson,2005)利用贝克(Baker,2003)的模型对加工贸易企业的采购权和所有权在中外双方之间的配置进行了分析,但正如本研究第四章所要论述的,他们将销售权默认为外方所有,而没有将销售权纳入分析框架之内。事实上,他们考察的加工贸易生产控制模式主要是 1992 年外资大量进入中国之前的情形,即外方主要通过来料加工的方式同中资企业签订合约以分配采购权和加工贸易企业所有权的情形。而1992年之后中国加工贸易生产控制模式已经发生了很大变化,这却未能在其研究框架中得到体现。此外,目前对中国加工贸易生产控制模式的研究基本上只是利用宏观数据进行分析,但我们的问题是微观层面的,因此必须利用企业水平的数据进行分析,这样得到的结论和使用的数据才可能吻合,得到的结论才可能可靠。

基于上述理由,我们的研究方法借鉴了目前已有的研究而又与之有所不同。我们的研究所基于的理论主要是交易成本经济学和不完全合约理论,所用到的分析方法有数理模型分析、问卷调查、座谈会和企业直接调研方法,以及对调查所得的数据进行计量分析。此外,我们还用到了历史分析方法,即对中国某些特定行业、地区的加工贸易生产控制模式的案例进行分析,以获得有关中国加工贸易生产控制模式的若干洞见。以下是本研究所基于的理论和采用的问卷调查、座谈会和企业直接调研方法。

### 1.5.1 交易成本理论

交易成本理论最先是由科斯(Coase,1937)在考察企业产生的原因及其边界的问题时提出来的理论,后经威廉姆森(Williamson,1985)细化和推广。根据该理论,企业产生的原因在于交易存在成本,而企业是最小化交易成本的一种制度,企业的边界也由交易成本确定。交易分为市场交易和内部交易,交易成本则来自人的有限理性和机会主义。机会主义行为可以分为两大类:(1)对联合剩余最大化行为的偏离,这将导致现有合同条款下交易收益的事实上的再分配;(2)从一开始就指望榨取更有利的合同条款或者强迫重新谈判以便合乎法律地修改以前商定的条款。前者是一种对合同包含的价格信号的反应,通常称为道德风险,如卸责、偷工减料,以某种不易发觉或不易诉讼的方式降低质量或者在合同事先没有指定或者没有界定清楚的地方做手脚,等等;后者包括各类敲竹杠(hold up)的行为。除了机会主义之外,三个因素与特定交易有关,从而也导致了交易成本。一是资产的专用性(asset specificity);二是不确定性的程度(extent of uncertainty);三是交易的频率(frequency)。所谓资产的专用性是指一种资产一旦形成,就只有一种用途,而不能转作他用。新古典经济学家早就认识到不确定性对交换的影响,他没有注意到交易频率和特定交易投资的重要性。在新制度经济学中,交易的这三个方面都被看成是对经济行为有重要影响。根据交易成本理论,当交易涉及重大的关系专用性投资时,依赖于反复讨价还价的交易关系就没有吸引力了。一旦投资在绩效预期中沉没,那么事后"敲竹杠"和机会主义的动机就会产生。如果交易机制无法削弱当事人按照这些动机行事的能力,那么,一个社会成本最小化的交易真正付诸实施时,对个人来说却可能是缺乏吸引力的。而为未来的一组交易规定好交易条款和条件的长期合同,在事前就提供了防止事后出现履约问题的办法。因此,为了交易的完成,双方采取折中的方案,摒弃交易发生后的反复磋商,事先就规定好未来的交易条款,签订长期契约。但长期契约并不能够完全阻止"敲竹杠"问题的产生。事实上,契约实际上很有可能制造而不是解决"敲竹杠"问题。

利用交易成本理论考察企业组织问题成为可能。按照交易成本经济学,最优的企业组织应该是最节约交易成本的组织形态。从交易成本经济学来看加工贸易生产控制模式,加工贸易生产控制模式本质上可视为外方和中方的签约问题:跨国公司是在中国采取垂直一体化形式还是采取垂直分离化形式,它受到交易双方的机会主义、交易的不确定性、交易频率、交易双方的资产专用性和交易的复杂性的影响(Williamson,1985)。在这些因素中,资产专用性、交易的复杂性以及交易频率是最重要的因素。在通常交易成本经济学中,资产专用性得到了很大的强调。在本研究中,我们借用资产专用性和交易复杂性的概念来对我们通过调查、座谈和直接企业调研所得的数据进行分析和解释。从数据中可以看到,产品特征(衡量生产复杂性和通用性)、资产专用性的确对加工贸易的生产控制模式产生了重要影响。

### 1.5.2  不完全合约理论

芬斯阙和汉森(Feesntra and Hanson,2005)对中国加工贸易生产控制模式中采购权和所有权在跨国公司和中国加工贸易管理者之间的配置的分析,借鉴了目前流行的不完全合约理论的分析方法。这一方法称为 GHM 分析框架,它最先由格罗斯曼等人(Grossman and Hart, 1986;Hart and Moore, 1990;Hart,1995)发展出来。在完全契约关系下,交易主体可以通过签订契约以规避所有可能影响到它们之间合同关系的未来或然事件。但由于交易主体有限理性、资产专用性以及个体机会主义行为倾向,加上无法观察到对方的行为而难以实施监督(监督成本最大化),发生与完全契约相联系的签约前的逆向选择风险和签约后的道德风险(Williamson,1985)就可能存在,交易主体因而无法达到最优的契约安排。这种发生在事后能够被双方观察但无法被第三方(如法院)证实的或有事件,将影响交易主体事前的专用投资。交易不可契约化可能带来事后“敲竹杠”以及相应的再谈判过程和利益分配问题,同时,由于预期到事后的问题,交易双方事先的选择会导致一定程度的专业投资不足。为了最大化不完全契约关系下的交易效率(尽管无法达到帕累托最优),产权安排,或者更确切地说是剩余控制权,直接而有效。剩余控制权的选择取决于多种要素特征,包括专业资产特征、专业资产对于交易主体的重要程度(Grossman and Hart,1986)、谁应该对激励负最大的责任等等。应该说,这一分析框架对于分析跨国公司和中方在采购权、所有权和销售权方面的安排,即加工贸易生产控制模式来说是比较适合的。

我们也采用这种方法对中国加工贸易生产控制模式进行分析。这种分析方法是微观层面的,因而给出的结论也是微观层面的。这种方法假定中国加工贸易的参与主体只有两个,即中方和外方。双方的目标是确定企业所有权、采购权和销售权的配置合约以及对应的采购努力、最终产品的加工努力,以及最终产品的销售努力以使本身利润最大化。在完全合约情形下,问题可简化为双方的联合收益最大化问题。但如果双方签订的合约是不完全的,则由于双方所支付的采购、加工或者销售努力的专用性和双方的机会主义,“敲竹杠”问题就在所难免。这样,双方必须确定三种权利的配置以及对应的努力的支付以使本身利润最大化。由于合约的不完全性,双方将就权利配置、努力支付和最终剩余的分配进行一系列的讨价还价。整个的博弈过程可概括如下:

第一阶段：双方确定在加工贸易企业的采购权、所有权和销售权的配置方案。

第二阶段：双方确定自身在采购努力、原材料加工成最终产品的加工努力以及最终产品销售努力的支付，实现产品销售收益并支出采购成本、加工成本和销售成本。

第三阶段：双方就最终产品销售收益进行纳什议价以确定自身收益分配比例。

求解上述博弈的方法为逆向归纳法，即我们首先确定双方为使自身利润最大化所需支付的最优努力，然后通过分析博弈的纳什均衡来确定均衡的权利配置方案。

这种分析方法在一定程度上能体现中国加工贸易的现实，特别是能体现加工贸易合约的签订过程和实施过程，因而所得到的结论在某种程度上是合理的。

我们的分析同芬斯阙和汉森（Feenstra and Hanson，2005）所不同的是，第一，我们所考察的中方不仅仅是它们所谈到的中国加工贸易管理者，而且是从事加工贸易的实体，它决定是否与外方合作成立加工贸易企业。如果外方独占所有权利，则中方事实上也并不参与加工贸易，如果外方和中方实行分治的生产控制模式，则双方本质上以合资、合作或者其他方式成立加工贸易企业或者在加工贸易企业中实现合作。第二，我们考虑了加工贸易企业销售权的配置和产品特征。销售权作为一项重要的且能影响采购权和所有权的权利，其被默认为归属于外方这个假设是值得商榷的。此外，忽略产品的特征如标准化程度、通用性程度（反映了生产复杂性程度）而抽象地考察加工贸易生产控制模式也存在一些问题。因此考虑产品特征以及销售权的最优配置有助于我们更好地理解中国加工贸易的现实。第三，我们还分析了各种生产控制模式受到产品特征、合约不完全性以及双方的边际沉没成本（可视为资产专用性）的影响。

当然，在这一框架中进一步考虑最终产品具体的加工要素投入，如资本和劳动力投入（如 Antras，2003），是必要的和重要的。而这可能能够同要素禀赋理论、新贸易理论等传统的国际贸易理论结合起来。此外,地方政府的锦标赛行为、其他国家在吸引外资上面的竞争等可能也是影响外方和中方权利配置的重要因素,这些尚未在本研究中得到体现。因此,这需要进一步的工作。

### 1.5.3　问卷调查、座谈会和直接企业调研

除了在理论上对中国加工贸易生产控制模式进行分析,收集企业水平的数据并利用它们来考察中国加工贸易企业实际的权利配置方式是必要的。

我们的企业调研分为三种形式:问卷调查、座谈会和直接企业调研。

收集企业水平数据最主要的方法是问卷调查方法。为此,根据我们所希望研究的问题设计了问卷,问卷问题分为六大类,共 39 个小问题。我们调查了:(1)企业性质和企业的加工贸易方式;(2)加工贸易所在地和加工贸易企业所处的行业;(3)企业财务的基本信息;(4)加工贸易产品的标准化程度和通用性程度;(5)加工贸易企业在加工生产过程中投入的技术。为了使所设计的问卷更符合实际和更容易被企业所理解,我们反复走访了上海、江苏和浙江的多家加工贸易企业、让它们试填问卷并咨询修改意见。

我们的调查在 2007 年 5 月即开始筹划,到 2008 年我们初步设计出问卷。2008 年 4 月到 2009 年 6 月,我们给广东、福建、浙江、江苏、上海、山东六个省大约 500 家企业正式发放了问卷。在选择企业时,我们采用的是随机抽样的方法。

在发放问卷的过程中,我们走访了广东、福建、浙江、江苏、上海、山东六省共二十多个市县的经贸委,包括广东的东莞、广州,江苏的苏州、无锡和常州等,山东的青岛、威海等,福建的晋江和上海的重点区县等,并在它们协助下召集了加工贸易企业的座谈会。每次座谈会都有约十家企业参加。通过这种直接同企业座谈的形式,我们了解到了许多以往研究者所不甚了解的信息,而这些信息同加工贸易生产控制模式密切相关。我们记下了相关企业的名录和联系方式。为了核对座谈所得的信息的准确性,笔者又在每个企业的网站上核对了相关信息,并通过以电话采访该企业以及对应的经贸委的方式,再次对某些模糊的信息进行了

核定。通过对座谈会所得信息的整理,我们也了解到了110多个企业的详细且较准确的信息。在分析服装加工贸易时,我们发现原有的样本只有30家,样本的代表性不够,为了获得更多企业性质和贸易方式数据,我们通过上述地方的外经贸委,又随机抽样了这些地区的200多家服装加工贸易企业。

在参加座谈会的同时,笔者还走访了其中某一些企业,直接到这些企业进行调研。内容包括到该企业同其总经理或者董事长进行访谈,以了解一些不为企业员工所了解的企业相关经营信息。事实上,很多有关生产控制模式的信息的精确掌握者是总经理或者董事长本人,这些信息无法进行宏观统计。因此,同这些企业的实际经营者进行面对面交谈是必要的。笔者的确以这种方式了解到了许多同企业生产控制模式相关的实际信息。这些都有助于笔者对中国加工贸易生产控制模式的现状和存在的问题作出判断。笔者也参观了访谈的这些企业,了解了这些企业加工生产的整个流程和经营流程。

总的来说,通过问卷调查、座谈会以及直接企业调研,笔者收集了中国沿海六省市一些具有典型性和代表性的加工贸易企业的微观水平的数据。这些数据对于我们了解中国加工贸易的现状、理解其机理都具有重要意义。

除此之外,我们通过国务院发展研究中心信息网数据库下载了海关税则号四位码的加工贸易数据,包括31个省市自治区2002—2008年的加工贸易数据,重点是9个省市加工贸易产品的进出口数据和进出口国别数据。[①] 这些数据将在以后各章特别是地方加工贸易生产控制方式分析中使用。国务院发展研究中心信息网数据库中海关数据的不足是海关税则号短,只有到4位税则号,同时也没有反映企业性质的数据。为了深入分析几种典型的加工贸易企业生产控制方式,我们通过海关购买了同自动数据处理设备、造船和光伏有关的8位海关税则号2000—2008年的企业性质和贸易方式数据,这些数据的分析和处理体现在第六章到

---

① 这9个省市是广东省、福建省、浙江省、江苏省、上海市、山东省、天津市、北京市和辽宁省。中国加工贸易在这9个省市中占90%以上。

第八章,以及第十章中。同时,我们通过 2009 年的外商投资企业年检资料对上海市服装外商投资加工贸易企业数据进行了分析,数据更为详细,这些数据的分析和处理主要体现在第九章中。

# 1.6　基本分析构架

本研究的基本框架如下:

目前,对中国加工贸易的相关研究大多集中在加工贸易对中国的影响以及如何进行转型升级等方面,而对中国加工贸易的发展历程、微观主体的变动、产品结构、地区结构和省市结构缺乏研究。其中,最重要的是对中国加工贸易的微观主体缺乏研究。而这将造成学界和政府对中国加工贸易转型升级的可行性以及加工贸易的利益缺乏本质了解。因此,加工贸易的所有问题都应集中在政治经济的方面,即加工贸易的微观主体以及由此带来的加工贸易的省市分布、外资国别来源分布以及进出口产品结构构成的必然结果。而加工贸易微观主体的构成问题的核心,即加工贸易生产控制模式(即加工贸易企业的各种权利,如采购权、所有权和销售权等)在参与加工贸易企业的各方之间的配置问题,以及由此带来的各方行动结果的问题。在第二章中,我们将对加工贸易生产控制模式研究的缘起、研究的问题、相关研究方法和结论进行介绍。

第三章在 GHM 框架内考虑产品特征和销售权,重新分析了采购权、所有权和销售权在跨国公司之间的配置问题。在这一章的分析中,跨国公司和中国加工贸易企业的博弈过程同芬斯阙和汉森(Feenstra and Hanson,2005)的基本一致。但不同的是,在第三章的模型中,销售权可以掌握在跨国公司手中,也可以掌握在中国加工贸易企业手中,掌握销售权的一方有动力与持有加工贸易企业所有权的一方协调原材料加工生产,因为这一协调将降低加工成本、增加最终产品的销售收入。产品特征在两个方面将影响生产控制模式:一是产品标准化程度越高,加工成本将越低;二是产品通用性程度越高,最终产品的边际销售收入越高,且通用性程度还影响双方纳什议价破裂后的保留支付。在这样的设定下,我们分析了产品特征、合约不完全程度以及双方努力的边际成本对生产控制模式的影响。我们发现,在现实中,这三种权利可能配置给参与加工贸易的每一方,因而至少八种模式可能出现。在跨国公司努力的边际成本小于中国加工贸易企业努力的边际成本,以及跨国公司关于加工贸易剩余的讨价还价能力大于中国加工贸易企业的讨价还价能力的情况下:(1)独占模式总是总体上优于分治模式。(2)标准化程度的上升总是推动独占模式的上升。(3)跨国公司讨价还价能力的提高总是推动着加工贸易生产控制模式总体上由分治模式往独占模式发展。(4)通用性程度对加工贸易生产控制模式从独占趋向分治模式呈现 U 形的影响。(5)跨国公司和中方努力的边际成本的上升总体上推动着加工贸易生产控制模式由独占模式往分治模式发展。(6)跨国公司或者中方努力的边际成本越高,销售权总体上越可能掌握在中方手中。(7)标准化程度越高导致销售权总体上越可能掌握在跨国公司手中,当且仅当跨国公司讨价还价能力大于某一数值。(8)存在通用性水平的关键值,当通用性水平大于该值时,通用性程度越高,销售权总体上越可能控制在跨国公司手中,当通用性水平小于该值时,通用性程度越高,销售权总体上越可能掌握在中方手中。(9)在销售权控制在跨国公司手中的情况下,独占模式总体上优于分治模式,且标准化程度上升将导致加工贸易生产控制模式总体上更加往独占模式发展。此外,跨国公司讨价还价能力的上升也将导致加工贸易生产控制模式总体上往独占模式发展。(10)在销售权控制在跨国公司手中时,双方努力的边际成本越大,加工贸易生产控制模式越趋于分治模式。(11)在销售权控制在跨国公司手中的情况下,存在通用性水平的关键值,当通用性水平大于该值时,通用性程度越高,加工贸易生产控制模式越趋于独占模式,而当通用性水平小于该值时,通用性程度越高,加工贸易生产控制模式越趋于分治模式。所有的这些结果都同我们调研所得的数据以及宏观经济数据相符合。因而,将产品特征和销售权纳入分析框架之中,对于我们理解实际的加工贸易生产控制模式来说是有意义的。

第四章我们首先对问卷进行了统计处理,同时考察了加工贸易生产控制模式对企业生产效率的影响。对样本的计量分析表明:当加工贸易企业的所有权由外方持有时,无论企业的采购权和销售权归谁所有,外商独资企业的生产效率总体上要低于合资或者中资企业的生产效率。在同一种所有权配置情形下,不同采购权和销售权的配置会影响企业的生产效率,且呈现一定的规律。

关于影响加工贸易生产控制模式的因素,除了芬斯阙和汉森(2005)所认为的外方和中方的讨价还价能力和合约不完全性之外,加工贸易的行业特征、产品特征、企业所在地、市场结构、中方在加工生产中所投入的要素、企业规模生产和贸易结构生产导向和企业劳动力雇佣情况等都会对其产生影响,且影响方式不同。

第五章到第八章我们分别讨论了几种典型的加工贸易企业生产控制方式。第一种是外商独资企业的进料加工贸易方式。这种方式在中国加工贸易中占主导地位,我们以自动数据处理设备加工贸易企业为例首先分析了这些企业的生产控制方式,我们认为,尽管这些企业是进料加工贸易方式,但是采购权实际上也掌握在外方,或者是外方母公司,或者是与外方母公司关联的跨国公司。自动数据处理设备的加工贸易产品出口销售权基本上掌握在品牌制造商,而不是代工商。因而我们认为,这是一种外方独占的加工贸易控制方式。第二种是国有企业主导的进料加工贸易方式。尽管国有企业加工贸易在中国加工贸易中的比重在逐年下降,但是在造船工业,以加工贸易方式出口的船舶不仅没有下降,反而在上升。中国国有造船工业基本上采用进料加工贸易的方式,它们具有独立的料件采购权和销售权,因而是中方独占的加工贸易方式。之所以采用这种方式,是因为造船中的关键料件依赖进口,一旦料件可以在国内采购,那么就可以通过一般贸易方式出口。第三种是民营企业的进料加工贸易方式。尽管目前民营企业在中国加工贸易中所占比重不高,但是增长速度很快。我们以光伏企业为例分析加工贸易的生产控制方式,在中国最大光伏企业中,除了一家是国有企业外,其余都是民营企业,它们通过在纽约证券交易所等国外市场上市,在开曼群岛注册,成为外商独资企业,而实质上是民营高科技企业。由于生产光伏的料件被跨国公司控制,同时相对其他燃料,光伏产品发电成本高,因而目前主要出口到发达国家,这种加工贸易企业的经营方式是民营企业完全拥有采购权的加工贸易方式,因而是中方独占的方式,我们以尚德公司为例分析了这种加工贸易的贸易利益分配。第四种是中国最早从事加工贸易的服装产品,我们发现,在服装加工贸易企业,不仅存在不同企业间"独占"和"分治"并存的模式,而且在一个服装加工贸易企业内部,也存在着"独占"和"分治"并存的模式,我们分析了存在这种生产控制方式的原因,并以上海外资服装加工贸易企业为例对不同生产控制方式下方加工贸易企业的生产率进行了估计。

第九章我们讨论了加工贸易企业生产控制方式的地区特征。首先,我们分析了中国加工贸易的地区分布,以及不同地区的特征。然后,我们重点分析了两个典型的加工贸易地区。一个是苏州外资独资的加工贸易生产方式,估算了这个地区加工贸易的利益。另一个是东莞的"来料加工厂"生产控制方式。我们分析了"来料加工厂"这种加工贸易的产生原因,可能的变化方式以及其贸易利益。

第十章我们归纳了本研究报告的基本结论,指出需要进一步探讨的问题,并提出了相关的政策建议。

## 参考文献

王涛:《契约、控制权与效率——外商投资企业独资化倾向的理论与实证研究》,人民出版社 2008 年版。

Baker, George P. , and Thomas N. Hubbard, 2003. "Make versus Buy in Trucking: Asset.

Ownership, Job Design, and Information," *American Economic Review*, 93(3): 551–572.

Grossman S. and Hart O. , 1986. "The costs and benefits of ownership: a theory of vertical and lateral integration," *Journal of plitical ecomomy*, 94: 691–796.

Hart Oliver, and John Moore, 1990. "Property Right and the Nature of the Firm," *Journal of Political Economy*, 98(6).

Hart, Oliver, 1995. " Corporate Governance: Some Theory and Implications," *Economic Journal*, Royal Economic Society, 105 ( 430 ):

678－689.

Pol Antràs, 2003. "Firms, Contracts, And Trade Structure," *The Quarterly Journal of Economics*, 118(4):1374,1418.

Robert C. Feenstra, and Gordon H. Hanson, 2005. "Ownership and Control in Outsourcing to China: Estimating the Property－Rights Theory of Firm," Quaterly Journal of Economics.

Ronald Coase, "The Nature of the Firm", *Economica*, November 1937.

Williamson, Oliver, 1985. *The Economic Institutions of Capitalism*: *Firms*, *Markets and Relational Contracting*, Free Press, New York and London.

# 第二章　文献综述

[**本章摘要**]

本章将有关加工贸易研究进行了分类,重点分析国内外学者在加工贸易生产控制方式方面的研究内容、方法,提出了目前对加工贸易生产控制方面研究存在的不足,国内外的研究将加工贸易中的采购权用来料和进料贸易方式作为判断独占和分治的依据被简单化了。同时,销售权被假设为外方控制,实际加工贸易企业运行中存在着销售权并非完全为外方所控制。对于中国加工贸易问题的研究文献相当多,但是从加工贸易企业生产控制的角度研究加工贸易的国内外文献并不多。

## 2.1　文献分类

对于加工贸易的研究,学术界主要集中于是否要发展加工贸易、外国直接投资与加工贸易之间的关系、加工贸易转型升级、加工贸易与工业化的关系以及加工贸易控制模式五个方面。这五个方面是互相联系的,但我们认为加工贸易控制模式的研究是加工贸易转型升级、加工贸易与工业化的关系乃至是否要发展加工贸易等研究主题的基础。

表2.1　加工贸易的讨论内容、主要代表学者和研究方法

| 序号 | 讨论内容 | 主要代表学者 | 研究方法 |
|---|---|---|---|
| 1 | 是否要发展加工贸易 | 潘永源（1999 年）、夏虹（1998 年）、李蕊(2005 年) | 规范研究 |

| 序号 | 讨论内容 | 主要代表学者 | 研究方法 |
|------|----------|--------------|----------|
| 2 | FDI与加工贸易的关系<br>FDI、加工贸易与产品复杂性 | 崔大沪(2002年)<br>孙楚仁等(2008年)<br>Wang and Weis (2008)<br>Bin Xu and Jiangyong Lu (2008) | 历史研究<br>实证研究<br>数理模型和实证分析<br>数理模型和实证分析 |
| 3 | 加工贸易转型升级 | 朱有为、张向阳(2005年)<br>刘德学等(2006年)<br>沈玉良等(2007年) | 规范研究<br>规范研究<br>历史研究、实证研究 |
| 4 | 加工贸易与工业化的关系 | 隆国强(2003年)<br>王怀民(2007年) | 调查研究<br>数理模型和历史研究 |
| 5 | 加工贸易企业控制方式 | Feenstra & Hanson (2002, 2005)<br>王怀民(2006年)<br>张居衍(2006年) | 数理模型和实证分析<br>数理模型<br>数理模型 |

资料来源:笔者整理。

## 2.2 是否要发展加工贸易

针对中国加工贸易发展迅速但两头在外、大进大出、贸易利益微薄的情况,理论界产生了两种截然不同的观点,一种观点认为加工贸易的贸易利益不仅微小,而且对经济增长的贡献不大,因此不应该发展加工贸易(叶克林,2001)。这种观点认为,中国广大的内部市场使得全球各国和地区的产业升级换代的国际大转移的传统模式完全可以在中国内部发生和完成。潘永源(1999)认为,中国加工贸易出口的产品主要是劳动密集型产品,发展空间小,而且在一定程度上加剧了国内、国际市场的竞争,造成出口产品价格大幅度下降,使国际贸易陷入"贫困性增长"。夏虹(1998)从产业内贸易指数的角度分析了加工贸易的发展现状,认为加工贸易使中国处于不利的国际分工和利益分配格局,对中国产业结构提升的带动作用小。更为重要的是,发展加工贸易会导致中国技术创新缺乏,影响中国经济的长期发展。因此,李蕊(2005)认为,中国经济应该走"开发主义模式",放弃加工贸易,实行技术研发和品牌战略,利用中国的大市场培植大企业,掌握核心技术,通过自主开发能力的提高,实现工业化。

另一种观点认为,尽管加工贸易会带来各种各样的问题,但加工贸易的发展很好地解决了中国经济发展的几个重要问题,因此中国应该走"贸易主义模式"。第一,发展加工贸易适合中国资源不足、劳动力具有比较优势的国情,可以解决中国的就业问题。张华初、李永杰(2004)以及张旭宏(2004)研究了加工贸易对中国就业增长的贡献,根据他们的估算,1992—2002年中国加工贸易平均每年就业人数为3632万人。第二,加工贸易是全球化背景下实现工业化的重要手段。隆国强(2003)认为,加工贸易是发展中国家接受跨国产业转移的重要方式,因为转移到发展中国家的产业,相当大的比重是从事加工贸易的。同时,加工贸易适应了国际分工深化的趋势。只有利用跨国公司的先进技术和劳动力,大力发展加工贸易,才能推动中国的经济发展和产业升级(冯雷,2000;宋全成,2003)。第三,可以通过跨国公司的技术外溢提升中国加工贸易。喻春娇、喻美辞(2007)认为跨国公司生产组织正在发生变化,外包等形式使为跨国公司提供制造外包的企业获得技术外溢的可能性增大,而中国的加工贸易企业可以利用技术外溢推动加工贸易的发展。而且,就产业内贸易日益成为全球主导贸易模式的今天,发展加工贸易对于提升中国的产业内贸易具有十分重要的意义(隆国强,2005)。

## 2.3 FDI、加工贸易和出口复杂性

尽管对国际贸易和外商直接投资(FDI)的相关研究已经有很多,但对中国FDI和加工贸易的相关研究却很少。考虑到中国外资现已70%以上分布在加工贸易领域的事实,分析两者的关系就显得必要和有意义。崔大沪(2002年)、戚自科(1999年)已经初步对两者之间的关系进行了研究。他们认为,由于自然禀赋条件和外资政策的引导,中国形成了加工贸易的外资倾向,而这制约了外资对中国产业结构升级的推动作用,因此中国只能获得静态比较利益。潘悦和杨镭(2002年)认为,以外

资企业为主体的加工贸易在全球化进程中的作用十分明显。高越和高峰(2006 年 a,2006 年 b)在赫克歇尔和俄林模型基础上将小岛清模型应用于产品内分工上,解释了产品内分工条件下贸易与投资之间的互补关系,并用协整和误差修正模型结合中国的总量加工贸易和 FDI 数据分析了中国产品内贸易(加工贸易)与 FDI 的关系,结果表明中国 FDI 和加工贸易之间存在长期稳定的均衡关系。苏振东、侯铁珊和逯宇铎(2005年)则在标准的 H-O 模型的基础上,通过引入交易成本和包含中间产品生产过程的两阶段生产函数,构建了一个贸易投资一体化模型并对模型进行了分析。其分析结果表明,投资国和东道国之间的中间品贸易的交易效率和东道国劳动力市场的交易效率的大小影响着两国对采取贸易或是直接投资形式的选择。如果两种交易效率都足够大,且前者大于后者,则两国采取中间品贸易的形式进行交易;如果前者小于后者,则投资国对东道国采取直接投资的形式。国际直接投资能促进最终产品的生产和交易效率,如果东道国能降低国际直接投资壁垒,则能促进本国产业结构升级,最终有利于本国产业的现代化。

根据戴金平和王晓天(2005 年)的分析结果,FDI 对出口余额的带动效应有一个过程,初期可能影响为负,但随之逐渐变成正。另外,他们认为,吸引 FDI 的主要因素可能仍然是较高的投资利润率、较低的劳动力成本、对外资的优惠政策和潜在的巨大市场等因素。丁辉侠和冯宗宪(2005 年)则认为,中国的制度变量(正式和非正式制度)对中国吸引 FDI存在影响,中国的关税水平、汇率和政策变量对中国吸引 FDI 具有正的显著影响,而中国的开放度和知识产权保护程度对中国吸引 FDI 具有负的显著影响。政府廉洁程度虽然与中国吸引 FDI 负相关,但统计上不显著。曲韵(2006 年)认为,中国对外贸易与外来直接投资基本上呈现互补而非替代关系其根本原因是中国对外开放战略的外贸体制改革与利用外资政策之间存在相辅相成的互动关系。孙楚仁等(2008 年)对中国FDI 与加工贸易之间的关系进行了考察,其分析结果表明,加工贸易(进口和出口)的发展的确明显地受到 FDI 的推动;反过来,加工贸易的发展也对 FDI 起着显著的引致作用。

在加工贸易、FDI 和中国出口复杂性的关系方面,有学者(Wang and

Wei,2008)以城市水平深入研究了 FDI 和加工贸易在中国各个地区的影响。认为中国出口复杂度在上升,但出口复杂度与加工贸易和外资企业关系不大;相反,与人力资本和政府对高技术区域的税收优惠政策有密切关系。也有学者在此基础上以行业水平来研究产品复杂度,发现总体上 FDI 和加工贸易对中国的出口复杂度没有显著的影响。他们区分了由中国港、澳、台地区成立的外资企业(FIE)和非港澳台地区(主要是 OECD 国家)成立的 FIE,也区分了由 FIE 进行的加工贸易和由中国内地企业进行的加工贸易,并对产品复杂度进行了两个角度的测度,一个是产品间的复杂度,另一个是产品内的复杂度。两种测度方法得出了相同的结果:即出口复杂度和来自 OECD 的全资外资企业的 FDI 正相关,与其他形式的外资公司无关;和 FIE 的加工贸易出口正相关,但与中资企业的加工贸易出口负相关(Bin Xu and Jiangyong Lu,2009)。

# 2.4 加工贸易转型升级与工业化

针对目前中国加工贸易利益微薄、处于产业价值链低端的现状,不少研究者提出了中国加工贸易升级的对策。这些对策主要有三类。第一类对策认为,要使中国加工贸易获得更加良好的发展,需要加强加工贸易的管理(张旭宏,2004 年;闵天,2000 年)。第二类对策则认为,要使中国加工贸易获得更多的贸易利益,必须延长加工贸易产业链在中国的价值链,形成"深加工结转",为此,可以使用加工贸易中间产品进口替代战略(廖涵,2003 年;徐剑明,2003 年;张丽平,2003 年)。第三类对策则集中考虑了中国加工贸易的转型和升级问题(隆国强,2003 年;王子先等,2004 年;崔大沪,2002 年;潘悦和杨镭,2002 年;马强,2005 年;)。

在经济全球化的背景下,是否以及如何来推动中国加工贸易的转型升级呢? 朱有为、张向阳(2005 年)认为在制造模块技术下,国际分工更加细化,从产业间分工转为生产环节的分工,每个国家的比较优势不是体现在某些产业,而体现在某些生产环节或者说是某些制造工序。因此,中国工业化的任务应该从以往的推进产业升级转变为推进产业链条升级。其升级的台阶为"简单的组装→复杂的组装→零部件制造→零部件研发→最终产品研发→自有品牌产品的研发、设计和生产"。刘德学、苏桂富、卜国勤(2006 年)从全球生产网络的角度出发,通过问卷调查得出中国的加工贸易已经形成了比较好的升级态势,从价值链环节看,已越过了简单组装而进入到加工阶段并逐渐接触到了设计、营销等高附加值阶段,但总体而言仍然处在全球生产网络中较低层级的供应商。

显然,就中国劳动力资源丰富、产业技术水平不高、经济发展资金缺乏的历史和现状(张婧,2003 年;沈玉良、孙楚仁和凌学岭,2007 年)来说,发展加工贸易,对于促进资金、技术、管理经验的积累,缓和劳动力就业压力,推动中国工业化,有着重要的意义。但这些研究在加工贸易的转型升级上未考虑可行性。它们没有考虑到如下两点,一是中国目前所处的国际背景是经济全球化,在这种开放的经济环境下,全球贸易和生产的发展使得国家在贸易、投资和全球生产中的作用日益降低;二是加工贸易中的产业链的各个链节上价值分配的决定、产业链的长度、产业链的转型和升级也主要由主导产业链的跨国公司决定(联合国贸易与发展会议,2002 年;Gereffi and Memodovic,2005;Memedovic,2005)。同时,在生产全球化的今天,无论发展中国家如何通过与其他国家的竞争延伸产业链、增加加工贸易中该产业的联动效应、通过加工贸易的技术溢出获得技术提升或者通过加工贸易切入全球市场,也基本上不会改变跨国公司主导加工贸易中的产业链的现实。这意味着前面研究中所论述的产业转型和升级战略是否可行,还值得论证。事实上,戈莫里和鲍莫尔(2003 年)表明,国际贸易并非一定使某国受益,"在国际贸易中确实存在着固有的利益冲突"。"一国生产能力的提高往往以牺牲他国的总体福利为代价","允许贸易伙伴与本国产业进行有效竞争,并以此来提高生产能力有可能会使本国全面受损,而不是造福全体公众"。"这种损害不是……局部危害,或者受影响的产业马上出现就业下降,而是一种波及整个国家的负面效应。""一个工业化国家将从其非常落后的贸易伙伴发展新产业从而使其生产率普遍提高中受益。"他们利用 1994 年 OECD 结构分析(STAN)工业数据库中的 14 个工业化国家(包括澳大利亚、比利时、加拿大、丹麦、芬兰、法国、德国、意大利、日本、挪威、瑞典、英国、荷兰和美国等国)附加值的统计数据,通过选取一国在某种商品的世界总生产中所占的比例相对于该国占世界 GDP 的比例作为专业化的一个指标,笔者分析了这些国家 1970—1993 年专业化模式的变动情况。通过分析发现,在 1970 年,世界主要的工业化国家倾向于在极为不同的制造产业里进行专业化分工,三个最大的经济体德国、日本和美国在 1970 年的产业产出份额相关性和序列相关性或者为负或者为 0。在美国和其他 11 个 OECD 国家之间的产出份额也存在着很低的相关性,而且这 14 个国家的专业化产业没有呈现出随着时间推移越来越相似的趋势,跨国比较表明,各制造产业的专业化程度几乎没有变化。大多数国家 1970—1993 年保持了其专业化模式。从各产业的相对产出份额来看,相关国家的领先地位非常稳定。33 个产业中,16 个产业的国家领先地位没有变化,14 个产业中有一个国家的领先地位发生了变化。这表明,落后国家要在短时间内赶上发达工业化国家具有专业化优势的产业或者取得一席之地是非常困难的。

正如沈玉良、孙楚仁和凌学岭(2007 年)所认为的,如果不从全球生产体系下理解加工贸易产生的原因、贸易模式及其带来的贸易利益,则要理解中国加工贸易转型和升级是十分困难的。20 世纪 90 年代以后,现代加工贸易由跨国公司发起和推动,现代加工贸易是跨国公司实现全球战略的重要手段,加工贸易的转型和升级的成本与可行性由加工贸易所在价值链的跨国公司对价值链的控制能力决定。因此,为了分析加工贸易对中国带来的贸易利益和转型升级的可能性,我们必须从跨国公司对加工贸易的治理方式,即加工贸易的生产控制模式及其影响进行研究。我们还应用全球价值链的方法对中国加工贸易对经济增长的贡献、不同产业类型加工贸易的特点和转型升级的可能性进行了分析。

# 2.5　加工贸易生产控制模式

首先,国际贸易只是实现一国宏观经济目标的手段,工业化是一国经济在制造业上发达程度的表现。在全球化的条件下,工业化可以通过外资以加工贸易的方式实现,这种实现方式须具备技术(制造工序的模块化)、制度(贸易自由化)条件。其次,以外资特别是独资为主的加工贸易方式,其实质就是外方控制了加工贸易的所有权,因而,加工贸易与工业化之间的关系实质为外方左右中国的工业化,不管加工贸易如何升级,核心技术仍然掌握在跨国公司以及契约企业手中。最后,由于通过加工贸易实现的工业化是被发达国家所控制的工业化,因而即使实现了工业化,产业利益也相当小。这样无论是理论界,还是政策制定者,都会提出是否要发展加工贸易的问题,这是加工贸易讨论的基本源头问题。

从上面的分析中可以发现,是否要发展加工贸易以及加工贸易转型升级与实现工业化之间关系的实质问题,还是加工贸易的贸易利益问题,而加工贸易的贸易利益分配同加工贸易企业的生产控制方式有关,尽管这方面的文献不是特别多,但是我们认为这是研究加工贸易的核心问题。

### 2.5.1 加工贸易生产控制模式与跨国公司组织

加工贸易生产控制模式的相关研究,是目前将产业组织的相关理论和新国际贸易理论相结合的跨国公司的企业组织理论研究(尤其是垂直一体化或是垂直分离化理论)的一部分。这一研究基本上用到四类方法:即交易成本理论、所有权理论、激励系统理论和委托人理论(Itoh,2006)。该领域的研究最早可追溯到在1937年的工作,科斯论证了企业组织的产生及其边界由市场上的以及企业内部的交易成本决定。此后不少学者发展了这一理论,他们将该理论应用于企业组织和社会组织的各个方面,并详细分析了交易成本的起源和组成、交易成本的衡量及其对企业组织的影响的计量分析,等等(Williamson,1975,1985)。随着新国际贸易理论的兴起,不完全竞争和规模递增被引入贸易原因和模式的分析,将新贸易理论同产业组织理论相结合分析跨国企业的组织的文献开始多起来。其中,先驱性的文献有 Markusen,1984;Helpman,1984,1985;Helpman and Krugman,1985 等。这些研究与合同理论相结合就导致了格罗斯曼和哈特(Grossman and Hart,1986)将合同理论、不完全竞争和规模经济方法结合起来分析企业纵向一体化和横向一体化的所有权方法的出现,该研究论证了不完全合约在企业组织中的重要性。这一研究同哈特等人的理论(Hart and Moore,1990;Hart,1995)一块形成了所谓的 GHM 框架。

自 20 世纪 90 年代以来,经济学家发现新国际贸易理论仍然不能解释所有的贸易现象。他们发现,即使是在同一国家同一行业内,不同企业的出口行为也是不一样的,有的企业不出口,有的企业出口;有的出口到欧美,有的只出口到日本和韩国,有的只出口到发展中国家,等等。学者们对此进行了研究,发现不同出口行为的企业的规模、生产率、研发投入等都不一样,因而提出了企业出口行为不同的原因在于生产率不同的假说。为此,梅利茨(Melitz,2003)和伊顿等(Eaton et. al.,2004)提出了两个模型(这两个模型也被认为是"新新国际贸易理论"出现的标志)以解释企业出口行为的差异。利用梅利茨等人(Melitz,2003;Grossman and Hart,1986;Hart and Moore,1990;Hart,1995)提出来的 GHM 框架,安特拉斯(Antras,2003)分析了一个出口行业同该行业的资本密集度以及出口与该行业的出口国的资本劳动比率之间的关系。格罗斯曼和赫尔普曼(Grossman and Helpman,2002)利用不完全合约理论和专用性资产的概念发展了一个考察跨国公司制造或外包决策的一般均衡模型,在该模型中跨国公司搜寻并匹配中间产品供应商。他们发现,当规模报酬不变时,贸易对跨国公司的决策没有影响。他们对该模型中的跨国公司进行分析,并认为企业出口行为的差异在于有的企业既不出口也不进行 FDI,有的企业出口但不进行 FDI,有的企业进行 FDI 但不出口,有的企业同时进行出口和 FDI,有的企业则采用合约的形式来获得中间投入品。不同企业出口的地理方向也不一样,有的企业只对亚洲出口,有的企业只对欧美出口,而有的企业则对全球的大部分国家出口,等等。在安特拉斯(Antras,2003)的基础上,也有学者(Antras and Helpman,2004,2006;Acemoglu et. al.,2007;Helpman et. al.,2004;Yeaple,2003,2006;Qiu,2006)基于同一框架对合约的不完全程度、贸易和 FDI 的固定成本和可变成本及企业的生产率差异,对跨国公司到底是采取出口、FDI 和外包哪种决策,以及是在国内外包还是在国外的哪些国家进行 FDI 和外包进行了分析。这些结果基本上说明了固定成本、可变成本、企业生产率的差异和分散程度、合约的不完全性程度和黏性、合约的强制执行程度等都会影响跨国企业的组织。采用类似的方法并在稍微不同的假定下,格罗斯曼和赫尔普曼(Grossman and Helpman,2003a,2003b,2005a,2005b)也分析了搜寻、匹配、固定成本和可变成本、技术、生产率等因素对企业进行 FDI 还是外包的决策以及这些决策的地点的设置的影响。应用霍姆斯特龙等人(Holmstrom and Milgrom,1991,1994;Holmstrom,1999;Holmstrom and John,1998)的激励系统理论,格罗斯曼和赫尔普曼(Grossman and Helpman,2004)、安特拉斯等人(Antras et. al.,2005)分析了企业的组织问题。应用委托人理论研究跨国企业组织的研究有Antras,2006。这些研究及其未来的研究方向在 Helpman et. al.(2008)中得到了很好的体现。对这些研究的方法、角度和结果比较完整的介绍,可以参考 Antras(2005);Helpman(2006a,2006b);Spencer(2005)及其中引用的文献。表 2.2 给出了该领域相关重要文献的一览表。

由于中国的加工贸易本质上是生产全球分段化中的一部分,因而上述理论可以在某种程度上应用于中国的加工贸易。但是,上述研究主要是从一般意义上来分析最终产品生产商和中间品供应商之间究竟是一体化、外包还是市场交易;此外,上述分析主要是站在跨国公司的角度分析其一体化和分离化决策的影响因素及收益,而不是站在中间产品供应商的角度来分析供应商的决策和收益,跨国公司和中间产品供应商一开始就是处于不平等地位(彼得·迪肯,2007 年,第 203—268 页),因而这些结果对中间产品供应商所在国的企业如何在全球化过程中采取最优决策以最大化其利益,并没有提供特别有价值的洞见。此外,上述研究所考察的东道国是处于均质状态,中央政府和地方政府不会影响企业的决策过程,但事实上对于大部分发展中国家来说,都存在地区发展不平衡以及政府在企业决策过程中有着重要的影响。作为发展中国家的一员,中国的企业在技术和管理上都存在重大差距,因而在全球生产的组织中处于弱势地位;且中央政府和地方政府在企业的决策过程中起着重要作用。因此,直接将上述研究成果应用于中国的加工贸易可能显得过于武断。为了分析中国加工贸易的生产控制模式以及为中国加工贸易企业的转型升级提供有价值的建议,我们必须因事制宜地进行分析。

表 2.2 FDI 和组织形式的选择

| 中间品来源地 | 一体化:国内或 FDI | | 外包 | |
|---|---|---|---|---|
| | 产权理论<br>交易成本<br>激励机制 | 代理权<br>理论 | 短期市场<br>契约 | 长期契约 |
| 国内 | A(05),AH(04)<br>M(00)<br>GH(02,04) | MV(02,05*)<br>PT(02) | SQ(01) | A(05),AH(04)<br>GH(02,04,05)<br>SQ(01),QS(02)<br>HRS(04)*,FS(05)* |
| 一体化经济体 | A(03)*,M(00) | MV(03) | | A(03)*,N(05)*<br>L(04)* |
| 成本低的国家 | A(05),AH(04)<br>GH(04),FH(03b)*<br>FS(05)* | | SQ(01)<br>QS(02)<br>HRS(04)*<br>FS(05)* | A(05),AH(04)<br>GH(04,05)<br>FH(03b)*,FS(05)* |

注:组 1:Antras,2003,2005;Antras and Helpman,2004;Grossman and Helpman,2004;Feenstra andHanson,2003b,分别以 A(03)*,A(05),AH(04),GH(04)和 FH(03b)*表示。

组 2:McLaren,2000;Grossman and Helpman,2002,2005,分别以 M(00),GH(02,05)表示。

组 3:Spencer and Qiu,2001;Qiu and Spencer,2002;Head,Ries and Spencer,2004 以及 Feenstra and Spencer,2005,分别以 SQ(01),QS(02),HRS(04)*和 FS(05)*表示。

组 4:Levchko,2004;Nunn,2005,分别以 L(04)*,N(05)*表示。

组 5:Puga and Trefler,2002;Marine and Verdier,2002,2003,2005,分别以 PT(02),MV(02,03,05)表示。

*表示有实证分析。

资料来源:Barbara J. Spencer,"International Outsourcing and Incomplete Contract," *Working Paper* 11418,参见 http://www.nber.org/papers/w11418。

## 2.5.2 加工贸易生产控制模式与 GHM 分析框架

加工贸易的行为主体一般为跨国公司和中国加工贸易企业,主要涉及加工贸易过程中的原材料采购、原材料加工和加工以后最终产品的销售三个环节。因此,加工贸易的生产控制模式指的是,加工贸易参与各方即跨国公司和中方对此三个环节所涉及的权利的配置方式以及各方由此所产生的最优投资的决定。由于机会主义的存在,跨国公司和中国加工贸易企业在加工贸易中达成的权利配置合约存在不确定性,因而合约是不完全的,而各方在加工贸易整个流程中会进行各种专用投资,这种专用投资在合约破裂时将无法收回,因而合约存在不完全性。投资的专用性和合约的不完全性使得在一开始双方在三种权利方面的配置以及最终产品销售利润实现之后的讨价还价就变得非常重要了。而这正是 GHM 分析框架的基本思想。该分析框架最先由格罗斯曼和哈特（Grossman and Hart,1986）在分析跨国公司的水平一体化和纵向一体化决策时提出，后哈特和莫尔（Hart and Moore,1990）做了进一步的发展，哈特（Hart,1995）对该分析框架进行了总结并给出了其在公司金融、企业理论等领域的应用性例子。

在 GHM 分析框架下，参与加工贸易的跨国公司和中国加工贸易企业通过一系列的博弈及行动来使自身利润最大化。其博弈过程大致可分为三步：第一步，参与各方决定权利的配置方案；第二步，参与各方根据自身所拥有的权利采取投资行动，每一方无法观测到对方的投资行为；第三步，在加工合约为不完全合约的情况下，双方当事人之间存在的不再是信息不对称问题而是"敲竹杠"问题，在最终产品的销售收益实现后，各方根据自身的投资和权利配置进行讨价还价以获取一定的收益份额。合约的不完全性可能出现在第一步、第二步，也可能出现在第三步。因而在双方之间可能存在"敲竹杠"问题，而这将反过来导致专用投资减少，从而导致一方甚至双方的收益都受损。通过对此博弈的分析，我们可以确定权利配置与资产专用性、参与双方的讨价还价能力等变量的关系。

### 2.5.3 加工贸易生产控制模式"独占"和"分治"假说研究述评

基于哈特和莫尔（Hart and Moore,1990）提出的财产所有权模型（model of the property rights），芬斯阙和汉森（Feenstra and Hanson,2005）参考贝克（Baker,2003）研究运输业的所有权和控制权的模型，分析了在加工合约为完全合约、外方和中方存在委托代理关系，以及双方存在信息不对称的假定之下，得出加工贸易生产控制模式与资产专用性、跨国公司讨价还价能力和合约不完全性的关系。

芬斯阙和汉森（Feenstra and Hanson,2003,2005）利用财产所有权的分析框架，引入人力资本专用性（包括合约的不完全性[①]）和外方的谈判

---

① 芬斯阙和汉森在 2005 年所建立的模型中，将合约的不完全性和资产专用性变量合二为一。

权利等变量,建立了一个复杂的博弈模型,模型中涉及的具体假定:

1. 两个当事人为中方(加工贸易企业的经理人)和外方(外企)。

2. 无生产性的损耗,即一单位的投入品,被完全用以生产最终制成品。

3. 投入品的采购权可以在中外方间抉择,而加工装配过程和最终品的国外销售分别由中方和外方负责。

4. 将产权和中间投入品采购权定义为加工贸易企业生产控制模式的核心内容,进而间接地影响当事人的前期努力的投入水平,也间接地影响中间采购的进价、加工装配阶段的成本、销售收入水平以及双方当事人的成本函数。

5. 当纳什谈判破裂时,拥有加工贸易企业所有权的当事人有资格获得残留利润,并可以通过和其他当事人签订合约继续加工贸易活动。

6. 当纳什谈判破裂时,相应阶段当事人的努力投资的边际收益将降低。

7. 当纳什谈判破裂并外方控制加工贸易企业的所有权时,中方只有在拥有采购权时,其前期的努力投资才能被第三方所认可。

芬斯阙和汉森将整个加工贸易活动分为三个时段。第一期:当事人决定哪一方拥有工厂和哪一方控制进料的购买;第二期:当事人双方同时投入各自的努力成本;第三期:当事人按规定进行投入品的购买、加工和最后的销售。可得总的生产剩余函数,在不完全合约条件下,并通过纳什博弈,得到不同生产控制模式下双方当事人的努力投资水平。

笔者分析的结果是,合约的不完全性对双方的影响是对称的,进而对生产控制模式没影响,而加工企业的劳动生产率或者加工企业加工的附加值(value-added in the processing factory)、外方的谈判权利(Nash bargaining weights)和人力资本专用性(human-capital specificity)对生产控制模式作用明显。随后,笔者对中国加工贸易进行了实证分析,运用1997—2003年期间中国的海关数据,发现在中国的加工贸易模式中,总体来说产权和投入控制权更倾向于分离,其中外方拥有产权,而中方控制投入采购权;在中国内陆和北方省份由于出口市场厚度较薄,法律成本高,故可认为具有高的投资专用性,加工贸易企业大多采用"独占"模式,而在南方沿海省份(特别是经济特区)的出口市场厚度高、法律效力强,故而投资专用性低,进而"敲竹杠"的成本低,并多通过香港转口,加工贸易大多采用"分治"模式。

王怀民(2006年)认为,芬斯阙不能完全解释中国加工贸易企业生产控制模式中,沿海和内陆省独占模式与分治模式并存的现实情况,也没有建立产业特征与生产控制模式之间的理论联系,也没给出选择具体模式的条件。他提出,代理人(加工企业的经理人)不能等同于加工合约的中方,外方也应在加工装配阶段付出成本,并扩大资产专用性的范围,进而沿用前人思路修改模型。分析结果是,中国加工贸易企业生产控制模式不仅与资产专用性、外方的谈判权利有关,而且也同产业特点有关,它们实质地影响独占或者分治模式的选择。一般情况下,中国的纺织服装行业附加值低,加工企业多采取中方独占模式,而机电行业附加值相对比较高,加工企业则以外方控制所有权、中方拥有采购权的"分治"模式为主。结合中国各地区的产业结构和分布特点,中国加工贸易企业大多采用"分治"模式。

张居衍(2007年)从中国加工贸易的两种类型出发,认可了加工装配权由中方经理人控制,营销和销售环节外方负责,而采购权是哪一方控制未定这样的假定,并针对(1)相比契约外包,什么时候应该选择在加工贸易企业内生产;(2)对当事人来说,什么条件下该拥有加工贸易企业的所有权,什么时候权利应独占或分治这两个问题进行了分析。在纳什均衡范围下,将整个经济活动分成两个阶段,利用非合作博弈和合作博弈理论,考虑了当事人在一体化和外包之间的战略选择,细化双方当事人在加工贸易企业主体内的权利分配和议价过程,列出双方当事人的支付矩阵,并解出每一种行动集合纳什均衡的条件,强调了市场厚度、交易效率和外部选择的作用。得出的结论是,当市场厚度不够时,双方偏好独占;当市场厚度增加时,双方倾向于分治,此时的外方倾向于拥有加工企业的所有权,而中方管理者则更偏好拥有中间品控制权;当市场更加厚且贸易更加有效时,在现货市场中与第三方的当事人主体从事契约外包变得比单纯地在加工企业内生产更令人满意。

# 2.6  文献不足及展望

从上面对文献的归类中可以看到,国内外学者对加工贸易的分析从原来的是否要发展加工贸易到目前对加工贸易控制模式的研究,这些研究具有重大的理论意义和实际政策意义。

但从整体对加工贸易控制模式的研究看,我们认为国内外尚处于初步研究阶段,同时还有几个关键问题亟待澄清。

首先,外商独资企业加工贸易的控制权假设问题。在第一部分,我们已经指出,外商独资企业的加工贸易占加工贸易额的比重达到了60%以上,同时,在中国高新技术产品贸易中,外商独资企业高新技术产品加工贸易占76.08%。这种企业通过FDI方式进入中国,在第一章我们已经说明,这种企业或者是通过企业垂直一体化以加工贸易方式实现跨国公司内部的资源配置,或者是通过外包方式通过本国或第三国企业外国直接投资以加工贸易方式实现跨国公司与契约企业之间的最优化决策。

对于以企业垂直一体化方式设立的加工贸易企业,不管是所有权还是采购权,或者任何其他权利,都属于跨国公司内部母公司和子公司之间的权限设定,与任何第三国或者第三方企业没有任何权利分配关系。因而不存在芬斯阙和汉森(Feenstra and Hanson,2002)对加工贸易企业两个当事人为中方(加工贸易企业的经理人)和外方(外企)的假设,在这种企业类型中,只有一个当事人,就是外资企业本身。因而其激励机制的设定只有母公司对子公司内部的激励机制,并不涉及中方当事人。

对于以国外母公司以外包方式进入中国的加工贸易企业,其基本运行方式见图2.1。第一,发包方控制了加工贸易企业的市场,当然这个加工贸易企业可以承担一个发包方的业务,也可以承担多个发包方的业务,而承担多少外包业务取决于承包方的决策。第二,通过FDI进入到中国的加工贸易企业属于承包方的子公司,加工贸易企业的决策取决于承包方对其的决策权限的界定,因而也不存在中外双方当事人的假设基础。第三,由于存在着发包方控制销售权,因而尽管发包方没有控制所有权,但可能控制着采购权,或者其他同加工贸易生产有关的权利。

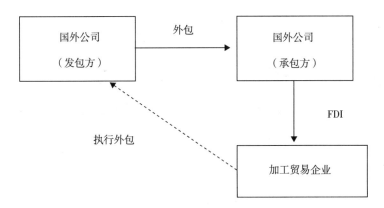

**图2.1 基于外包形式的 FDI 加工贸易方式**

但是,不管是垂直一体化的加工贸易方式,还是外包的加工贸易方式,其共同的特点是外方完全控制了加工贸易企业,中方没有任何参与权利配置的可能和形式。

因此,芬斯阙和汉森(Feenstra and Hanson,2005)在他们的分析模型中将进料加工贸易企业的采购权认定为中方所有,而实际上根据我们对企业的调研,许多加工贸易企业的采购权掌握在这些公司的母公司手里,或者关联性跨国公司手里,因而将进料加工贸易方式简单归类为分治方式是有问题的。

其次,加工贸易企业销售权的假设问题。目前研究加工贸易控制模式一般假设销售权归外方,这里涉及两个问题,一个是是否所有加工贸易的销售权都归外方,另一个问题是销售权归外方,但不同企业类型和销售网络是否影响加工贸易企业的生产控制方式。

从我们对沿海地区的调研看,中资企业(国有企业和民营企业)确实拥有国外的渠道,并且有自主的品牌,它们将加工贸易作为生产运行中完成最终产品生产(例如造船国有企业、光伏民营高科技企业)、调节采购成本和控制质量的手段。在我们对广东、福建、浙江、江苏、山东调研的许多国有和民营企业中发现这些加工贸易企业都拥有销售权,而且有的企业还拥有自主品牌和技术专利。尽管这种加工贸易在中国所占比重不是很大,但可能对未来发展加工贸易会起到很重要的作用。

最后,加工贸易企业的所有权问题。从统计数据看,所有权是一个十分明确的统计概念,但在中国现实经济中,有些企业为了获得商业利益,改变所有制性质,但实际上生产控制方式并没有改变。例如我们下面要分析的光伏产业,大部分企业是民营企业,但通过在国外上市或者注册,变成了外商独资企业。对于这类问题,只能通过企业样本的调研,才会分清是中方独占还是外方独占的加工贸易生产控制方式。

综上所述,我们对中国加工贸易生产控制模式仍需进一步的研究。本研究接下来将综合围绕上述各个方面展开分析。

**参考文献**

白斌:《中国加工贸易发展研究》[D],武汉大学 2004 年硕士学位论文。

彼得·迪肯:《全球性转变——重塑 21 世纪的全球经济地图》[M],商务印书馆 2007 年版。

陈艳林:《外商在华直接投资集群化及其贸易效应研究》[D],华中科技大学 2007 年,博士学位论文。

崔大沪:《外商直接投资于中国的加工贸易》[J],《世界经济研究》,2002 年第 6 期,第 9—15 页。

戴金平、王晓天:《中国的贸易、境外直接投资与实际汇率的动态关系分析》[J],《数量经济技术经济研究》2005 年第 11 期,第 34—44 页。

丁辉侠、冯宗宪:《正式与非正式制度对中国吸引外商直接投资的影响》[J],《财贸经济》2005 年第 12 期,第 64—69 页。

冯雷:《加工贸易对中国国民经济总体作用评价,迈向市场经济的前沿》,《国际贸易》2000 年第 9 期,第 26—31 页。

冯雷:《从贸易方式走向与国际经济融合——中国加工贸易管理模式探析》[J],《国际贸易》2002 年第 2 期,第 18—22 页。

高越、高峰 a:《外国直接投资与中国进出口贸易的关系——基于不同贸易方式的实证分析》[J],《国际贸易问题》2006 年第 4 期,第 10—14 页。

高越、高峰 b:《产品内贸易与外商直接投资的关系——理论模型与基于中国数据的经验分析》[J],《数量经济技术经济研究》2006 年第 6期,第 98—105 页。

胡小娟:《跨国公司 FDI 中间产品贸易研究》[D],中南大学 2007 年博士学位论文。

拉尔夫·戈莫里、威廉·鲍莫尔著:《全球贸易和国家利益冲突》[M],文爽等译,中信出版社 2003 年版。

联合国贸易与发展会议:《2002 年世界投资报告:跨国公司和出口竞争力概述》,2002 年。

廖涵:《论中国加工贸易的中间品进口替代》[J],《管理世界》2003年第 1 期,第 63、70 页。

隆国强:《加工贸易政策研究》,《经济研究参考》2003 年第 11 期,第2—27 页。

隆国强:《加工贸易:全球化背景下工业化新道路》[J],《经济学前沿》2003 年第 1 期,第 4、9 页。

凌学岭、沈玉良、孙楚仁:《中国加工贸易企业生产控制模式研究综述》[J],《国际商务研究》2009 年,第 4 期。

李蕊:《加工贸易:全球化背景下中国工业化的必由之路》[J],《产经论坛》2005 年第 1 期,第 30—34 页。

刘德学、苏桂富、卜国勤:《中国加工贸易升级对策研究》[J],《国际经贸探索》2006 年,22 第 4 期,第 4—8 页。

刘德学、苏桂富:《中国加工贸易升级状况分析:基于全球生产网络视角》[J],《国际商务》2006 年第 4 期,第 21—26 页。

刘志彪、张晔:《中国沿海地区外资加工贸易模式与本土产业升级:苏州地区的案例研究》[J],《经济理论与经济管理》2005 年第 8 期,第57—62 页。

马强:《依靠长远产业政策——中国加工贸易转型升级面临的问题和发展方向》,《国际贸易》2005 年第 2 期,第 14—18 页。

闵天:《规范管理——中国加工贸易进一步发展的设想》,《国际贸易》2000 年第 3 期,第 18—20 页。

潘悦、杨镭:《产业的全球化趋势与发展中国家的产业升级——兼论中国高新技术产业的外商投资与加工贸易发展》,《财贸经济》2002 年第10 期,第 44、49 页。

潘悦:《在全球化产业链条中加速升级换代》[J],《中国工业经济》2002 年第 6 期,第 27—36 页。

潘永源:《加工贸易之我见》[J],《经济学动态》1999 年第 8 期。

戚自科:《论外商直接投资的加工贸易倾向》[J],《现代财经》1999年,第 1 期,第 43、49 页。

曲韵:《改革开放后中国对外贸易与外来直接投资发展的同步性》[J],《中国经济史研究》2006 年,第 4 期,第 30—39 页。

邵祥林、王玉梁、任晓薇:《未来国际贸易的主流——加工贸易》,对外经济贸易大学出版社 2001 年版。

宋全成:《加工贸易带动的提升——中国产业内贸易实证分析》,《国际贸易》2003 年第 12 期,第 10—13 页。

沈玉良、孙楚仁、凌学岭:《中国国际加工贸易模式研究》[M],人民出版社 2007 年版。

孙楚仁、沈玉良、赵红军:《加工贸易和其他贸易对经济增长贡献率的估计》[J],《世界经济研究》,2006 年第 3 期,第 54、62 页。

苏振东、侯铁珊、逯宇铎:《基于改进 H-O 模型的贸易投资一体化模型研究》[J],《数量经济技术经济研究》2005 年第 5 期,第 89—100 页。

王怀民:《独占或分治:中国加工企业生产控制模式研究》[J],《世界经济》,2006 年第 9 期,第 33、41 页。

王子先、杨正位、宋刚:《促进落地生根——中国加工贸易转型升级的发展方向》,《国际贸易》2004 年第 2 期,第 10—13 页。

夏虹:《发展加工贸易与优化出口结构相背离吗?》[J],《经济问题探索》1999 年第 9 期,第 11—13 页。

夏平:《中国中间产品贸易分析——基于产品内国际分工视角》[D],对外经济贸易大学 2007 年博士学位论文。

徐剑明:《延长中国加工贸易国内价值链问题探析》[J],《国际贸易问题》2003 年第 11 期,第 14、17 页。

叶克林:《经济全球化与走出去战略——金城集团"境外加工贸易模式"案例研究》,《管理世界》2001 年第 6 期,第 160—174 页。

喻春娇、喻美辞:《跨国公司生产组织变革、技术外溢与中国加工贸易的升级》[J],《国际投资》2007 年第 6 期,第 66—70 页。

曾卫锋:《中国加工贸易发展机制的实证研究》[J],《财贸经济》2006 年第 3 期,第 87—90 页。

张旭宏:《中国加工贸易发展面临的挑战与对策分析》,《宏观经济管理》2004 年第 2 期,第 7—11 页。

张大勇:《加工贸易对中国工业化的影响研究》[D],华中科技大学 2005 年博士学位论文。

张华初、李永杰:《论中国加工贸易的就业效应》[J],《财贸经济》2004 年第 6 期,第 87—89 页。

张婧:《论加工贸易与中国产业升级》,《首都经济贸易大学学报》2003 年第 6 期,第 59—62 页。

张丽平:《加工贸易国内价值链研究》,《经济研究参考》2003 年第 11 期,第 56—64 页。

张晔:《外资出口加工模式下的本土产业升级与失衡——以苏州地区为例》[J],《南京师大学报》(社会科学版)2005 年第 5 期,第 44—49 页。

中华人民共和国对外贸易经济合作部:《中国对外经济贸易白皮书》[R],中国金融出版社 2001/2004 年版。

朱有为、张向阳:《价值链模块化、国际分工与制造业升级》[J],《国际贸易问题》2005 年第 9 期,第 98—103 页。

Acemoglu, Daron, Antras Pol, and Helpman EIhanan, 2007. "Contracts and Technology Adoption," *American Economic Review*, 97(3): 916-943.

Antras, P., 2003. "Firms, Contracts, and Trade Structure," *Quaterly Journal of Economics*, 118(4):1374. 1418.

Antras, P., 2005. "Incomplete Contracts and the Product Cycle," *American Economic Review*, 95(2): 24. 32.

Antras, P., and EIhanan Helpman, 2004. "Global Sourcing," *Journal of Political Economy*, 112(3): 552−580.

Antras, Pol, 2005. "Property Rights and the International Organization of Production,"*American Economic Review*, 95(2): 24. 32.

Antras, Pol, Garicano Luis, and Rossi – Hansberg Esteban, 2005. "Offshoring in a Knowledge Economy," *NBER Working Paper* 11095.

Antras, Pol, Garicano Luis, and Rossi−Hansberg Esteban, 2006. "Organizing Of shoring: Middle Managers and Communication Costs," *NBER Working Paper*, No. 12196.

Antras, Pol, and Helpman Elhanan, 2006. "Contractual Frictions and Global Sourcing,"*NBER Working Paper*, No. 12747.

Antras, Pol, Mihir A. Desai, Foley C. Fritz , 2007. "Multinational Firms, FDI Flows and Imperfect Capital Markets,"*NBER Working Paper*, No. 12855.

Assche Ari Van, 2004. "A Theory of Modular Production Networks," Conference paper, Mid – West International Economics Conference, University of Pittsbergh, 2003.

Assche Ari Van, 2008. "Modularity and the Organization of International Production," *Japan and the World Economy*, 20:353,368.

Baker, George P. , and Thomas N. Hubbard, 2003. "Make versus Buy in Trucking: Asset Ownership, Job Design, and Information," *American Economic Review*, 93(3):551−572.

Bernard, Andrew B. , Eaton, Jonathan, Jenson, J. Bradford and Kortum, Smuel, 2003.

"Plants and Productivity in International Trade", *American Economic Review*, 93(4): 1268−1290.

Coase, Ronald, 1937. "The Nature of the Firm," *Economica*, 4: 386−405.

Dixit, Avinash, and Joseph Stiglitz, 1977. "Monopolistic Competition and Optimum Product Diversity," *American Ecomic Review*, 67:298−308.

Feenstra, Robert C. , and Gordon H. Hanson, 2003b. "Owership and

Control in Outsourcing toChina: Estimating the Property – Rights Theory of Firm," *NBER working paper*, w10198, *Quarterly Journal of Economics*, forthcoming.

Feenstra, Robert C. , and Gordon H. Hanson, 2005. "Owership and Control in Outsourcing toChina: Estimating the Property – Rights Theory of Firm," *The Quaterly Journal of Economics*.

Feenstra, Robert C. , and B. J. Spencer, 2005. *Contractual versus generic outsourcing: The role of Proximity*, University of British Colunbia, mimeo.

R. C. Feenstra, 1998. "Integration of Trade and Disintergration of Production in the Global Economy," *Journal of Economic Perspective*.

Fukunari Kimura, "Fragmentation, Internalization, and Inter – firm Linkages: Evidence from the Micro Data of Japanese Manufacturing Firms," [C] Proceeding of International Conference on "Global Production: Specialization and Trad, e" Hong Kong, October 24. 27, 1999.

G. Gary Gereffi, Olga Memodovic, 2005. "The Global Apparel Value Chain: What Prospects for Upgrading by Developing Countries," (with) United Nations Industrial Development Organization, Sectoral Studies Series. Available for downloading athttp://www. unido. org/doc/12218.

Gereffi, Gary, and Miguel Korzeninewicz, eds. , *Commodity Chains and Global Capitalism*, Westport, CT, Praeger, 1999.

Grossman, Gene, and Helpman EIhanan , 1999. "Incomplete Contrcts and Industrial Organization," *NBER Working Paper*, No. 7303.

Grossman, Gene, and Helpman EIhanan, 2002a. "Integration versus Outsourcing in Industry Equilibrium," *Quarterly Journal of Economics*, 117 (1): 84. 120.

Grossman, Gene, and Helpman EIhanan, 2003a. "Outsourcing versus FDI in Industrial Equilibrium," *Journal of the European Economic Association* 1(2-3): 317-327.

Grossman, Gene M. , Helpman EIhanan, and Adam Szeidl, 2003b.

"Optimal Integration Strategies for the Multinaltional Firm," *NBER Working Paper*, No. 10189. Forthcoming in the *Journal of International Economics*.

Grossman, Gene, and Helpman EIhanan, 2005a. "Outsourcing in a Global Economy," *Review of Economic Studies*,"72:134. 159.

Grossman, Gene M. , Helpman EIhanan, and Adam Szeidl, 2005b. "Complementarities between Outsourcing and Foreign Sourcing," *American Economic Review Papers and Proceedings*, 95:19–24.

Grossman, Gene, and Helpman EIhanan, 2004. "Managerial Incentive and the International Organization of Production," *Journal of International Economics*, 63(2): 237–262.

Grossman, Sanford J. , and Hart Oliver D. , 1986. "Costs and Benefits of Ownership: A Theory of Vertical and Lateral Integration," *Journal of Political Economy*, 94(4): 691–719.

Hart Oliver D. , and Moore John, 1990. "Property Rights and the Nature of the Firm," *Journal of Political Economy*, 98(6): 1119–1158.

Hart Oliver D. , 1995. *Firms, Contracts, and Financial Structure*, Oxford University Press.

Head Keith, Ries John, and Barbara J. Spencer, 2004. "Vertical Networks and U. S.

Auto Parts Exports: IsJapan Different?" *Journal of Economics and Management Strategy*, 13(1): 37–67.

Helpman, Elhanan, 1984. "A Simple Theory of International Trade with Multinational Corporations," *Journal of Political Economy*, 92(3):451–471.

Helpman EIhanan, 1985. "Multinational Corporations and Trade Structure," *Review of Economic Studies*, 52(3): 443. 457.

Helpman, Elhanan, and Krugman, Paul, 1985. *Market Structure and Foreign Trade*, MIT Press, Cambridge.

Helpman , Elhanan, Melitz, Mac. J. , and Yeaple, S. R. , 2004. "Export versus FDI with Heterogeneous Firms," *American Economic Review*, 94(1): 300–316.

Helpman, Elhanan, 2006a. "Trade, FDI, and the Organization of Firms," *Journal of Economic Literature*, 44: 589–630.

Helpman, Elhanan, 2006b. "International Organization of Production and Distribution: Research Summaries," NBER Reporter, 2006-06-22.

Helpman, Elhanan et. al. , 2008. *The Organization of Firms in a Global Economy*, Harvard University Press.

Holmes, Thomas, 1999. "Localization of Industry and Vertical Disintegratio," *Review of Economic and Statistics* 81, 314. 325.

Holmstrom, Bengt, and John Roberts, 1998. "The Boundaries of the Firm Revisited," *Journal of Economic Perspectives*, 12: 73. 94.

Holmstrom, Bengt, and Paul Milgrom, 1991. "Multitask Principal – Agent Analyses: Incentive Contracts, Asset Ownership, and Job Design," *Journal of Law, Economics, and Organization*, 7(special issue): 24. 52.

Holmstrom, Bengt, and Paul Milgrom, 1994. "The Firm as an Incentive System," *American Economic Review*, 84: 972–990.

Holmstrom, Bengt, 1999. "The Firm as a Subeconomy," *Journal of Law, Economics, and Organization*, 15: 74. 102.

"Industrail Policies and Research Branch of the united Unions Industrail Development Organization, Industry and Trade in a Global Economy with Special Reference to Sub – saharanAfrica," Report of the United Unions Industrial Development Organization, 2000.

Itoh, Hideshi, 2006. "The Theories of International Outsourcing and Integration: A Theoretical Overview from the Perspective of Organizational Economics," *JCER Discussion Paper*, No. 96, Hitotsubashi University, Japan.

R. Kaplinsky, and Mike Morris, 2005. A Handbook for Value Chain Research.

Levchenko, Andrei, 2004. "Institutional Quality and International Trade," *IMF working paper*, WP/04/231.

Melitz, Marc J. , 2003. "The Impact of Trade on Intra – Industry Reallocations and Aggregate Industry Productivity," *Econometrica*, 71

（6）：1694. 1725.

Markusen, James R. , 1984. "Multinationals, Multi-Plant Economies, and the Gains from Trade," *Journal of International Economics*, 16 (3.4)：204. 226.

Olga Memedovic, 2005. "Inserting Local Industries into Global Value Chains and lobal Production Networks：Opportunities and Challenges for Upgrading with a Focus onAsia." Available at http://www. unido. org/ file-storage/download/? file_id=33079.

McLaren, J. , 2000. "Globalization and Vertical Structure," *American Economics Review*, 90：1239-1254.

Marin, Dalia, and Thierry Verdier, 2002. "Power Inside the Firm and the Market：A General Equilibrium Approach," *Centre for Economic Policy Research Discussion Paper*, No. 4358, London.

Marin, Dalia, and Thierry Verdier, 2003. "Globalization and the Empowerment of Talent," *Centre for Economic Policy Research Discussion Paper*, No. 4129.

Marin, Dalia, and Thierry Verdier, 2005. *Corporate Hierachies and International Trade：Theory and Evidence*, University of Munich, mimeo.

Nunn, Nathan, 2005. "Relationship-Specificity, Incomplete Contracts and the Pattern of trade," *Department of Economics and Institute for Policy Analysis*, University of Toronto, mimeo.

Puga, Diego, and Daniel Trefler, 2002. "Knowledge Creation and Control in Organizations," *National Bureau of Economic Research working paper*, No. 9121.

Qiu, L. D. , and Barbara J. Spencer, 2002. "Keiretsu and Relationship - Specific Investments：Implications for Market - opening Policy," *Journal of International Economics*, 58(1)：49-79.

Qiu, Larry D. , 2006. "A General Equilibrium Analysis of Software Development：Implications of Copyright Protection and Contract Enforcement," *European Econonmic Review*, 50(7)：1661-1662.

Qiu, Larry D. , and Yu, H-Y. , 2007. "International outsourcing and imperfect contract enforcement," *Asia - Pacific Journal of Accounting and Economics*, 14(3): 314. 336.

Spencer, B. J. , and Larry Qiu, 2001. " Keiretsu and Relationship - Specific Investments: A Barrrier to Trade?" *International Economic Review*, 42(4): 871-901.

Spencer, B. J. , 2005. " Internaional Outsourcing and Incomplete Contract," *Canadian Journal of Economics*, 38(4): 1107-1135.

Whinston, Michael, 2001. " Assessing the Property - Rights and Transaction Cost Theories of Firm Scope," *American Economic Review*, 91 (2): 184. 188.

Williamson, Oliver E. , 1975. *Markets and Hierarchies: Analysis and Antitrust Implications*, The Free Press, New York.

Williamson, Oliver E. , 1985. *The Economic Institutions of Capitalism: Firms, Markets, Relational Contracting*, The Free Press, New York.

Bin Xu and Jiangyong Lu, 2009. " Foreign Direct Investment, Processing Trade, and the Sophistication of China's Exports," *China Economic Review*, 20(3): 424. 439.

Yeaple S. R. , 2003. " The Complex Integration Strategies of Multinationals and Cross Country Dependencies in the Structure of Foreign Direct Investments," *Journal of International Economics*, 60(2): 293,314.

Yeaple S. R. , 2006. "Offshoring, Foreign Direct Investment, and the Structure of U. S. International Trade," *Journal of European Economic Association*, 4(2-3):602-611.

Zhang Juyan, 2007. *Ownership Structure, Input Control and Bargaining in China's Processing Firms*, Mimeo, Southwestern University of Finance and Economics, Chengdu, China.

Zhang Juyan, 2008a. " Strategies for Integration," *Working paper*, Southwestern University of Finance and Economics, China.

Zhang Juyan, 2008b. "Two-sided Specific Investment and Division of

*Labor*," *Working paper*, Southwestern University of Finance and Economics, China.

Wang, Zhi, and Shang-Jin Wei, 2008. "What Accounts for the Rising Sophistication of China's Exports?" in Feenstra, Robert and Shang-Jin Wei, eds. , *China's Growing Role in World Trade*, University of Chicago Press, forthcoming.

# 第三章 加工贸易企业生产控制方式的理论模型

[本章摘要]

本章在 GHM 框架下将产品特征(产品标准化程度和通用性程度)和资产专用性纳入不完全合约的分析框架中并应用其来分析中国加工贸易的生产控制模式问题。在我们的分析中,跨国公司和中国加工贸易企业在加工贸易企业的采购权、所有权和销售权三种权利上都要事先达成配置协议,然后按照事先达成的权利配置方案支付采购努力、加工努力、销售努力和协调努力,其中协调努力由持有销售权的一方支付,它用于协调最终产品加工者的加工活动,这种协调能提高产品质量并带来加工成本的节约。除此之外,加工努力和协调努力同时也会影响最终产品的通用性程度以及最终的销售收益。由于合约的不完全性,这种事先达成的权利配置方案存在着"敲竹杠"的问题,因此双方必须在事后进行纳什议价以重新配置加工贸易的总剩余。在这样的设定下,我们分析了加工贸易企业生产控制模式与产品特征、资产专用性和合约不完全性程度的关系。所得结果同我们调研所得的数据以及宏观经济数据相符合。

## 3.1 导论

如前所述,产品特征和销售权对加工贸易生产控制模式的影响很大,但现有的研究并没有考虑这两个因素。对中国加工贸易生产控制模式进行的最早的研究当属芬斯阙和汉森(Feenstra and Hanson,2005)。

利用贝克（Baker，2003）研究运输业的所有权和控制权的不完全合约模型，笔者考察了国际外包并将其应用于中国加工贸易生产控制模式的研究。某一行业的加工贸易的生产控制模式被定义为：该行业中代表性跨国公司和代表性中国管理者对加工贸易原材料的采购权和加工贸易工厂的所有权的分配。如果这两种权利属于同一方，则生产控制模式称为独占模式，否则称为分治模式（王怀民，2006 年）。芬斯阙和汉森（Feenstra and Hanson，2005）发现，由于加工贸易合约的不完全性、资产（包括人力和非人力）的专用性和从事加工贸易双方的谈判权利的差异，在中国，跨国公司有日益将加工贸易企业所有权和加工贸易企业采购权分离的倾向，跨国公司和中国加工贸易企业采购权控制者通过讨价还价的方法来确定利润分配。而当加工贸易合约为完全合约、外方和中方存在委托代理关系以及双方存在信息不对称时，双方当事人收益最大化选择的结果将导致两项权利被跨国公司独占。有学者（Zhang，2007）利用纳什讨价还价模型对芬斯阙和汉森（Feenstra and Hanson，2005）的模型进行了拓展分析，强调了讨价过程的重要性。

我们在第一章已经分析，芬斯阙和汉森（Feenstra and Hanson，2005）的结果同实际不符合，在中国加工贸易有从分治模式往独占模式发展的倾向。改革开放后，尤其是 1990 年以来，外商独资加工贸易企业在中国加工贸易中所占比例逐年升高，而中资企业所占比例则逐年下降。两者所占比例占了加工贸易进出口总额的 70%以上，且仍然有进一步上升的趋势。这个过程是伴随着全球生产体系的发展而发展的（沈玉良、孙楚仁、凌学岭，2007 年）。而全球生产体系的发展又是在生产标准化技术、运输技术、通信技术和各国贸易政策越发开放化的条件下发展的。这一过程如果不在加工贸易生产控制模式中得到体现，则我们对它的分析将仍然是存在缺陷的。

本章将拓展芬斯阙和汉森（Feenstra and Hanson，2005）分析中国加工贸易的框架。在他们的框架中，跨国公司为了自身收益最大化而发起加工贸易，而加工贸易企业最终产品的销售权控制在跨国公司手中。跨国公司所要做的是选择一个中国加工贸易管理者，并与之配置该加工贸易企业的原材料采购权和企业的所有权。本章给出了一个综合分析加工贸易采购权、所有权和销售权的配置的分析框架。在我们的模型中,销售权不事先指定,它由参与加工贸易的各方通过讨价还价模式确定。产品特征包括产品标准化程度和通用性程度被纳入模型中,其中产品标准化程度会影响加工成本和持有销售权一方的协调成本,而产品通用性程度会影响销售收益和谈判破裂的收益。在这样的设定下,本章分析了加工贸易三种权利的配置模式,即生产控制模式问题。我们发现,加工贸易生产控制模式的配置十分复杂,在不同的参数下,各种模式都可能在实际中出现。产品标准化程度、通用性程度和加工贸易各方的讨价还价能力都会影响实际模式的出现。

本章的结构如下。在第二节中,我们将介绍芬斯阙和汉森(Feenstra and Hanson, 2005)的分析框架,包括其基本假定、模型设定、基本推导过程和基本结果。第三节和第四节对其模型进行拓展,其中第三节在完全合约的框架内分析生产控制模式的决定问题,而第四节在不完全合约的框架内考察加工贸易生产控制模式的决定问题。第五节总结全文。

# 3.2　芬斯阙和汉森(2005)的分析框架

### 3.2.1　模型的基本设定和推导

在芬斯阙和汉森(2005)的模型中,加工贸易完全由跨国公司(记为F)主动发起,跨国公司控制着某种(或几种)最终产品的销售权。为了完成该最终产品的生产,跨国公司需要寻找某个中国的加工贸易管理者(以后称为中方)(记为G)来共同设立一个加工贸易企业。在这个加工贸易企业中,原材料的采购权以及企业的所有权分别代表两种权力。如果一方拥有采购权,则他决定着原材料的采购,如果一方拥有所有权,则他拥有最终企业的声誉。中方负责将原材料加工成最终产品。该跨国公司和中方通过讨价还价来确定原材料采购权和企业所有权的归属。双方的目标是各自收益的最大化。

跨国公司和中方的博弈过程可描述如下:

第0期:跨国公司和中方确定所有权和采购权的配置(即双方签订一个权力配置的合约)。

第1期:拥有采购权的一方采购原材料,并支付一定的努力成本。

第2期:拥有所有权的一方将原材料加工成最终产品(该方不知道拥有采购权一方所投入的采购努力成本),并支付一定的努力成本。

第3期:跨国公司将最终产品在世界市场上销售出去、支付一定的努力成本并获得最终收益,收益在跨国公司和中方之间分配。

在上述博弈过程中,合约时不完全的,双方的行为主要受到资产专用性(由双方在博弈过程中投入的努力程度确定)、合约的不完全性程度和双方的讨价还价能力确定。

下面我们详细介绍该模型的推导过程。设 $\delta_1 \in \{0,1\}$, $\delta_2 \in \{0,1\}$ 分别表示采购权和所有权。$\delta_1 = 0$ 表示跨国公司拥有采购权,否则表示中方拥有采购权;类似的,$\delta_2 = 0$ 表示跨国公司拥有企业所有权,否则表示中方拥有所有权。

设 $e_1$ 表示跨国公司或中方在采购中所投入的采购努力程度,$e_2$ 表示中方在将原材料加工成最终产品所投入的努力程度,而 $e_3$ 则表示跨国公司在最终产品销售中所投入的努力程度。则跨国公司和中方在原材料搜索到最终产品销售这一全套过程中所支付的努力成本分别为:

$$C_F\big[(1-\delta_1)e_1, e_3\big] = \frac{\gamma_F}{2}\big[(1-\delta_1)e_1^2 + e_3^2\big], \ C_G(\delta_1 e_1, e_2)$$

$$= \frac{\gamma_G}{2}(\delta_1 e_1^2 + e_2^2)$$

其中,$\gamma_F$ 和 $\gamma_G$ 分别为大于零的两个参数。

设 $P$ 和 $A$ 分别为当原材料采购方和原材料加工方所支付努力程度为零时原材料的单位价格和原材料成最终产品的单位成本。令 $B$ 为跨国公司支付努力程度为零时最终产品的世界市场价格。假设在实际中原材料的成本和加工成本分别与原材料采购方和加工方的采购努力和加工努力负相关,分别设为 $P(1-e_1)$ 和 $A(1-e_2)$,而最终产品实际销售的价格与加工方的加工努力和跨国公司的销售努力正相关,设为 $B(1+\lambda e_2 + e_3)$,这里 $\lambda \in (0,1)$,即加工努力对销售收入的间接影响没有销售努力的直接影响大①。则整个加工贸易的净利润为：

$$W(\delta_1,\delta_2) = B(1 + \lambda e_2 + e_3) - P(1 - e_1) - A(1 - e_2) - \frac{\gamma_F}{2}((1 - \delta_1)e_1^2 + e_3^2) - \frac{\gamma_G}{2}(\delta_1 e_1^2 + e_2^2)$$

其中，$\pi = B(1 + \lambda e_2 + e_3) - P(1 - e_1) - A(1 - e_2)$ 为整个加工贸易的总利润。我们可据此求得在完全合同下（即双方的目标是使得加工贸易的净利润最大化）使整个加工贸易净利润最大化的联合努力投入分别为：

$$e_1^* = \max\{P/\gamma_F, P/\gamma_G\}, e_2^* = (A + \lambda B)/\gamma_G, e_3^* = B/\gamma_F$$

现在假定跨国公司和中方进行纳什讨价还价以确定最优的权力配置方案。令 $\theta$ 为跨国公司经讨价还价后在总利润中分配得到的比例，则 $1 - \theta$ 为中方在讨价还价之后在总利润中分配得到的比例。令双方的保留支付分别为 $\widehat{\pi}_F$ 和 $\widehat{\pi}_G$。则跨国公司和中方在讨价还价之后的净利润分别为：

$$\pi_F = \widehat{\pi}_F + \theta(\pi - \widehat{\pi}_F - \widehat{\pi}_G) - C_F[(1 - \delta_1)e_1, e_3]$$
$$= \theta[B(1 + \lambda e_2 + e_3) - P(1 - e_1) - A(1 - e_2) - \widehat{\pi}_G] +$$
$$(1 - \theta)\widehat{\pi}_F - \frac{\gamma_F}{2}((1 - \delta_1)e_1^2 + e_3^2)$$

$$\pi_G = \widehat{\pi}_G + (1 - \theta)(\pi - \widehat{\pi}_F - \widehat{\pi}_G) - C_G(\delta_1 e_1, e_2)$$
$$= (1 - \theta)[B(1 + \lambda e_2 + e_3) - P(1 - e_1) - A(1 - e_2) - \widehat{\pi}_F] +$$
$$\theta\widehat{\pi}_G - \frac{\gamma_G}{2}(\delta_1 e_1^2 + e_2^2)$$

因此，跨国公司的净利润最大化问题就是确定 $(\delta_1,\delta_2,e_1,e_3)$ 以使 $\pi_F$ 最大，而中方的净利润最大化问题就是确定 $(\delta_1,\delta_2,e_1,e_2)$ 以使 $\pi_G$ 最大。

为了求解上述问题，他们必须确定跨国公司和中方的保留支付。为此，作者作了如下假定。

假定2.1（A21）：当纳什讨价还价破裂时，拥有加工贸易企业所有权

---

① 这意味着加工生产和销售之间存在联合生产效应。

的一方通过和市场上的另外一方达成协议完成加工和销售过程并获得总利润。

假定 2.2（A22）：在（A1）中的市场上，每一方都只能获得其边际产值的一部分，即其在第 1 期或第 2 期的努力投资的边际产值减少 $\psi \in (0,1)$ 的比例。

假定 2.3（A23）：当跨国公司拥有企业所有权且纳什讨价还价破裂时，中方另找工作。但它拥有原材料采购权（$\delta_1 = 1$）时，它能获得努力的边际产值，否则它不能获得任何收益。

### 3.2.2 基本结果

在假定（A21）、（A22）和（A23）下，我们可以得到芬斯阙和汉森（2005）模型在采购权和所有权不同配置下双方的最优努力水平（见附录表1）。将附录表 1 中的结果代入 $W(\delta_1, \delta_2)$，可求得在不同权利配置组合下的净利润，将其同完全合约时的净利润比较，我们将容易看出完全合约的净利润要大于不完全合约时四种权利配置时的净利润。此外，将表 3.1 的结果同完全合约时的最优努力程度结果相比较，可以看到在不完全合约时双方的努力投入都要小于完全合约时的最优努力投入水平。

$$e_1^* = \max\{P/\gamma_F, P/\gamma_G\}, e_2^* = (A + \lambda B)/\gamma_G, e_3^* = B/\gamma_F$$

为了确定实际中会出现何种权利配置格局，我们只要根据表 2-1 计算各方所能分配得到的净利润，然后对其求纳什均衡即可，这恰是 Zhang（2007）中所做的工作。但芬斯阙和汉森（Feenstra and Hanson，2005）并没有继续这一工作。他们所要分析的目标是通过数据来估计中国加工贸易中 F 和 G 的讨价还价能力 $\theta$ 以及合约不完全性程度 $\psi$。其基本思想是根据表 3.1 中计算得到的每种配置方案加工贸易的净利润，然后假定 F 和 G 将选择能使净利润最大化的权利配置方案；在此假定下，他们推导出关于参数 $\theta$ 和 $\psi$ 的二元选择计量模型，然后利用实际数据来估计之。他们得到的结果是，在中国，权利的分治模式（即双方各拥有其中一种权利）要优于独占模式（即两种权利只归一方所有），且合约不完全性程度越高（$\psi$ 越大），权利配置越倾向于独占模式，而 F 讨价还价能力越强（$\theta$ 越大），权利配置越倾向于分治模式。此外，采购努力的单位成本越高($P$越大),权利配置越倾向于独占模式,而加工努力的边际产值越高($A + \lambda B$越大),权利配置越倾向于分治模式。

### 3.2.3 评论

芬斯阙和汉森(2003)利用不完全合约和产业组织理论的 GHM 框架、借鉴贝克(2003)的思路,对中国加工贸易企业的采购权和所有权的影响因素进行了分析。其基本结论是两种权力的配置取决于合约的不完全性程度、双方的讨价还价能力以及双方的资产专用性程度(用双方努力投入的边际产值体现)。应该来说,这种分析方法和思路是非常新的,其得到的结论是基本符合实际的。

但这种分析思路也有其缺陷。

第一,最重要的是,他们将中国的加工贸易视为跨国公司发起的、跨国公司控制了最终产品的销售权的做法与实际不符,因而忽略了销售权对采购权和所有权配置的影响。虽然很多加工贸易企业都是依靠订单进行加工贸易活动,但这也与某些事实相矛盾。例如,在中国,很多从事进料加工贸易的企业并非直接参与任何跨国公司的权力配置方案。相反,它们在市场上采购原材料,生产加工成中间或者最终产品后,自己到市场上寻找客户。这意味着在某些情形跨国公司和中国企业并不签订任何合约,而仅发生市场交易。在某些高新技术产业如光伏产业,这种现象体现得很明显。这意味着中国加工贸易企业也可能拥有最终产品的销售权。销售权的配置是非常重要的,因为它确定了最终销售收益,因而反过来会影响采购权和所有权的配置。因此,将销售权默认为配置在跨国公司手中并认为这是合理的这种做法是非常值得怀疑的。

第二,芬斯阙和汉森(2005)将中资企业同中国加工贸易管理者等同起来的做法是值得商榷的,是存在逻辑漏洞的。按照这种说法,当所有权配置在跨国公司手中时,该加工贸易企业为外资企业,但中方在其中负责原材料的加工(和管理),这意味着中方在其中是经理人,或是被雇佣的劳动力,这意味着中方不可能是一个具有独立核算的经济法人。但当所有权配置在中方手中时,该企业为中资企业,这意味着此时中方成了一个具有独立核算、自负盈亏的企业。在这两种不同情形中方的内在含义的跳跃变动显然是存在逻辑问题的。

第三,该方法没有考虑中国加工贸易具体的加工过程,没有考虑加工贸易的要素投入,而简单地以努力程度来表示专用投入,因而忽略了真实生产的重要因素。除了跨国公司拥有最终产品的销售权这一优势之外,我们不能看出跨国公司和中方有任何其他(如中国具有劳动力的优势而跨国公司拥有技术的优势)的优势上的差别。这意味着即使跨国公司具有的先进技术或者管理优势和中国的低劳动力成本优势在这里不会影响加工贸易企业的权力配置结果。这一框架显然将同国际贸易理论的要素禀赋理论和比较优势理论相冲突。

第四,这一框架中的合约不完全性仅由一个参数 $\psi$ 即谈判破裂之后双方努力投入的损失比例衡量。但合约的不完全性的基本定义为由人类的机会主义和不可抗拒的力量所导致的违约行为。这种不完全性不仅体现在合约破裂之后的损失,也体现在合约执行过程中双方不可观测的行动所造成的损失,甚至还包括合约开始之前双方对彼此信息的不完全所导致的损失。因此这一框架中的合约不完全性是不完全的。

第五,这一框架忽略了产品特征、行业特征和市场结构对权力配置的影响。在他们的分中,原材料和最终产品无任何特征,这意味着在其框架中计算机和纺织品的加工贸易企业的权力配置方案是相同的;在他们的分析框架中,我们也没有看到行业企业之间的相互作用,包括内部和外部规模经济、进入和退出壁垒、竞争策略等问题;此外,在其分析框架中,我们也没没有看到最终产品销售、原材料采购以及产品加工三个阶段的市场的结构,因而所有的这些都被忽略掉了。

总的来说,芬斯阙和汉森的分析框架虽然对于理解中国加工贸易企业的权力配置模式有一定的意义,但为了理解实际,我们仍然需要更为细致的分析。他们断言中国加工贸易企业的权力配置结果受到合约不完全性、双方的讨价还价能力以及资产专用性的结果过于一般了。

# 3.3 完全合约模型

上一节对芬斯阙和汉森的模型提出了五条较大的质疑。本节将综合考虑上一节第一、第二和第五条质疑并建立一个模型对加工贸易企业权力的配置问题进行分析。

我们的模型的第一个拓展是在上述模型中引入了销售权的配置问题,在我们的模型里,销售权不再是只属于跨国公司所有,中方也可以拥有销售权。第二个拓展是引入了产品特征:产品标准化程度和产品通用性程度。不同标准化程度的产品所需的生产协调成本是不同的,不同通用性程度的产品其销售努力的边际产出是不一样的。第三个拓展是无论是企业所有权属于中方还是属于外方,"中方"的含义都是指中资企业,因而不存在概念变换问题。

跨国公司和中方的博弈过程可描述如下:

第0期:跨国公司和中方确定采购权、所有权和销售权的配置。

第1期:拥有采购权的一方采购原材料,并支付一定的努力成本。

第2期:拥有所有权的一方将原材料加工成最终产品(该方不知道拥有采购权一方所投入的采购努力成本),并支付一定的努力成本;如果产品不是绝对标准化的,则产品在加工生产过程中需要拥有销售权(即了解市场对产品的需求)的一方同加工生产方进行生产协调,这一协调需要拥有销售权的一方也支付协调成本,而加工生产方的协调成本被隐含地包含于其加工努力成本中。这一协调会影响产品最终销售的收益。

第3期:拥有销售权的一方将最终产品在世界市场上销售出去、支付一定的努力成本并获得最终收益,收益在跨国公司和中方之间分配。

类似芬斯阙和汉森(Feenstra and Hanson,2005)的模型,在上述博弈过程中,合约是不完全的,双方的行为主要由资产专用性(由双方在博弈过程中投入的努力程度确定)、合约的不完全性程度和双方的讨价还价能力确定。

设 $\delta_1 \in [0,1], \delta_2 \in \{0,1\}$ 分别表示采购权和所有权，$\delta_3 \in [0,1]$ 表示销售权。$\delta_1 = 0$ 表示 F 拥有采购权，否则表示 G 拥有采购权；$\delta_2 = 0$ 表示 F 拥有企业所有权，否则表示 G 拥有所有权；类似的，$\delta_3 = 0$ 表示 F 拥有最终产品的销售权，否则表示 G 拥有销售权。

设 $e_1$ 表示 F 或 G 在采购中所投入的采购努力程度，$e_2$ 表示 F 或 G 在将原材料加工成最终产品中所投入的加工努力和协调努力之和，$e_3$ 表示 F 或 G 在最终产品销售中所投入的努力程度，而 $e_4$ 表示拥有销售权的一方同不拥有销售权的一方的协调努力程度。为了简化问题，我们假定如果两方相同，则协调成本为零，否则协调成本为 $e_4$。则 F 和 G 在从原材料搜索到最终产品销售这一全套过程中所支付的努力成本分别为：

$$C_F = \frac{\gamma_F}{2}((1 - \delta_1)^2 e_1^2 + (1 - \delta_2)^2 e_2^2 + (1 - \delta_3)^2 e_3^2 + (1 - \delta_3)^2 e_4^2)$$

$$C_G = \frac{\gamma_G}{2}(\delta_1^2 e_1^2 + \delta_2^2 e_2^2 + \delta_3^2 e_3^2 + \delta_3^2 e_4^2)$$

其中，$\gamma_F$ 和 $\gamma_G$ 分别为大于零的两个参数。由于一般来说，F 具有先进的技术、管理经验等优势，因而一般有 $\gamma_F > \gamma_G$。显然，标准化程度越高，拥有销售权一方所需的协调成本越小。在本设定中，我们将成本函数中每个权利的参数都平方了。这和芬斯阙和汉森的模型不矛盾，因为当这些参数分别为 0 或者 1 时，其平方即等于自身。

设 $P$ 和 $A$ 分别为当原材料采购方和原材料加工方所支付努力程度为零时，原材料的单位价格和原材料加工成最终产品的单位成本。令 $B$ 为销售方支付努力程度为零时，最终产品的世界市场价格。假设在实际中原材料的成本和加工成本分别与原材料采购方和加工方的采购努力和加工努力负相关，分别设为 $P(1 - e_1)$ 和 $A\left(1 - \frac{t}{2}(e_2 + e_4)\right)$，而最终产品实际销售的价格与采购方的采购努力、加工方的加工努力、拥有销售权方的销售努力和协调努力正相关，设为 $B(\gamma + \lambda e_1 + e_3)$，这里 $\lambda > 0$ 分别为采购努力对销售收入的边际影响，$t$ 为产品的标准化程度[1]。从

---

[1] 这意味着加工生产和销售之间存在联合生产效应。

加工成本和销售收益中我们可以看到其中包含了 $\dfrac{e_2 + e_4}{2}$ 一项,该项体现了协调在加工生产中的重要性。由于加工成本影响了加工贸易的总收益,因而销售方有动力进行协调。此外,$\gamma \in [0,1]$ 可视为产品的通用性程度,通用性程度越高,销售收益越大,否则越小。为了保证利润最大化的解在内点处达到,我们需要一些条件,后文将会进行说明。

整个加工贸易合约的总剩余为:

$$W(\delta_1, \delta_2, \delta_3) = \pi - C_F - C_G$$

其中,$\pi = B(\gamma + \lambda e_1 + e_3) - P(1 - e_1) - A\left(1 - \dfrac{t}{2}(e_2 + e_4)\right)$ 为整个加工贸易的总利润。

在这样的条件下,求解总剩余最大化问题,我们可得完全合约时(即双方的目标是使得加工贸易的净利润最大化)使整个加工贸易净利润最大化的联合努力投入分别为:

$$e_1^* = \dfrac{Q}{\gamma_F(1 - \delta_1)^2 + \gamma_G \delta_1^2}, e_2^* = \dfrac{tA/2}{\gamma_F(1 - \delta_2)^2 + \gamma_G \delta_2^2}$$

$$e_3^* = \dfrac{B}{\gamma_F(1 - \delta_3)^2 + \gamma_G \delta_3^2}, e_4^* = \dfrac{tA/2}{\gamma_F(1 - \delta_3)^2 + \gamma_G \delta_3^2}$$

将其代入总剩余函数 $W(\delta_1, \delta_2, \delta_3)$,我们可得:

$$W(\delta_1, \delta_2, \delta_3) = \gamma B - P - A + \dfrac{1}{2}\Big[\dfrac{Q^2}{\gamma_F(1 - \delta_1)^2 + \gamma_G \delta_1^2} +$$

$$\dfrac{t^2 A^2/4}{\gamma_F(1 - \delta_2)^2 + \gamma_G \delta_2^2} + \dfrac{B^2 + t^2 A^2/4}{\gamma_F(1 - \delta_3)^2 + \gamma_G \delta_3^2}\Big]$$

因此,当权力配置变量 $\delta_1, \delta_2, \delta_3$ 可以取连续值时,最优的权力配置应为:

$$\delta_i^* = \dfrac{\gamma_F}{\gamma_G + \gamma_F}, i = 1, 2, 3$$

注意到 $\gamma_F$ 和 $\gamma_G$ 分别为 F 和 G 努力的边际成本,因而上式说明最优的权利配置与双方的边际成本有关。每一方在每种权利上的配置等于其边际努力成本占总边际成本中的比例。

由于权力配置变量只能取离散值如 0 或者 1,因此最优的权力配置方案为：

$$\delta_i^* = \begin{cases} 1 & \gamma_G < \gamma_F \\ 0 & \gamma_G > \gamma_F, i = 1,2,3 \\ 0,1 & \gamma_G = \gamma_F \end{cases}$$

在上式中的第三个等式中，$\delta_i$ 取 0 或者 1 表示权力配置在哪一方手中是不重要的。从上式我们仍然可以看到，三种权力的配置都与双方努力的边际成本有关。从中我们还可以看到，在完全合约下，所有权的配置只可能是独占模式，即所有权利都由一方持有。

# 3.4 考虑销售权和产品特征的不完全合约模型

本节考察不完全合约情形下产品标准化程度和通用性程度、跨国公司和中方的资产专用性、不完全合约程度以及双方的讨价还价能力对三种权利配置的影响。

### 3.4.1 净利润最大化问题和保留支付的设定

仍然假定 F 和 G 进行纳什讨价还价以确定最优的权利配置方案。令 $\theta$ 为 F 经讨价还价后在总利润中分配得到的比例，则 $1 - \theta$ 为 G 在讨价还价之后在总利润中分配得到的比例。由于在大多数时候 F 都比 G 更具有讨价还价优势，因此不妨设 $\theta \geq \frac{1}{2}$。令双方的保留支付分别为 $\widehat{\pi}_F$ 和 $\widehat{\pi}_G$。则 F 和 G 在讨价还价之后的净利润分别为：

$$\pi_F = \theta\big[ (P + \lambda B)e_1 + Be_3 + \frac{tA}{2}(e_2 + e_4) \big] + (1 - \theta)\widehat{\pi}_F -$$

$$\theta\widehat{\pi}_G + \theta(\gamma B - P - A) - \frac{\gamma_F}{2}((1 - \delta_1)e_1^2 + (1 - \delta_2)^2 e_2^2 +$$

$$(1 - \delta_3)e_3^2 + (1 - \delta_3)e_4^2)$$

$$\pi_G = (1 - \theta)\big[ (P + \lambda B)e_1 +$$

$$Be_3 + \frac{tA}{2}(e_2 + e_4)] + \theta\widehat{\pi}_G - (1-\theta)\widehat{\pi}_F + (1-\theta)$$

$$(\gamma B - P - A) - \frac{\gamma_G}{2}(\delta_1 e_1^2 + \delta_2^2 e_2^2 + \delta_3 e_3^2 + \delta_3 e_4^2)$$

因此,F 的净利润最大化问题就是确定 $(\delta_1,\delta_2,\delta_3,e_1,e_2,e_3,e_4)$,以使 $\pi_F$ 最大;而 G 的净利润最大化问题就是确定 $(\delta_1,\delta_2,\delta_3,e_1,e_2,e_3,e_4)$,以使 $\pi_G$ 最大。

为了求解上述问题,我们必须确定 F 和 G 的保留支付。我们做如下假定:

假定 4.1(A41):当纳什讨价还价破裂时,拥有加工贸易企业所有权和最终产品销售权的一方都通过和市场上的另外一方达成协议完成加工和销售过程并获得利润。

假定 4.2(A42):在(A41)中的市场上,每一方的加工努力或销售努力都只能获得其边际产值的一部分,即其在第 1 期或第 2 期的努力投资的边际产值减少 $1-\gamma \in (0,1)$ 的比例。其中,$\gamma$ 为产品通用性程度。这里我们假定 $\gamma > 0$。

假定 4.3(A43):在(A41)中的市场上,除非一方拥有所有权,否则其支付的采购和协调努力的边际产值都为零,如果其拥有所有权,则其采购和协调努力的边际产值不变。

对上述假定的合理性进行说明是有必要的。对(A41),由于持有销售权的一方拥有销售渠道、持有加工企业的一方拥有最终产品,因此双方都可以通过在市场上签订合约来获得利润。但由于采购努力和协调努力都付诸最终产品的生产,因而被持有所有权的一方共享。因此,如果持有采购权或销售权的一方与持有所有权的一方谈判破裂,则其从努力中获得的边际收益的比例等于其持有的所有权份额。

### 3.4.2 纳什讨价还价问题的解以及采购权、所有权和销售权的分治与独占

我们考虑每种权利(采购权、所有权和销售权)都只能由其中一方持有的情形,这意味着所有权不能共享。由于在现实中加工贸易的合资企

业占比很少,因而这一假定对理解大多数加工贸易企业仍然具有一定的意义。

在这种极端情形下,每一方可选的采购权、所有权和销售权的配置方案总共有八种,每一方的策略集都是:

$$S = \{A,B,C,D,E,F,G,H\} = \{(0,0,0),(0,0,1),(0,1,0),(0,1,1),(1,0,0),(1,0,1),(1,1,0),(1,1,1)\}$$

这样双方的策略组合共有六十四种。但这六十四中策略组合中只有八种是可行的策略组合,因而事实上我们并不需要分析如此多的策略组合。

设 $\pi_{ik}, i = F,G, k \in S$ 表示 $i$ 在选择策略 $k$ 时的净收益。由于在现实中只能出现八种策略组合 $\{k,k\}, k \in S$,否则就意味着谈判破裂,因此有 $\pi_{Fi} = \widehat{\pi}_F, \pi_{Gj} = \widehat{\pi}_G, i \neq j$。我们由此可得 F 和 G 达成协议的条件。事实上,根据纳什均衡的充分必要条件,策略组合 $(k,k), k \in S$ 为纳什均衡的充要条件为:

$$\pi_{ik} \geqslant \pi_{ij}, \forall j \in S, i = F,G$$

因此,根据式(3.40),我们可以得出 $(k,k), k \in S$ 在现实中出现的参数条件。表4.1给出了 $\pi_{ik}, i = F,G, k \in S$ 的表示式(其推导见附录)。我们可以据此确定每种权利配置方案在现实中出现的条件。

表 3.1  跨国公司和中方的收益

| 策略/收益 | 跨国公司的收益 | 中方的收益 |
| :---: | :---: | :---: |
| A | $\bar{\pi}_F + \dfrac{1}{\gamma_F}\zeta_{h0}\left(Q^2 + 2\dfrac{t^2A^2}{4} + B^2\right)$ | $\bar{\pi}_G$ |
| B | $\bar{\pi}_F + \dfrac{1}{\gamma_F}\zeta_{h0}\left(Q^2 + \dfrac{t^2A^2}{4}\right)$ | $\bar{\pi}_G + \dfrac{1}{\gamma_G}\zeta_{r1}B^2 + \dfrac{1}{\gamma_G}\zeta_{r0}\dfrac{t^2A^2}{4}$ |
| C | $\bar{\pi}_F + \dfrac{1}{\gamma_F}\zeta_{h1}\left(Q^2 + \dfrac{t^2A^2}{4}\right) + \dfrac{1}{\gamma_F}\zeta_{h0}B^2$ | $\bar{\pi}_G + \dfrac{1}{\gamma_G}\zeta_{r1}\dfrac{t^2A^2}{4}$ |
| D | $\bar{\pi}_F + \dfrac{1}{\gamma_F}\zeta_{h1}Q^2$ | $\bar{\pi}_G + \dfrac{1}{\gamma_G}\zeta_{r1}B^2 + \dfrac{1}{\gamma_G}\zeta_{r0}2\dfrac{t^2A^2}{4}$ |
| E | $\bar{\pi}_F + \dfrac{1}{\gamma_F}\zeta_{h0}\left(B^2 + 2\dfrac{t^2A^2}{4}\right)$ | $\bar{\pi}_G + \dfrac{1}{\gamma_G}\zeta_{r0}Q^2$ |

续表

| 策略／收益 | 跨国公司的收益 | 中方的收益 |
|---|---|---|
| F | $\bar{\pi}_F + \dfrac{1}{\gamma_F}\zeta_{h0}\dfrac{t^2 A^2}{4}$ | $\bar{\pi}_G + \dfrac{1}{\gamma_G}\zeta_{r0}\left(Q^2 + \dfrac{t^2 A^2}{4}\right)$ |
| G | $\bar{\pi}_F + \dfrac{1}{\gamma_F}\zeta_{h0}B^2 + \dfrac{1}{\gamma_F}\zeta_{h1}\dfrac{t^2 A^2}{4}$ | $\bar{\pi}_G + \dfrac{1}{\gamma_G}\zeta_{r1}\left(Q^2 + \dfrac{t^2 A^2}{4}\right)$ |
| H | $\bar{\pi}_F$ | $\bar{\pi}_G + \dfrac{1}{\gamma_G}\zeta_{r1}\left(Q^2 + 2\dfrac{t^2 A^2}{4} + B^2\right)$ |

其中，

$$\zeta_{h0} = \left(\theta - \frac{1}{2}h(0,\gamma,\theta)\right)h(0,\gamma,\theta) = \frac{\gamma(2-\gamma)}{2}\theta^2 +$$

$$(1-\gamma)^2\theta - \frac{(1-\gamma)^2}{2}$$

$$\zeta_{h1} = \left(\theta - \frac{1}{2}h(1,\gamma,\theta)\right)h(1,\gamma,\theta) = \frac{\gamma(2-\gamma)}{2}\theta^2$$

$$\zeta_{r0} = \left(1 - \theta - \frac{1}{2}r(0,\gamma,\theta)\right)r(0,\gamma,\theta) = -\frac{\gamma^2}{2}\theta^2 + \frac{\gamma(2-\gamma)}{2} \quad (3.3)$$

$$\zeta_{r1} = \left(1 - \theta - \frac{1}{2}r(1,\gamma,\theta)\right)r(1,\gamma,\theta) = -\frac{\gamma^2}{2}\theta^2 + (1-\gamma)\theta + \frac{1}{2}$$

根据表 4.1，由于 $\zeta_{ij} > 0, i = h, r, j = 0, 1, \pi_{Fi} = \widehat{\bar{\pi}_F}, \pi_{Gj} = \widehat{\bar{\pi}_G}, i \neq j$，因此我们立刻可以推出策略组合 $(k,k), k \in S$ 都是纳什均衡。这意味着 $S$ 中的八种策略在现实中都可能出现。这与我们实际所出现的加工贸易生产控制模式相符合（孙楚仁等，2009）。

在现实中，上述八种权利配置方案（策略组合）都可能出现。我们更加关注的是在现实中为什么上述其中一种模式出现得较多而另一种模式出现得较少。例如，我们可能关注的是为什么在现实中，外商独资和中资加工贸易企业占比要比合资比中资加工贸易企业占比大得多。为此我们需要一种判定准则。一种方法是采用总剩余 $W(k) = \pi_F(k) + \pi_G(k) = \pi_{Fk} + \pi_{Gk}, k \in S$ 构造模函数（参见 Feenstra and Hanson，2005）。

定义 1（Topkis，1998）函数 $\Omega(\delta): R^n \to R$ 称为 $Z \subseteq R^n$ 上的超模函数，如果

$$\Omega(x \vee y) + \Omega(x \wedge y) \geq \Omega(x) + \Omega(y) , \forall x, y \in Z$$

其中,$x \vee y$ 的每个分量等于 $x$ 和 $y$ 对应分量的最大值,而 $x \wedge y$ 的每个分量等于 $x$ 和 $y$ 对应分量的最小值。

定义 2 如果对任意满足 $x, y \in S$、$x \vee y = H$ 和 $x \wedge y = A$ 的 $x, y$,都有

$$W(A) + W(H) \geq W(x) + W(y) \tag{3.4}$$

则称独占模式严格优于分治模式。

根据上述定义,如果 $W(\delta_1, \delta_2, \delta_3)$ 为集合 $S_M = \{ x \in S | \exists y \in S, x \vee y = H, x \wedge y = A \}$ 上的超模函数,则现实中更可能出现所有权利都配置于其中一方的情况,我们称之为独占模式;否则,现实中更可能出现权利分别配置于两方的情况,我们称之为分治模式。

结论 1 独占模式严格优于分治模式的充要条件为:

$$\pi_{FA} + \pi_{GA} + \pi_{FH} + \pi_{GH} \geq \pi_{FD} + \pi_{GD} + \pi_{FE} + \pi_{GE}$$

$$\pi_{FA} + \pi_{GA} + \pi_{FH} + \pi_{GH} \geq \pi_{FC} + \pi_{GC} + \pi_{FF} + \pi_{GF} \tag{3.5}$$

$$\pi_{FA} + \pi_{GA} + \pi_{FH} + \pi_{GH} \geq \pi_{FB} + \pi_{GB} + \pi_{FG} + \pi_{GG}$$

证明独占模式严格优于分治模式的充要条件为:

$$W(0,0,0) + W(1,1,1) \geq W(1,0,0) + W(0,1,1)$$

$$W(0,0,0) + W(1,1,1) \geq W(0,1,0) + W(1,0,1) \tag{3.6}$$

$$W(0,0,0) + W(1,1,1) \geq W(0,0,1) + W(1,1,0)$$

又根据 $W(k) = \pi_F(k) + \pi_G(k) = \pi_{Fk} + \pi_{Gk}, k \in S$,我们立刻可得出结论中的结果。

根据上述定义和结论,我们可以推出独占模式严格优于分治模式的充要条件,它由一组不等式给出。

下面我们给出独占模式总体上优于分治模式的定义。

定义 3 如果有

$$3W(A) + 3W(H) \geq W(B) + W(C) + W(D) +$$
$$W(E) + W(F) + W(G) \tag{3.7}$$

则称独占模式总体上优于分治模式。

根据上述定义以及 F 和 G 的收益函数 3.14,我们还可以给出独占模式总体上优于分治模式的条件。这里就不列出了。

定义 4 令

$$MOD = 3W(A) + 3W(H) - [W(B) + W(C) + W(D) + \\ W(E) + W(F) + W(G)] \tag{3.8}$$

则 $MOD$ 度量了独占模式总体上优于分治模式的程度。该值越大，我们称独占模式总体上越优于分治模式的程度，或者称独占模式总体上优于分治模式的可能性越大。

根据定义4，我们可以考察独占模式总体上优于分治模式的影响因素。

根据模函数的定义和各方收益的表示式，我们有：

$$MOD = \frac{\zeta_{h0} - \zeta_{h1}}{\gamma_F}\left(2Q^2 + 2\frac{t^2A^2}{4}\right) + \frac{\zeta_{r1} - \zeta_{r0}}{\gamma_G}\left(2Q^2 + 4\frac{t^2A^2}{4}\right)$$

$$= \frac{(1-\gamma)^2\left(\theta - \frac{1}{2}\right)}{\gamma_F}\left(2Q^2 + 2\frac{t^2A^2}{4}\right) + \frac{(1-\gamma)\left(\theta + \frac{1-\gamma}{2}\right)}{\gamma_G}$$

$$\left(2Q^2 + 4\frac{t^2A^2}{4}\right) \geqslant 0 \tag{3.9}$$

从我们可以得到结论2至结论6。

结论2：在我们的模型设定下，当 $\theta \geqslant \frac{1}{2}$ 时，独占模式总是总体上优于分治模式。

这一结论是与实际相符合的。Feenstra 和 Hanson（2005）所估计得到的 $\theta$ 为0.69。我们认为，该值虽然高估了中方的议价能力，但仍然是大于 $\frac{1}{2}$ 的。这说明中国加工贸易企业中外方的议价能力 $\theta \geqslant \frac{1}{2}$ 的假设是合理的。因此我们可以推测外商独资企业和中资企业在加工贸易企业中占比至少大于 $\frac{1}{2}$ 。而根据实际的数据，在中国加工贸易中，外商独资和中资加工贸易企业占比已经达到80%以上。

结论3：当 $\theta \geqslant \frac{1}{2}$ 时，标准化程度 $t \in [0,1]$ 的上升总是推动独占模式的上升。

这一结论也是与中国加工贸易的发展历程相符合的。

结论4：当 $\theta \geqslant \frac{1}{2}$ 时，跨国公司讨价还价能力 $\theta$ 的提高总是推动着加工贸易生产控制模式总体上由分治模式往独占模式发展。

这一结论在实证上是难以证明的,因为跨国公司(外方)在加工贸易企业中的议价能力没有实际可得的数据。但我们可以认为,随着中国改革开放的深入进行、各种贸易投资壁垒的进一步消除、市场开放程度的逐渐增加,跨国公司对中国市场的了解是越来越深入的,其相对于中方的议价能力是逐渐增强的。而从宏观统计数据总体来看,加工贸易企业独占模式企业在所有企业中所占比例是越来越大的。这种趋势说明了结论的合理性。

结论5:当 $\gamma \geq \gamma^*$ 时,通用性程度 $\gamma$ 的上升将导致加工贸易生产控制模式总体上由分治模式往独占模式发展;而当 $\gamma \leq \gamma^*$ 时,通用性程度 $\gamma$ 的上升将导致加工贸易生产控制模式总体上由独占模式往分治模式发展。其中,

$$\gamma^* = 1 + \frac{2\left[\theta - 2(1-\theta)\dfrac{\gamma_G}{\gamma_F}\right]Q^2 + \left[\theta - 2(1-\theta)\dfrac{\gamma_G}{2\gamma_F}\right]t^2 A^2}{2\left(1 + \dfrac{\gamma_G}{\gamma_F}\right)Q^2 + \left(1 + \dfrac{\gamma_G}{2\gamma_F}\right)t^2 A^2}$$

(3.10)

结论5意味着通用性程度对加工贸易生产控制模式从独占趋向分治模式呈现 U 形的影响。

结论6:F 和 G 努力的边际成本 $\gamma_F$ 和 $\gamma_G$ 的上升总体上推动着加工贸易生产控制模式由独占模式往分治模式发展。

如果我们将双方努力的边际成本视为专用资产,则上述结论意味着资产专用性的提高将导致权利的分治。这是与交易成本经济学和产权理论的结论相符合的。

### 3.4.3 跨国公司持有销售权的分析

现实中的加工贸易基本上只有 F 拥有销售权,G 并不拥有销售权,因此我们的分析可以简单一些。我们只需考察这一实际模式的影响情况即可。

定义5 如果有

$$W(A) + W(C) + W(E) + W(G) \geq W(B) + W(D) + W(F) + W(H)$$
$$(3.11)$$

则称销售权控制在 F 手中的模式总体上优于销售权控制在 G 的模式。令

$$MOD = W(A) + W(C) + W(E) + W(G) - [W(B) + W(D) + W(F) + W(H)]$$
$$(3.12)$$

则 $MOD$ 度量了销售权控制在 F 手中的模式总体上优于销售权控制在 G 的模式的程度。

我们可以很容易地计算得到销售权控制在 F 手中的模:

$$MOD = \left(\frac{\zeta_{h0} + \zeta_{h1}}{\gamma_F} - \frac{2\zeta_{r0}}{\gamma_G}\right)\frac{t^2 A^2}{2} + \left(\frac{\zeta_{h0}}{\gamma_F} - \frac{\zeta_{r1}}{\gamma_G}\right)4B^2$$
$$(3.13)$$

根据及 $\zeta_{ij} > 0, i = h, r, j = 0, 1$，我们有结论 7 至结论 8。

结论 7:F 努力的边际成本越高或者 G 努力的边际成本越低,销售权总体上越可能掌握在 G 手中。

这一结论看上去似乎同现有的理论相矛盾。根据交易成本经济学或者产权理论,资产专用性越高,该方越可能持有对应的某种权利。但这一理论的前提是持有该权利的成本比较小。而在我们的模型中,持有销售权的一方需要对原材料加工进行协调,而加工往往由 G 负责,因此,将销售权配置在 G 手中可以更好地节约协调成本。

结论 8:标准化程度越高导致销售权总体上越可能掌握在 F 手中,当且仅当 $\theta > \theta^*$。其中,

$$\theta^* = \frac{-\frac{(1-\gamma)^2}{\gamma_F} + \sqrt{\frac{(1-\gamma)^4}{\gamma_F^2} + 4\left[\frac{(1-\gamma)^2}{2\gamma_F} + \frac{\gamma(2-\gamma)}{\gamma_G}\right]\left[\frac{\gamma(2-\gamma)}{\gamma_F} + \frac{\gamma^2}{\gamma_G}\right]}}{2\left[\frac{\gamma(2-\gamma)}{\gamma_F} + \frac{\gamma^2}{\gamma_G}\right]}$$

$$\in (0,1) \qquad (3.14)$$

最后,关于通用性程度对销售权控制在 F 手中优于控制在 G 手中的影响,我们有结论 9。

结论 9:当 $\gamma > \gamma^*$ 时,通用性程度越高,销售权总体上越可能控制在 F 手中,当 $\gamma < \gamma^*$ 时,通用性程度越高,销售权总体上越可能掌握在 G 手中,其中,

$$\gamma^* = - \frac{\frac{t^2 A^2}{2}\left(\theta^2 - \theta + \frac{1}{4} - \frac{\gamma_F}{\gamma_G}\right) + 2B^2\left[\theta^2 + \left(\frac{\gamma_F}{\gamma_G} - 2\right)\theta + 1\right]}{\frac{t^2 A^2}{2}\left[\left(\frac{\gamma_F}{\gamma_G} - 1\right)\theta^2 + \theta - \frac{1}{2} + \frac{\gamma_F}{\gamma_G}\right] + 2B^2\left[\left(\frac{\gamma_F}{\gamma_G} - 1\right)\theta^2 + 2\theta - 1\right]}$$

$$(3.15)$$

这里,我们假定 $\theta$ 不等于如下方程一小一大两个根 $\theta_1^*$ 和 $\theta_2^*$:

$$\left(\frac{\gamma_F}{\gamma_G} - 1\right)\left(\frac{t^2 A^2}{2} + 2B^2\right)\theta^2 + \left(\frac{t^2 A^2}{2} + 4B^2\right)\theta + \left(\frac{\gamma_F}{\gamma_G} - \frac{1}{2}\right)\frac{t^2 A^2}{2} - 2B = 0$$

由于在现实中出现的模式基本上以独占为主,因而我们可以进一步简化问题的分析。

定义 6 如果有

$$W(A) + W(G) \geq W(C) + W(F) \tag{3.16}$$

则称在销售权控制在 F 手中的情况下,独占模式总体上优于分治模式。令

$$MOD = W(A) + W(G) - [W(C) + W(F)] \tag{3.17}$$

则 $MOD$ 度量了销售权控制在 F 手中的情况下独占模式总体上优于分治模式的程度。

根据式(3.56)和 $\zeta_{ij}, i = h, r, j = 0,1$ 的表示式,我们容易计算得出在销售权控制在 F 手中的情况下独占模式总体上优于分治模式的模为:

$$MOD = \left(\frac{\zeta_{h0} - \zeta_{h1}}{\gamma_F} + \frac{\zeta_{r1} - \zeta_{r0}}{\gamma_G}\right)\left(Q^2 + \frac{t^2 A^2}{4}\right) \tag{3.18}$$

根据 $\zeta_{ij}, i = h, r, j = 0,1$ 的表示式,我们可得:

$$\frac{\zeta_{h0} - \zeta_{h1}}{\gamma_F} + \frac{\zeta_{r1} - \zeta_{r0}}{\gamma_G} = \frac{(1 - \gamma)^2\left(\theta - \frac{1}{2}\right)}{\gamma_F} + \frac{(1 - \gamma)\theta + \frac{(1 - \gamma)^2}{2}}{\gamma_G}$$

$$(3.19)$$

当 $\theta > \frac{1}{2}$ 时,显然有 $\frac{\zeta_{h0} - \zeta_{h1}}{\gamma_F} + \frac{\zeta_{r1} - \zeta_{r0}}{\gamma_G} > 0$,由此我们立刻可得 $MOD > 0$。因此,我们有结论 10 至结论 12。

结论 10:在销售权控制在 F 手中的情况下,当 $\theta > \frac{1}{2}$ 时,独占模式总体上优于分治模式。且标准化程度 $t$ 上升将导致加工贸易生产控制模式

总体上更加往独占模式发展。此外,跨国公司讨价还价能力 $\theta$ 的上升将导致加工贸易生产控制模式总体上往独占模式发展。

结论 11:在销售权控制在 F 手中和 $\theta > \frac{1}{2}$ 时,$\gamma_F$ 或 $\gamma_G$ 越大,加工贸易生产控制模式越趋于分治模式。

结论 12:存在最优通用性水平 $\gamma^* = \dfrac{\dfrac{\gamma_F}{\gamma_G}(\theta + 1) + 2\theta - 1}{\dfrac{\gamma_F}{\gamma_G} + 2\theta - 1} \in (0,1)$,

当 $\gamma > \gamma^*$ 时,通用性程度越高,加工贸易生产控制模式越趋于独占模式;而当 $\gamma < \gamma^*$ 时,通用性程度越高,加工贸易生产控制模式越趋于分治模式。

结论 10 给出的随着跨国公司讨价还价能力和标准化程度的上升,加工贸易生产控制模式总体上往独占模式发展的结论,是符合实际情况的。

# 3.5　结论

本章将产品特征(产品标准化程度和通用性程度)和资产专用性纳入不完全合约的分析框架中,并应用其来分析中国加工贸易的生产控制模式问题。在我们的分析中,跨国公司和中国加工贸易企业在加工贸易企业的采购权、所有权和销售权三种权利上都要事先达成配置协议,然后按照事先达成的权利配置方案支付采购努力、加工努力、销售努力和协调努力。其中,协调努力由持有销售权的一方支付,它用于协调最终产品加工者的加工活动,这种协调能提高产品质量并带来加工成本的节约。除此之外,加工努力和协调努力同时也会影响最终产品的通用性程度以及最终的销售收益。由于合约的不完全性,这种事先达成的权利配置方案存在着"敲竹杠"的问题,因此双方必须在事后进行纳什议价以重新配置加工贸易的总剩余。在这样的设定下,我们分析了加工贸易企业生产控制模式与产品特征、资产专用性、讨价还价能力和合约不完全性程度的关系。根据该模型,我们能够得出在不同参数条件下将出现何种不同权利配置方案以及独占模式将优于分治模式的参数条件。该模型克服了芬斯阙和汉森(Feenstra and Hanson,2005 年)模型将销售权直接配置于跨国公司的假定,且将产品特征纳入分析框架中,因而更适于分析中国加工贸易的实际生产控制模式问题。

未来的一个研究方向是利用相关企业水平的数据对上述结论进行实证分析。由于数据可获得性的问题。本章略去这一部分的内容而将这一工作留待未来的分析。

**参考文献**

[1]冯雷:《加工贸易对中国国民经济总体作用评价:迈向市场经济的前沿》,《国际贸易》2000 年版,第 9 期,第 26–31 页。

[2]隆国强:《加工贸易政策研究》,《经济研究参考》2003,第 11 期,第 2–27 页。

[3]邵祥林、王玉梁、任晓薇:《未来国际贸易的主流——加工贸易》,对外经济贸易大学出版社 2001 年版。

[4]沈玉良、孙楚仁、凌学岭:《中国国际加工贸易研究》,人民出版社 2007 年版。

[5]孙楚仁、沈玉良、凌学岭:《2009 中国加工贸易生产控制模式及其影响因素》,上海对外贸易学院国际经贸研究所工作论文。

[6]王怀民:《2006 独占或分治:中国加工企业生产控制模式研究》,《世界经济》第 9 期,第 33、41 页。

[7]王子先、杨正位、宋刚:《促进落地生根——中国加工贸易转型升级的发展方向》,《国际贸易》2004 年第 2 期,第 10—13 页。

[8]Baker,George P., and Thomas N. Hubbard, 2003. "Make versus Buy in Trucking: Asset Ownership, Job Design, and Information," American Economic Review, 93(3): 551–572.

[9] R. C. Feenstra, Integration of Trade and Disintergration of Production in the Global Economy, Journal of Economic Perspective.

[10] Robert C. Feenstra and Gordon H. Hanson, Ownership and

Control in Outsourcing toChina,2003, NBER Working Paper, No.10198.

［11］ Topkis  Donald  M.  （1998）, Supermodularity  and Complementarity,Princeton University Press.

［12］Zhang Juyan, 2007. "Ownership Structure, Input Control and Bargaining inChina's Processing Firms," Mimeo, Southwestern University of Finance and Economics, Chengdu, China.

# 附　录

A.1 芬斯阙和汉森(2005)模型中采购权和所有权不同配置模式下双方的最优努力

在假定(A21)、(A22)和(A23)下,我们可以推得如下结果。如果中方拥有企业所有权(即 $\delta_2 = 1$),则有:

$$\frac{\partial \widehat{\pi}_F}{\partial e_3} = (1 - \psi)B$$

$$\frac{\partial \widehat{\pi}_F}{\partial e_1} = (1 - \psi)P, 若 \delta_1 = 0$$

$$\frac{\partial \widehat{\pi}_G}{\partial e_1} = P, 若 \delta_1 = 1$$

$$\frac{\partial \widehat{\pi}_G}{\partial e_2} = A + (1 - \psi)\lambda B \tag{3.20}$$

而如果跨国公司拥有企业所有权(即 $\delta_2 = 0$),则有:

$$\frac{\partial \widehat{\pi}_F}{\partial e_3} = B$$

$$\frac{\partial \widehat{\pi}_F}{\partial e_1} = P, 若 \delta_1 = 0$$

$$\frac{\partial \widehat{\pi}_G}{\partial e_1} = (1 - \psi)P, 若 \delta_1 = 1$$

$$\frac{\partial \widehat{\pi}_G}{\partial e_2} = \delta_1(1 - \psi)(A + \lambda B) \tag{3.21}$$

上述两个式子的第四个方程来自于假设(A3):当且中方拥有采购权时,它获得其努力投资的边际产值。

根据和,我们分别求解跨国公司和中方的净利润最大化问题,可得如下结果：

表1 不同采购权和所有权的配置下跨国公司和中方的努力投资

| 不同采购权和所有权的配置下的努力投资 | 跨国公司拥有所有权<br>（$\delta_2 = 0$） | 中方拥有所有权<br>（$\delta_2 = 1$） |
|---|---|---|
| 跨国公司拥有采购权<br>（$\delta_1 = 0$） | $e_1 = P/\gamma_F$ | $e_1 = (1 - (1 - \theta)\psi)P/\gamma_F$ |
| | $e_2 = (1 - \theta)(A + \lambda B)/\gamma_G$ | $e_2 = (A + (1 - \theta\psi)\lambda B)/\gamma_G$ |
| | $e_3 = B/\gamma_F$ | $e_3 = (1 - (1 - \theta)\psi)B/\gamma_F$ |
| 中方拥有采购权<br>（$\delta_1 = 1$） | $e_1 = (1 - \theta\psi)/\gamma_G$ | $e_1 = P/\gamma_G$ |
| | $e_2 = (1 - \theta\psi)(A + \lambda B)/\gamma_G$ | $e_2 = (A + (1 - \theta\psi)\lambda B)/\gamma_G$ |
| | $e_3 = B/\gamma_F$ | $e_3 = (1 - (1 - \theta)\psi)B/\gamma_F$ |

A.2 考虑销售权的不完全合约下 F 和 G 的收益最大化问题求解以及表4.1 的推导

在假定（A41）、（A42）和（A43）下，我们有：

$$\frac{\partial \widehat{\pi}_F}{\partial e_3} = (1 - \gamma)(1 - \delta_3)B, \frac{\partial \widehat{\pi}_F}{\partial e_2} = (1 - \gamma)(1 - \delta_2)\frac{tA}{2}$$

$$\frac{\partial \widehat{\pi}_F}{\partial e_1} = (1 - \gamma)(1 - \delta_2)(P + \lambda B), \frac{\partial \widehat{\pi}_F}{\partial e_4} = (1 - \gamma)(1 - \delta_2)\frac{tA}{2}$$

$$\frac{\partial \widehat{\pi}_G}{\partial e_3} = (1 - \gamma)\delta_3 B, \frac{\partial \widehat{\pi}_G}{\partial e_2} = (1 - \gamma)\delta_2 \frac{tA}{2}$$

$$\frac{\partial \widehat{\pi}_G}{\partial e_1} = (1 - \gamma)\delta_2(P + \lambda B), \frac{\partial \widehat{\pi}_G}{\partial e_4} = (1 - \gamma)\delta_2 \frac{tA}{2} \tag{3.22}$$

现在我们分别求解 F 和 G 的收益最大化问题。

令

$$\bar{\pi}_F = (1 - \theta)\widehat{\pi}_F - \theta\widehat{\pi}_G + \theta(\gamma B - P - A), \bar{\pi}_G = \theta\widehat{\pi}_G - (1 - \theta)\widehat{\pi}_F + (1 - \theta)(\gamma B - P - A), Q = P + \lambda B.$$ 则对 F 来说，其最优努力为：

$$e_1^F = \begin{cases} \dfrac{h(\gamma, \theta, \delta_2)}{\gamma_F (1 - \delta_1)^2}Q & \delta_1 \neq 1 \\ 0 & \delta_1 = 1 \end{cases}, e_2^F = \begin{cases} \dfrac{h(\gamma, \theta, \delta_2)}{\gamma_F (1 - \delta_2)^2}\dfrac{tA}{2} & \delta_1 \neq 1 \\ 0 & \delta_2 = 1, \end{cases}$$

$$e_3^F = \begin{cases} \dfrac{h(\gamma,\theta,\delta_3)}{\gamma_F(1-\delta_3)^2}B & \delta_3 \neq 1 \\ 0 & \delta_3 = 1, \end{cases} \quad e_4^F = \begin{cases} \dfrac{h(\gamma,\theta,\delta_2)}{\gamma_F(1-\delta_3)^2}\dfrac{tA}{2} & \delta_3 \neq 1 \\ 0 & \delta_3 = 1, \end{cases} \quad (3.23)$$

其中，$h(\gamma,\theta,\delta) = \gamma\theta + (1-\gamma)(1-\delta)$。而对 G 来说，其最优努力为：

$$e_1^G = \begin{cases} \dfrac{r(\gamma,\theta,\delta_2)}{\gamma_G\delta_1^2}Q & \delta_1 \neq 0 \\ 0 & \delta_1 = 0, \end{cases} \quad e_2^G = \begin{cases} \dfrac{r(\gamma,\theta,\delta_2)}{\gamma_G\delta_2^2}\dfrac{tA}{2} & \delta_1 \neq 0 \\ 0 & \delta_2 = 0, \end{cases}$$

$$e_3^G = \begin{cases} \dfrac{r(\gamma,\theta,\delta_3)}{\gamma_G\delta_3^2}B & \delta_3 \neq 0 \\ 0 & \delta_3 = 0, \end{cases} \quad e_4^G = \begin{cases} \dfrac{r(\gamma,\theta,\delta_2)}{\gamma_G\delta_3^2}\dfrac{tA}{2} & \delta_3 \neq 0 \\ 0 & \delta_3 = 0. \end{cases} \quad (3.24)$$

其中，$r(\gamma,\theta,\delta) = \gamma(1-\theta) + \delta(1-\gamma)$。

根据 $h(\gamma,\theta,\delta)$ 和 $r(\gamma,\theta,\delta)$ 的定义，我们可以计算得到如下结果：

$$\left[\theta - \frac{1}{2}h(\delta_2,\gamma,\theta)\right]h(\delta_2,\gamma,\theta) = \frac{\gamma(2-\gamma)}{2}\theta^2 + (1-\delta_2)$$

$$(1-\gamma)^2\theta - \frac{(1-\delta_2)^2(1-\gamma)^2}{2}$$

$$\left[1 - \theta - \frac{1}{2}r(\delta_2,\gamma,\theta)\right]r(\delta_2,\gamma,\theta) = -\frac{\gamma^2}{2}\theta^2 + \delta_2(1-\gamma)\theta + (\gamma + $$

$$\delta_2(1-\gamma))\left[1 - \frac{\gamma+\delta_2(1-\gamma)}{2}\right] \quad (3.25)$$

记：

$$\zeta_{h0} = \left(\theta - \frac{1}{2}h(0,\gamma,\theta)\right)h(0,\gamma,\theta) = \frac{\gamma(2-\gamma)}{2}\theta^2 + (1-\gamma)^2\theta - $$

$$\frac{(1-\gamma)^2}{2}$$

$$\zeta_{h1} = \left[\theta - \frac{1}{2}h(1,\gamma,\theta)\right]h(1,\gamma,\theta) = \frac{\gamma(2-\gamma)}{2}\theta^2$$

$$\zeta_{r0} = \left[1 - \theta - \frac{1}{2}r(0,\gamma,\theta)\right]r(0,\gamma,\theta) = -\frac{\gamma^2}{2}\theta^2 + \frac{\gamma(2-\gamma)}{2}$$

$$\zeta_{r1} = \left[1 - \theta - \frac{1}{2}r(1,\gamma,\theta)\right]r(1,\gamma,\theta) = -\frac{\gamma^2}{2}\theta^2 + (1-\gamma)\theta + \frac{1}{2}$$

$$(3.26)$$

由于 $\theta \geqslant \frac{1}{2}$ ,因此容易计算得到 $\zeta_{ij} > 0, i = h, r, j = 0, 1$ 。

现在我们可以给出某些特殊情形时双方的收益。这里我们假定采购权和销售权只能归一方所有(即 $\delta_1$ 、$\delta_2$ 、$\delta_3$ 只取离散值的情形)。对于其连续取值情形,我们一样可以考察这两种权利的最优分配问题。

情形一:设 $(\delta_1, \delta_3) = (0, 0)$ 。此时若 $\delta_2 \neq 1$ ,则 F 的收益为:

$$\pi_F(0, \delta_2, 0) = \bar{\pi}_F + \frac{1}{\gamma_F}\{[\theta - \frac{1}{2}h(\delta_2, \gamma, \theta)]h(\delta_2, \gamma, \theta)$$

$$(Q^2 + (1 + \frac{1}{(1 - \delta_2)^2})\frac{t^2 A^2}{4})\}$$

$$+ \frac{1}{\gamma_F}\{(\theta - \frac{1}{2}h[0, \gamma, \theta])h(0, \gamma, \theta)B^2\}, \delta_2 < 1$$

$$\pi_F(0, 1, 0) = \bar{\pi}_F + \frac{1}{\gamma_F}\{[\theta - \frac{1}{2}h(1, \gamma, \theta)]h(1, \gamma, \theta)(Q^2 + \frac{t^2 A^2}{4}) +$$

$$[\theta - \frac{1}{2}h(0, \gamma, \theta)]h(0, \gamma, \theta)B^2\}$$

特别地,当 $\delta_2 = 0$ 时,有

$$\pi_F(0, 0, 0) = \bar{\pi}_F + \frac{1}{\gamma_F}\{[\theta - \frac{1}{2}h(0, \gamma, \theta)]h(0, \gamma, \theta)(Q^2 + 2$$

$$\frac{t^2 A^2}{4} + B^2)\}$$

而 G 的收益为:

$$\pi_G(0, 0, 0) = \bar{\pi}_G$$

$$\pi_G(0, \delta_2, 0) = \bar{\pi}_G + \frac{1}{\delta_2^2 \gamma_G}[1 - \theta - \frac{1}{2}r(\delta_2, \gamma, \theta)]r(\delta_2, \gamma, \theta)\frac{t^2 A^2}{4}, \delta_2 \neq 0$$

特别地,当 $\delta_2 = 1$ 时,有:

$$\pi_G(0, 1, 0) = \bar{\pi}_G + \frac{1}{\gamma_G}[1 - \theta - \frac{1}{2}r(1, \gamma, \theta)]r(1, \gamma, \theta)\frac{t^2 A^2}{4}$$

情形二:设 $(\delta_1, \delta_3) = (1, 1)$ 。则当 $\delta_2 \neq 0$ 时,中方的收益为:

$$\pi_G(1, 1, 1) = \bar{\pi}_G + \frac{1}{\gamma_G}[1 - \theta - \frac{1}{2}r(1, \gamma, \theta)]r(1, \gamma, \theta)(Q^2 + 2$$

$$\frac{t^2 A^2}{4} + B^2)$$

$$\pi_G(1,\delta_2,1) = \bar{\pi}_G + \frac{1}{\gamma_G}\{[1 - \theta - \frac{1}{2}r(\delta_2,\gamma,\theta)]r(\delta_2,\gamma,\theta)[Q^2 + (1 + \frac{1}{\delta_2^2})\frac{t^2A^2}{4}]\}$$

$$+ \frac{1}{\gamma_G}\{[1 - \theta - \frac{1}{2}r(1,\gamma,\theta)]r(1,\gamma,\theta)B^2\}, \delta_2 \neq 0$$

特别地,当 $\delta_2 = 0$ 时,有:

$$\pi_G(1,0,1) = \bar{\pi}_G + \frac{1}{\gamma_G}\left\{ \begin{array}{l} [1 - \theta - \frac{1}{2}r(0,\gamma,\theta)] \\ r(0,\gamma,\theta)(Q^2 + \frac{t^2A^2}{4}) \end{array} \right\}$$

$$+ \frac{1}{\gamma_G}\left\{[1 - \theta - \frac{1}{2}r(1,\gamma,\theta)]r(1,\gamma,\theta)B^2\right\}$$

跨国公司的收益为:

$$\pi_F(1,1,1) = \bar{\pi}_F,$$

$$\pi_F(1,\delta_2,1) = \bar{\pi}_F + \frac{1}{(1-\delta_2)^2\gamma_F}[\theta - \frac{1}{2}h(\delta_2,\gamma,\theta)]h(\delta_2,\gamma,\theta)\frac{t^2A^2}{4},$$

$\delta_2 < 1$

特别的,当 $\delta_2 = 0$ 时,有:

$$\pi_F(1,0,1) = \bar{\pi}_F + \frac{1}{\gamma_F}[\theta - \frac{1}{2}h(0,\gamma,\theta)]h(0,\gamma,\theta)\frac{t^2A^2}{4}$$

情形三:设 $(\delta_1,\delta_3) = (0,1)$。F 的收益为:

$$\pi_F(0,1,1) = \bar{\pi}_F + \frac{1}{\gamma_F}[\theta - \frac{1}{2}h(1,\gamma,\theta)]h(1,\gamma,\theta)Q^2$$

$$\pi_F(0,\delta_2,1) = \bar{\pi}_F + \frac{1}{\gamma_F}[\theta - \frac{1}{2}h(\delta_2,\gamma,\theta)]h(\delta_2,\gamma,\theta)[Q^2 + \frac{1}{(1-\delta_2)^2}\frac{t^2A^2}{4}], \delta_2 < 1$$

特别地,我们有:

$$\pi_F(0,0,1) = \bar{\pi}_F + \frac{1}{\gamma_F}[\theta - \frac{1}{2}h(0,\gamma,\theta)]h(0,\gamma,\theta)(Q^2 + \frac{t^2A^2}{4})$$

而中方的收益为:

$$\pi_G(0,0,1) = \bar{\pi}_G + \frac{1}{\gamma_G}[1 - \theta - \frac{1}{2}r(1,\gamma,\theta)]r(1,\gamma,\theta)B^2 +$$

$$\frac{1}{\gamma_G}[1-\theta-\frac{1}{2}r(0,\gamma,\theta)]r(0,\gamma,\theta)\frac{t^2A^2}{4}$$

$$\pi_G(0,\delta_2,1) = \bar{\pi}_G + \frac{1}{\gamma_G}[1-\theta-\frac{1}{2}r(1,\gamma,\theta)]r(1,\gamma,\theta)B^2 +$$

$$\frac{1}{\gamma_G}(1+\frac{1}{\delta_2^2})[1-\theta-\frac{1}{2}r(\delta_2,\gamma,\theta)]r(\delta_2,\gamma,\theta)\frac{t^2A^2}{4}$$

特别的,我们有:

$$\pi_G(0,1,1) = \bar{\pi}_G + \frac{1}{\gamma_G}[1-\theta-\frac{1}{2}r(1,\gamma,\theta)]r(1,\gamma,\theta)B^2 +$$

$$\frac{1}{\gamma_G}[1-\theta-\frac{1}{2}r(0,\gamma,\theta)]r(0,\gamma,\theta)2\frac{t^2A^2}{4}$$

情形四:设 $(\delta_1,\delta_3) = (1,0)$。中方的收益为:

$$\pi_G(1,0,0) = \bar{\pi}_G + \frac{1}{\gamma_G}[1-\theta-\frac{1}{2}r(0,\gamma,\theta)]r(0,\gamma,\theta)Q^2$$

$$\pi_G(1,\delta_2,0) = \bar{\pi}_G + \frac{1}{\gamma_G}[1-\theta-\frac{1}{2}r(\delta_2,\gamma,\theta)]r(\delta_2,\gamma,\theta)(Q^2+\frac{1}{\delta_2^2}\frac{t^2A^2}{4})$$

特别地,当 $\delta_2 = 1$ 时,有:

$$\pi_G(1,1,0) = \bar{\pi}_G + \frac{1}{\gamma_G}[1-\theta-\frac{1}{2}r(1,\gamma,\theta)]r(,\gamma,\theta)(Q^2+\frac{t^2A^2}{4})$$

而跨国公司的收益为:

$$\pi_F(1,1,0) = \bar{\pi}_F + \frac{1}{\gamma_F}\left\{ \begin{array}{l} [\theta-\frac{1}{2}h(0,\gamma,\theta)]h(0,\gamma,\theta)B^2 + \\ [\theta-\frac{1}{2}h(1,\gamma,\theta)]h(1,\gamma,\theta)\frac{t^2A^2}{4} \end{array} \right\}$$

$$\pi_F(1,\delta_2,0) = \bar{\pi}_F + \frac{1}{\gamma_F}\{[\theta-\frac{1}{2}h(0,\gamma,\theta)]h(0,\gamma,\theta)B^2 +$$

$$[1+\frac{1}{(1-\delta_2)^2}][\theta-\frac{1}{2}h(\delta_2,\gamma,\theta)]h(\delta_2,\gamma,\theta)\frac{t^2A^2}{4}]$$

特别的,我们有:

$$\pi_F(1,0,0) = \bar{\pi}_F + \frac{1}{\gamma_F}\{[\theta-\frac{1}{2}h(0,\gamma,\theta)]h(0,\gamma,\theta)(B^2+2\frac{t^2A^2}{4})\}$$

根据 $\pi_{ik}, i = F, G, k \in S$ 的定义,我们可得表 4.1。

A.3 结论 8 和结论 9 的证明

结论 8 的证明:

只需注意到

$$f(\theta) = \frac{\zeta_{h0} + \zeta_{h1}}{\gamma_F} - \frac{2\zeta_{r0}}{\gamma_G} = \left[\frac{\gamma(2-\gamma)}{\gamma_F} + \frac{\gamma^2}{\gamma_G}\right]\theta^2 + \frac{(1-\gamma)^2}{\gamma_F}\theta - \left[\frac{(1-\gamma)^2}{2\gamma_F} + \frac{\gamma(2-\gamma)}{\gamma_G}\right].$$

解 $f(\theta) = 0$ 即得上述结果。

注意:当 $\theta > \max\left\{\frac{1}{2}, \sqrt{\frac{\gamma_F}{\gamma_G}}\right\} = \frac{1}{2}$ 时,(3.51) 显然成立。

结论 9 的证明:注意根据式和 $\zeta_{ij}, i = h, r, j = 0, 1$ 的表示式,

$$\frac{\zeta_{h0}}{\gamma_F} - \frac{\zeta_{r1}}{\gamma_G} = \left[\frac{\gamma(2-\gamma)}{2\gamma_F} + \frac{\gamma^2}{2\gamma_G}\right]\theta^2 + \left[\frac{(1-\gamma)^2}{\gamma_F} - \frac{(1-\gamma)}{\gamma_G}\right]\theta - \frac{(1-\gamma)^2}{2\gamma_F} - \frac{1}{2\gamma_G}$$

将式和式代入式,可知 MOD 为 $\gamma$ 的凹二次函数(即 $\gamma$ 的二次项系数小于零)。对 MOD 关于 $\gamma$ 求极大值,根据一阶最优性条件我们可以求得最优的 $\gamma^*$,如式所示。因此结论 9 成立。

# 第四章　加工贸易企业生产控制
## 方式的实证分析

[本章摘要]

在第三章中,我们通过引入销售权对中国加工贸易生产控制方式及其影响因素进行了分析。为了对此理论进行实证分析,需要微观水平的数据,为此,我们对广东、福建、浙江、江苏、山东和上海六个省市的加工贸易企业进行了问卷调查并举行了相关座谈会。首先对问卷和座谈会资料进行整理和分类,接着重点考察不同生产控制方式下加工贸易企业的生产效率以及影响加工贸易生产控制方式的因素。对样本企业的计量结果表明,当加工贸易企业的所有权由外方控制时,无论企业的采购权和销售权归谁所有,外商独资企业的生产效率总体上要低于合资或者中资企业的生产效率。关于影响加总贸易生产控制模式的因素,除了芬斯阙和汉森(2005)所认为的外方和中方的讨价还价能力和合约的不完全性之外,加工贸易的行业特征、产品特征、企业所在地、市场结构、中方在加工生产中所投入的要素、企业规模、生产和贸易结构、生产导向(内销和外销)和企业劳动力雇佣情况、销售权等都影响其生产控制模式,且影响方式是不一样的。

## 4.1　问卷设计和处理过程

### 4.1.1　调研的动机、时间进程、范围和样本选择

我们的问卷调查在2007年5月即开始筹划,通过走访10多家企业,对问卷进行预填和修改,到2007年12月完成了问卷的设计。2008年4

月开始,我们陆续到广东东莞、广州,福建晋江,浙江嘉兴、杭州、衢州等地,江苏常熟、无锡、常州等地,上海主要区县,山东青岛、威海和济南六个省市下属的地区,通过当地外经贸委,正式发放了 500 家问卷,在选择企业时我们采用的是随机抽样的方法。到 2009 年 6 月我们共回收了263 份问卷,问卷回收率为 52.6%。由于有些企业在填写问卷时存在一定的问题,因此我们又对每份问卷一项项同对应企业进行了核定,剔除了不合格的问卷,最终我们共得有效问卷 204 份,有效率为 77.56%。

### 4.1.2 问卷的设计

根据上述论述,我们在设计问卷时着重考虑了与加工贸易生产控制方式有关的因素:(1)企业性质和加工贸易方式;(2)加工贸易所在地和加工贸易企业所处的行业;(3)企业基本财务信息;(4)加工贸易产品的标准化程度和通用性程度;(5)加工贸易企业在加工生产过程中投入的技术。围绕这些因素,问卷设计了 39 个问题。

(1)企业性质和加工贸易方式。我们将企业分成独资、中外合资、中资三种类型的企业,将企业加工贸易方式分为来料加工、进料加工、同时进行来料加工贸易和进料加工贸易方式及其他加工贸易四种加工贸易方式。① 前者我们还调查了中方和外方在企业中的所有权的份额,后者我们还调查了原材料采购权的归属和原材料的采购地点,在实际加工贸易企业运行中,尽管加工贸易企业采用进料加工贸易方式,但是如果销售权掌握在外方,那么外方可以通过指定料件的国家甚至是具体企业的方式来控制料件。

(2)加工贸易所在地和加工贸易企业所处的行业。前者由加工贸易所在省份表示,后者我们用两个方面的问题表示,一是直接调查企业所在地行业(共分九大类行业,包括纺织、服装鞋帽、文教体育用品、家具、交通运输设备、电器机械及器材、通信设备计算机及其他电子设备、仪器仪表及文化办公用机械和其他行业),二是调查企业生产的产品的四位

---

① 其他加工贸易包括来样加工贸易、同时进行一般贸易和加工贸易的企业。

数 HS 码。

（3）企业基本财务信息。这主要包括 2005—2007 年企业的总产值、内销额、加工贸易总产值、加工贸易出口额、一般贸易出口额、就业人数、非本地就业人数①、上缴税收额②。通过这些信息，我们可以大致知道企业的规模（产值和就业人数）、企业的生产和贸易结构（一般贸易和加工贸易）、生产导向（内销和外销）、企业劳动力雇佣情况、税收负担。我们认为这些因素都可能影响企业的生产控制模式。

（4）加工贸易产品的标准化程度和通用性程度。我们将标准化程度和通用性程度都分成五个层次，即高、较高、中等、较低和低。产品标准化程度越高，表明不同生产者可以以越少的成本生产出功能越一致的产品，因而跨国公司不用进行 FDI 即可获得自身所需的产品，因此产品标准化程度会影响企业性质。此外，产品标准化程度不同，对原材料品质的要求也不同，程度越高，其对原材料的品质从而采购的要求会越低，因而原材料的采购会越以进料加工为主。通用性程度衡量的是产品适用于各类消费者的程度。通用性程度越高，它对其他产品的替代程度就越高，就越容易为各类主体所接受，从而表明此类产品的专用性越不强，因而生产者在此方面的投资专用性越不强。根据合约理论，这会影响加工贸易企业所有权的结构。

（5）加工贸易企业在加工生产过程中投入的技术。这通过调查企业是否在加工生产中投入了专利、技术诀窍、是否拥有自主品牌、专用设备投资在企业投资中的比例、需要培训的劳动力在总劳动力中的比例来体现。其中，后两条我们将其分为小于 10%、介于 10%—30% 之间、介于 31%—70% 之间、介于 71%—90% 之间以及大于 90% 五种水平。企业在加工生产中投入的专利、技术诀窍以及劳动力的质量、品牌会影响加工生产出来的产品的质量，从而影响其价值。如果企业拥有消费者所缺少

---

① 劳动力雇佣以外地或本地为主主要考察企业劳动力的流动情况，一般来说，本地人越多，劳动力流动性就越小，因而企业的加工生产就越稳定，因而会影响企业所有权的确定。

② 不同企业类型的税收上缴程度不一样。在中国，外资企业、合资企业和中资企业的税率依次递减，且不同行业的税率和出口退税率也不一样，因而会影响中外方企业所有权的确定。

的这些因素而且无法监督生产者,企业在所有权在配置上可能需要重新考虑。

(6)加工贸易企业所面临的竞争。我们设置了六方面的指标来考察加工贸易企业所面临的竞争,包括企业竞争力的体现(包括产品研发、产品制造技术、规模效应、销售渠道、市场反应能力和售后服务及其他方面)、企业对市场竞争激烈程度的感觉(分为十个等级)、中方在企业定价权中的占比、中方优势的体现、企业从事加工贸易的原因(包括利润、渠道培育、与跨国公司的合作、成本和其他因素)、企业的产品是否有自主销售渠道。这些方面从某种程度上反映了产品特征(要素密集度等)、市场结构、竞争的激烈程度和加工贸易企业的竞争优势,它们必然会影响企业的所有权和采购权的配置。

表4.1给出了不同所有权和采购权配置下的企业数目以及其在有效样本中所占的比重。从样本企业所有制和贸易方式分布情况看,外商独资企业共121家,占有效样本的59%;国有企业共7家,占4%,民营企业共22家,占11%,中资企业(国有和民营企业)所占份额为15%,中外合资企业共54家,占26%。样本企业的分布同2008年海关对加工贸易的所有制分布统计基本一致。

从贸易方式看,来料加工方式的企业25家,占有效样本的12%;采用进料加工方式的企业122家,占60%;两种方式兼用的企业46家,占22%;其他方式下的企业11家,占5%。这与中国全部加工贸易企业的贸易方式分布情况基本一致(见表1.7)。

从样本企业生产控制模式的分布来看,独占模式下的企业数目合计为134家,占有效样本的65%。其中,外方独占模式下的企业数目为114家,占55%。中方独占模式下的企业数目为20家(国有企业3家,民营企业17家),占10%。分治模式下的企业数目为51家,占25%。混合模式下的企业数目为8家,占4%。其他类型的企业数目为11家,占6%。

由此可见,第一,样本企业的生产控制模式由"独占模式"主导,其中以"外方独占模式"为主。第二,中方独占模式由民营企业主导。第三,无论是中资企业、中外合资企业还是外商独资企业,都普遍存在混合型生产控制模式,即兼用来料和进料加工方式。

表 4.1　样本企业的基本情况

（单位:家、%）

| | | 贸易方式 | | | | 外方指定采购 | 品牌 |
|---|---|---|---|---|---|---|---|
| | | 来料 | 进料 | 来料和进料 | 其他 | | |
| 中资企业 | 国有企业 | 0<br>(0.00) | 3<br>(1.47) | 4<br>(1.96) | 0<br>(0.00) | 2<br>(0.98) | 2<br>(0.98) |
| | 民营企业 | 0<br>(0.00) | 17<br>(8.33) | 4<br>(1.96) | 1<br>(0.49) | 1<br>(0.49) | 12<br>(5.88) |
| 中外合资企业 | | 5<br>(2.45) | 30<br>(14.71) | 16<br>(7.84) | 3<br>(1.47) | 24<br>(11.76) | 17<br>(8.33) |
| 外商独资企业 | | 20<br>(9.80) | 72<br>(35.29) | 22<br>(10.78) | 7<br>(3.43) | 68<br>(33.33) | 27<br>(13.24) |
| 合计 | | 25<br>(12.25) | 122<br>(59.80) | 46<br>(22.55) | 11<br>(5.39) | 95<br>(46.57) | 58<br>(28.43) |

注:中方独占、外方独占、分治模式的划分标准见"表1.6企业性质、贸易方式、生产控制和企业所得"。中资企业进料加工视为"中方独占模式";外商独资企业来料加工、进料加工以及兼用两种贸易方式都视为"外方独占"模式;中资企业来料加工,以及中外合资企业来料加工、进料加工以及兼用两种贸易方式都视为"分治"模式;中资企业兼用来料和进料加工视为"混合模式"。

资料来源:笔者调研数据。

　　对问卷有效性进行处理以后的问卷中,江苏、山东、上海、福建、广东和浙江的企业的有效样本分别为12.64%、10.34%、27.20%、4.98%、6.51%和38.31%,其中上海和浙江的企业数量最大,广东的企业过少,样本在地区分布上有所欠缺。纺织、服装鞋帽、文教体育用品、家具、交通运输、电器机械及器材、通信设备计算机及其他电子设备、仪器仪表及文化办公用机械和其他行业的企业分占有效样本的11.38%、19.51%、2.03%、4.47%、3.25%、6.91%、14.63%、1.63%和36.18%,基本体现了加工贸易企业的行业分布。

# 4.2 不同生产控制模式加工贸易企业生产效率的计量

本节考察加工贸易生产控制模式对企业生产效率的影响。不同生产控制模式下中国加工贸易企业的生产效率是否存在差异,其分布如何。弄清不同生产控制模式下加工贸易企业的生产效率差异,有助于我们理解理解中国的外资政策的目标是否能达到、中国通过吸引外资来扩大技术溢出途径的设想是否能实现。然而,这个领域的研究,就笔者所知,是少之又少的。其原因可能在于数据的难获得性:即使是宏观层面的加工贸易投资和就业的数据也难以获得,更不用说是微观层面的数据了。而数据对于考察企业生产效率是至关重要的。

从直观上来说,由于跨国公司的生产效率总体上要比中资企业高,因而其在中国境内所设立的子公司的生产效率也一定高于中资企业。然而,出乎意料的是,本节的分析表明这一直觉可能是错误的。与想象的相反,当加工贸易企业的所有权由跨国公司持有时,外商独资企业的生产效率总体上要低于合资或者中资企业的生产效率,无论企业的采购权和销售权归谁所有。在同一种所有权配置情形下,不同采购权和销售权的配置会影响企业的生产效率,且呈现一定的规律。我们还考察了给定采购权或者销售权配置下不同所有权配置下加工贸易企业的生产效率问题。这些结果同人们所经常以为的结论存在一定的差异。

## 4.2.1 计量模型

我们假定,对所有的加工贸易企业,在所有其他条件包括所在省份、所在行业(甚至可以精确到生产的产品类型)、企业生产控制模式(即采购权、所有权和销售权的配置)以及生产时期都相同的情况下其生产函数都是一样的,为 $Y = AK^{\theta}L^{\vartheta}T^{\varpi}$ 的形式。但由于这些前述因素有所不同,且企业的生产还受到各种随机因素的影响,因而我们设第 $i$ 个省、第 $j$

个行业、生产控制模式为 $k$、生产年份为 $t$ 的企业 $l$,其生产函数为

$$Y_{ijktl} = Ae^{\alpha_i+\beta_j+\gamma_k+\eta_t}K_{ijktl}^{\theta}L_{ijktl}^{\vartheta}T^{\varpi}{}_{ijktl}e^{\varepsilon_l} \qquad (27)$$

其中,$Y_{ijktl}$,$K_{ijktl}$,$L_{ijktl}$ 和 $T_{ijktl}$ 分别为第 $i$ 个省、第 $j$ 个行业、生产控制模式为 $k$、生产年份为 $t$ 的企业 $l$ 的产出、资本投入、劳动力投入和厂房建筑的投入,$\alpha_i$,$\beta_j$,$\gamma_k$ 和 $\eta_t$ 分别为反映省份、行业、生产控制模式和时间效应的变量,$\varepsilon_l$ 为体现与企业有关的其他各种随机因素的总和的随机变量,假设它为标准正态分布的随机变量。对方程两端取对数,则我们可得如下计量模型:

$$\ln Y_{ijktl} = \ln A + \alpha_i + \beta_j + \gamma_k + \eta_t + \theta\ln K_{ijktl} + \vartheta\ln L_{ijktl} + \varpi\ln T_{ijktl} + \varepsilon_l \qquad (28)$$

由于我们希望考察不同生产控制模式下的企业生产效率以及加工贸易企业产出随时间的变化而变化的情况,因而我们将上述模型写为:

$$\ln Y_{ijl} = \ln A + \theta\ln K_{ijl} + \vartheta\ln L_{ijl} + \varpi\ln T_{ijl} + \gamma_1 OF + \gamma_2 OJ + \gamma_3 PC + \gamma_4 PP + \gamma_5 Sale + \eta_1 t_{2006} + \eta_2 t_{2007} + \alpha_i + \beta_j + \varepsilon_{ijl} \qquad (29)$$

这里,$OF,OJ,PC,PP$ 和 $Sale$ 分别表示企业为外商独资企业、合资企业、采购权完全由中方持有、采购权部分由中方持有以及中方完全拥有销售权的虚拟变量(取值为 0 或者 1),若这些变量的取值为 1,则表示企业的所有权、采购权或销售权为对应形式,而 $t_{2006}$ 和 $t_{2007}$ 则分别表示2006年和2007年的虚拟变量,若它们取值为 1,则表示年份为下标所示的对应年份。在我们的模型中,我们考虑生产控制模式效应的原因在于不同权力的配置方式可能会影响各方的专用投资(如生产积极性),从而影响产出。我们考虑时间效应的原因在于随着时间的变化,企业通过学习能够更好地提高其生产能力、扩大产出。

首先,对计量模型来说,由于所有要素的产出弹性应该大于零,因而应有 $\theta,\vartheta,\varpi > 0$。又由于中国为劳动力丰裕国家,因而应有 $\theta < \vartheta$。此外,由于中国的加工贸易产品总体上为劳动力密集产品、中国加工贸易无核心技术且面临其他多个发展中国家的竞争,因而中国加工贸易所生产的产品为同质产品,企业所在市场结构应该为完全竞争的,从而应该有 $\theta + \vartheta + \varpi = 1$,即中国加工贸易的生产函数总体上应该为规模报酬不

变的。总的来说,我们预测的估计结果能通过如下预测。

预测 1. 我们有 $\theta + \vartheta + \varpi = 1, \theta < \vartheta, \theta, \vartheta, \varpi > 0$。

加工贸易企业的生产效率可以由 $Ae^{\alpha_i+\beta_j+\gamma_k+\eta_t}$ 衡量。由于对所有企业来说 A 为常数,因而 $e^{\alpha_i+\beta_j+\gamma_k+\eta_t}$ 的大小就衡量了企业生产效率的相对大小。我们的目标是估计出 $\alpha_i, \beta_j, \gamma_k, \eta_t$,然后对不同生产控制模式的加工贸易企业计算出 $e^{\alpha_i+\beta_j+\gamma_k+\eta_t}$,从而得到企业生产率相对大小同生产控制模式的关系。

### 4.2.2 变量和指标

将调查数据,剔除掉数据缺失(有的样本在某些年份数据缺失,有的样本某些必需的指标数据缺失等)的样本,然后将每个样本按照年份重排,我们总共得到有效样本 426 个。

#### 1. 资本投入

为了估计加工贸易企业的全要素生产率,我们需要知道加工贸易企业的产出、资本投入、劳动力投入和厂房设备投入(土地)等资料。我们用一个企业的注册资本来衡量其资本投入。根据相关法规,如果加工贸易企业要扩大对本企业的再投资,它只能通过追加注册资本的方式进行。而这将体现在企业的注册资本变化上。根据我们的调查,在2004—2007 年,没有一个加工贸易企业的注册资本曾发生变动,这意味着企业的资本投入在这段时间是可视为不变的。

资本投入的计价单位是不同的,外商独资企业或者合资企业的资本投入往往以美元或者钢笔计价,而中资企业的资本投入以人民币计价。因此我们根据对应年份的汇率将其都折算为人民币计价(单位:万元)的资本投入。由于不同省份的固定投资物价指数不同,因而我们没有对每个企业的资本投入进行剔除物价指数的处理(如果剔除,结果可能有细微差别)。

#### 2. 劳动力

我们直接调查了2004—2007 年每个企业的在职员工人数(单位:人)(事实上我们还调查了企业所雇用的非本地人员数)。我们将其直接作为企业所雇用的劳动力。

### 3. 空间生产要素(土地或者厂房)

企业的生产在一定的空间商进行。企业为生产产出需要占用土地、投入厂房设备。事实上我们调查了每个企业所占用的土地和厂房建筑面积(单位:平方米)。由于企业的实际生产在厂房内进行而其所占用的多余的土地并不对生产产生作用,而且许多地方政府为吸引投资将土地免费或者廉价地批给投资者使用,有时批给的土地远远超过了企业生产所需要的土地。因而为了反映实际,我们用企业的厂房建筑面积来反映企业所需的空间生产要素。

### 4. 所有权、采购权和销售权和时间效应

我们调查了每个企业的所有权配置(分为外商独资、合资和中资企业三类)、采购权配置(分为外方完全拥有采购权、中方完全拥有采购权和双方共同(部分)拥有采购权三类)和销售权配置(只分为外方完全拥有销售权和中方完全拥有销售权两类)。关于所有权的配置,我们只取三个分类的原因在于合作和其他类型的企业在加工贸易企业中的总数非常少(小于1%),因而将其分为三类已经足以体现企业所有权的实际配置。关于采购权,这样的分类已经完全体现了中外双方在加工贸易企业中的采购权力配置状况。而关于销售权,这里我们没有考虑双方共同拥有销售权的状况,其原因在于根据我们的调查,没有企业同时由中外双方共同拥有采购权。

### 4.2.3 回归方法和回归结果

### 1. 省份固定效应的回归结果

我们分别采用了随机效应、固定效应面板数据模型以及最小二乘估计和最大似然估计法对我们的数据进行估计。在第一截面为省份、第二截面为行业的情形,我们的估计结果如表4.2所示:

表4.2 第一截面为省份、第二截面为行业的估计结果

| 变量 | 最小二乘估计法 | | | 最大似然估计法 |
|---|---|---|---|---|
| $\ln Y$ | 混合效应 | 随机效应 | 固定效应 | 随机效应 |

续表

| 变量 | 最小二乘估计法 | | | 最大似然估计法 |
|---|---|---|---|---|
| $\ln K$ | 0.453 *** (0.000) | 0.453 *** (0.000) | 0.449 *** (0.000) | 0.453 *** (0.000) |
| $\ln L$ | 0.529 *** (0.000) | 0.529 *** (0.000) | 0.531 *** (0.000) | 0.529 *** (0.000) |
| $\ln T$ | 0.058 (0.132) | 0.058 (0.132) | 0.062 (0.119) | 0.058 (0.127) |
| $OI$ | −0.476 *** (0.003) | −0.476 *** (0.003) | −0.443 *** (0.008) | −0.476 *** (0.003) |
| $OJ$ | 0.040 (0.811) | 0.040 (0.811) | 0.084 (0.633) | 0.040 (0.808) |
| $PC$ | 0.154 (0.272) | 0.154 (0.272) | 0.147 (0.307) | 0.154 (0.266) |
| $PP$ | −0.020 (0.894) | −0.020 (0.894) | −0.010 (0.946) | −0.020 (0.893) |
| $Sale$ | 0.027 (0.831) | 0.027 (0.831) | 0.037 (0.769) | 0.027 (0.829) |
| $t_{2006}$ | 0.291 ** (0.025) | 0.291 ** (0.025) | 0.288 ** (0.027) | 0.291 ** (0.023) |
| $t_{2007}$ | 0.524 *** (0.000) | 0.524 *** (0.000) | 0.519 *** (0.000) | 0.524 *** (0.000) |
| $\ln A$ （截距） | 1.776 *** (0.000) | 1.776 *** (0.000) | 1.732 *** (0.000) | 1.776 *** (0.000) |
| 总体 $R^2$ | 0.665 | 0.665 | 0.665 | |
| 组内 $R^2$ | | 0.662 | 0.662 | |
| 组间 $R^2$ | | 0.858 | 0.842 | |
| 观测数 | 426 | 426 | 426 | 426 |
| 模型总体显著性检验 | 0.00 | 0.00 | 0.00 | 0.00 |
| 固定效应检验 ($H_0 : \alpha_i = 0, \forall i$) | | 0.385 | 0.771 | 1.00 |

注:在表4.2中,数字右边的"*"、"**"和"***"分别表示参数估计在显著性水平10%、5%和1%下显著;参数估计下方的括号之中的数字表示 Z-统计量的显著性水平;总体 $R^2$、组内 $R^2$ 和组间 $R^2$ 分别衡量了解释变量总的解释的变化比例、组内解释的变化比例和组间解释的变化比例;模型总体显著性检验一行用以检验计量模型在解释变量所有系数为零的零假设下,该行的数据为对应的 F-统计量的显著性水平;固定效应检验一行用以检验零假设 $H_0 : \alpha_i = 0, \forall i$,即省份的第一截面无固定效应。

从表 4.2 来看,在四种回归中,估计所得的资本、劳动的产出弹性都相差不大且在 1% 的水平下显著,平均值分别为 0.451 和 0.530,说明中国加工贸易企业的产品是劳动密集型产品,这从企业水平的角度说明了发展加工贸易是符合中国为劳动力丰裕而资本稀缺的国家的现实;企业建筑面积的产出弹性的均值为 0.059,但在 10% 的显著性水平下不显著,说明厂房和办公建筑面积的扩大对于企业的产出影响很小,且不显著。这意味着在各地方政府为了招商引资以免费或者廉价地提供土地的做法并不能提高加工贸易企业的产出,因而这种做法并非符合客观经济规律。

从所有权、采购权和销售权的虚拟变量的估计结果来看,除了所有权为外资所有这一虚拟变量的参数估计结果在 1% 的水平下显著之外,其他虚拟变量的参数估计结果在 10% 的水平下也不显著。这可能说明说明所有权、采购权和销售权的配置对于加工贸易企业的产出的影响并非是十分重要的。从参数估计的大小来看,当所有权配置给外方时,相比于配置给中方或双方合资,企业的产出反而将下降,下降的比重平均达到了 47.5%。这可能说明外资企业的生产效率并不一定高于中资企业的生产效率。当企业为双方合资时,相比于所有权配置给中方或者外方,企业的产出比重平均可增加 5.1%,说明合资企业理论上要比独占的生产效率要高。从采购权的配置来看,采购权配置给中方相对于配置给外方或者双方,企业的产出比重平均可增加 15.2%,而配置给双方相对于配置给中方或者外方,企业的产出比重平均将下降 2.0%,这可能说明中方控制采购权对于加工贸易的产出是有意义的。最后,从销售权的配置来看,销售权配置给中方相对于配置给外方能带来企业产出比重平均 2.9% 的增加,这说明销售权配置给中方也能扩大加工贸易的总产出。这些结论是符合经济直觉的。在中国,由于加工贸易的采购权、所有权和销售权都基本为外方所有,中方的生产都依赖于外方的合约、原材料的供应以及销售渠道,因而这些在很大程度上限制了企业生产规模的扩大。而外资企业的生产则取决于其母公司对中间产品的需求或者母公司基于全球生产和销售的考虑,其生产能力大大闲置,因而从数据来看反而其生产效率要更低。

从时间虚拟变量的回归结果来看,2006 年和 2007 年的虚拟变量的参数估计都在 1% 的水平下显著,且相对于 2005 年,时间变动提高产出的比重分别为 29.1% 和 52.4% ,说明加工贸易企业的产出存在明显的时间效应。这可能是源于企业对市场、技术和经营管理的学习,也可能是因为不同时期市场需求扩大在数据上的表现。

从固定效应的检验来看,在 1% 的水平下,普通最小二乘法的随机效应模型、固定效应模型和最大似然估计法的随机效应模型的 Breusch-Pagan 拉格朗日乘子检验、F-检验和似然率检验都不能拒绝不存在省份固定效应的零假设( $H_0 : \alpha_i = 0, \forall i$ ),这意味着加工贸易企业的生产不存在明显的省份效应。这意味着加工贸易企业所在省份对于企业的产出的影响是不明显的。事实上,在表 4.2 中,混合回归结果同随机效应模型的回归结果相同,这也说明了这一点。因此,采用第一截面为省份、第二截面为行业的上述计量模型可能是不恰当的。

行业固定效应的回归结果

为了考察加工贸易企业所在行业对企业产出的影响,我们对第一截面为行业、第二截面为省份的随机效应模型和固定效应模型进行了估计,估计结果如表 4.3 所示:

表 4.3　第一截面为行业、第二截面为省份的估计结果

| 变量 | 最小二乘估计法 | | | 最大似然估计法 |
|---|---|---|---|---|
| lnY | 混合效应 | 随机效应 | 固定效应 | 随机效应 |
| lnK | 0.453 *** (0.000) | 0.453 *** (0.000) | 0.451 *** (0.000) | 0.453 *** (0.000) |
| lnL | 0.529 *** (0.000) | 0.529 *** (0.000) | 0.527 *** (0.000) | 0.524 *** (0.000) |
| lnT | 0.058 (0.133) | 0.058 (0.132) | 0.085 ** (0.028) | 0.075 ** (0.047) |
| OI | -0.476 *** (0.003) | -0.476 *** (0.003) | -0.373 ** (0.021) | -0.410 *** (0.010) |
| OJ | 0.040 (0.811) | 0.040 (0.811) | 0.056 (0.737) | 0.053 (0.747) |
| PC | 0.154 (0.273) | 0.154 (0.272) | 0.274 * (0.057) | 0.242 * (0.087) |

| 变量 | 最小二乘估计法 | | | 最大似然估计法 |
|---|---|---|---|---|
| $PP$ | -0.020<br>(0.894) | -0.020<br>(0.894) | 0.055<br>(0.718) | 0.029<br>(0.848) |
| $Sale$ | 0.027<br>(0.831) | 0.027<br>(0.831) | 0.059<br>(0.641) | 0.037<br>(0.760) |
| $t_{2006}$ | 0.291 **<br>(0.025) | 0.291 **<br>(0.025) | 0.298 **<br>(0.019) | 0.301 **<br>(0.016) |
| $t_{2007}$ | 0.524 ***<br>(0.000) | 0.524 ***<br>(0.000) | 0.526 ***<br>(0.000) | 0.536 ***<br>(0.000) |
| $\ln A$<br>（截距） | 1.776 ***<br>(0.000) | 1.776 ***<br>(0.000) | 1.403 ***<br>(0.000) | 1.696 |
| 总体 $R^2$ | 0.657 | 0.665 | 0.664 | |
| 组内 $R^2$ | | 0.677 | 0.678 | |
| 组间 $R^2$ | | 0.103 | 0.081 | |
| 观测数 | 426 | 426 | 426 | 426 |
| 模型总体显著性检验 | 0.00 | 0.00 | 0.00 | 0.00 |
| 固定效应检验<br>（ $H_0:\beta_j = 0, \forall j$ ） | | 0.0005 | 0.0007 | 0.003 |

注:在表4.3中,数字右边的"*"、"**"和"***"分别表示参数估计在显著性水平10%、5%和1%下显著;参数估计下方的括号之中的数字表示 Z-统计量的显著性水平;总体 $R^2$、组内 $R^2$ 和组间 $R^2$ 分别衡量了解释变量总的解释的变化比例、组内解释的变化比例和组间解释的变化比例;模型总体显著性检验一行用以检验计量模型在解释变量所有系数为零的零假设下,该行的数据为对应的 F-统计量的显著性水平;固定效应检验一行用以检验零假设 $H_0:\beta_j = 0, \forall j$,即行业的第一截面无固定效应。

从表4.3的行业固定效应的检验来看,在1%的水平下,普通最小二乘法的随机效应模型、固定效应模型和最大似然估计法的随机效应模型的 Breusch-Pagan 拉格朗日乘子检验、F-检验和似然率检验都拒绝了不存在行业固定效应的零假设( $H_0:\beta_j = 0, \forall j$ ),这意味着加工贸易企业的生产存在明显的行业效应。这意味着不同行业的加工贸易企业水平影响是显著的。因而我们接受固定效应模型的估计结果。

从生产要素的产出弹性来看,在固定效应模型中,估计所得的资本、劳动的产出弹性都相差不大且在1%的水平下显著,平均值分别为0.451和0.527,也说明了中国加工贸易为劳动密集型的;企业建筑面积的产出弹性的均值为 0.085,比上一小节的估计结果有了一定的提高,且在 5% 的显著性水平下显著,说明厂房和办公建筑面积的扩大对于企业的产出影响是显著的,但比资本和劳动力的产出弹性小得多。这就意味着在各地方政府为了招商引资以免费或者廉价地提供土地的做法在一定程度上是有效的。

从固定效应模型参数估计的大小来看,当所有权配置给外方时,相比于配置给中方或双方合资,企业的产出的下降比重有所减缓,为 37.3%。当企业为双方合资时,相比于所有权配置给中方或者外方,企业的产出比重平均可增加 5.6%,仍然说明合资企业理论上要比独占的生产效率要高。从采购权的配置来看,采购权配置给中方相对于配置给外方或者双方,企业的产出比重增加达到了 27.4%,且在 10% 的水平下式显著的。而配置给双方相对于配置给中方或者外方,企业的产出比重则将增加,比重为 5.5%,但不显著。这个结果同上一小节的结果不同。但仍说明中方控制采购权对于加工贸易的产出是有意义的。最后,从销售权的配置来看,销售权配置给中方相对于配置给外方能带来企业产出比重 5.9% 的增加,这一数值高于上一小节估计所得的对应值。这说明了销售权配置给中方的确能扩大加工贸易的总产出。

从时间虚拟变量的回归结果来看,2006 年和 2007 年的虚拟变量的参数估计仍在 1% 的水平下显著,且相对于 2005 年,时间变动提高产出的比重分别为 29.8% 和 52.6%,这一数值比上一小节的结果有小许增加,说明加工贸易企业的产出存在明显的时间效应。

面板数据模型的估计结果

从 3.4.2 节的估计结果来看,我们在考察加工贸易企业的生产函数时可以不考虑省份效应。我们进一步不将时间作为虚拟变量而作为时间效应纳入回归模型,因而本小节将计量模型变为如下面板数据模型:

$$\ln Y_{jtl} = \ln A + \theta \ln K_{jtl} + \vartheta \ln L_{jtl} + \varpi \ln T_{jtl} + \gamma_1 OF + \gamma_2 OJ + \gamma_3 PC + \gamma_4 PP + \gamma_5 Sale + \beta_j + \mu_t + \varepsilon_{jtl}.$$

表4.4　第一截面为行业、第二截面为时间的面板数据模型的估计结果

| 变量 | 最小二乘估计法 | | | 最大似然估计法 |
|---|---|---|---|---|
| ln$Y$ | 混合效应 | 随机效应 | 固定效应 | 随机效应 |
| ln$K$ | 0.449 *** (0.000) | 0.449 *** (0.000) | 0.447 *** (0.000) | 0.449 *** (0.000) |
| ln$L$ | 0.550 *** (0.000) | 0.550 *** (0.000) | 0.551 *** (0.000) | 0.547 *** (0.000) |
| ln$T$ | 0.051 (0.195) | 0.051 (0.195) | 0.077 (0.195) | 0.067 * (0.083) |
| $OI$ | −0.472 ** (0.004) | −0.472 ** (0.004) | −0.374 ** (0.004) | −0.411 ** (0.012) |
| $OJ$ | 0.036 (0.835) | 0.036 (0.835) | 0.046 (0.835) | 0.046 (0.784) |
| $PC$ | 0.166 (0.244) | 0.166 (0.243) | 0.278 (0.243) | 0.248 * (0.086) |
| $PP$ | −0.018 (0.906) | −0.018 (0.906) | 0.055 (0.906) | 0.028 (0.854) |
| $Sale$ | 0.014 (0.909) | 0.014 (0.909) | 0.047 (0.909) | 0.024 (0.847) |
| ln$A$（截距） | 2.035 *** (0.000) | 2.035 *** (0.000) | 1.664 *** (0.000) | 1.967 ** (0.000) |
| 总体 $R^2$ | 0.651 | 0.651 | 0.650 | |
| 组内 $R^2$ | | 0.663 | 0.664 | |
| 组间 $R^2$ | | 0.054 | 0.039 | |
| 观测数 | 426 | 426 | 426 | 426 |
| 模型总体显著性检验 | 0.00 | 0.00 | 0.00 | 0.00 |
| 固定效应检验（$H_0:\beta_j = 0, \forall j$） | | 0.0029 | 0.001 | 0.006 |

注:在表4.4中,数字右边的"*"、"**"和"***"分别表示参数估计在显著性水平10%、5%和
1%下显著;参数估计下方的括号之中的数字表示 Z-统计量的显著性水平;总体 $R^2$、组内 $R^2$
和组间 $R^2$ 分别衡量了解释变量总的解释的变化比例、组内解释的变化比例和组间解释的变
化比例;模型总体显著性检验一行用以检验计量模型在解释变量所有系数为零的零假设下,
该行的数据为对应的 F-统计量的显著性水平;固定效应检验一行用以检验零假设 $H_0:\beta_j = 0, \forall j$,即行业的第一截面无固定效应。

从表4.4来看,除了厂房建筑面积的回归结果不显著之外,采用第
一截面为行业、第二截面为时间的面板数据模型得到的结果同表4.3的

回归结果是非常类似的,因而我们在这里略去对其的细致分析。从固定效应检验来看,数据显著地存在行业固定效应。因而我们选择固定效应面板数据模型的回归结果作为我们的参考值。我们也可以类似的对第一截面为时间、第二截面为行业的面板数据模型进行回归(结果如表4.5所示),从中我们也可以发现时间的固定效应也是显著存在的。利用Hausman 对表4.4和表4.5所估计的模型进行检验,发现两个模型估计得到的结果不存在差异的显著性水平为0.14,因而不能拒绝两者不存在差异的零假设,这意味着表4.4和表4.5在统计意义下是等同的。由于我们习惯于采用表4.4中的模型,因而我们采取表4.4的固定效应模型的回归结果作为最终的回归结果。

对表4.4中资本、劳动力和厂房建筑的参数估计进行零假设为 $H_0$:$\theta + \vartheta + \varpi = 1$ 备择假设为 $H_a:\theta + \vartheta + \varpi \neq 1$,发现检验结果强烈地支持 $H_0$。这意味着中国加工贸易企业的生产是规模报酬不变的。如果不存在其他扭曲,这意味着加工贸易企业所处的市场结构应该为完全竞争的。这一结果以及 $\theta$、$\vartheta$ 和 $\varpi$ 的参数估计的显著大于零说明本章开始给出的假设1是显著成立的。

表4.5　第一截面为时间、第二截面为行业的面板数据模型的估计结果

| 变量 | 最小二乘估计法 | | | 最大似然估计法 |
|---|---|---|---|---|
| $\ln K$ | 0.449 *** (0.000) | 0.449 *** (0.000) | 0.453 *** (0.000) | 0.452 *** (0.000) |
| $\ln L$ | 0.550 *** (0.000) | 0.550 *** (0.000) | 0.529 *** (0.000) | 0.532 *** (0.000) |
| $\ln T$ | 0.051 (0.195) | 0.051 (0.195) | 0.058 (0.133) | 0.057 (0.137) |
| $OI$ | −0.472 ** (0.004) | −0.472 ** (0.004) | −0.476 *** (0.003) | −0.476 *** (0.003) |
| $OJ$ | 0.036 (0.835) | 0.036 (0.835) | 0.040 (0.811) | 0.040 (0.813) |
| $PC$ | 0.166 (0.244) | 0.166 (0.243) | 0.154 (0.273) | 0.156 (0.261) |
| $PP$ | −0.018 (0.906) | −0.018 (0.906) | −0.020 (0.894) | −0.020 (0.895) |

| 变量 | 最小二乘估计法 | | | 最大似然估计法 |
|---|---|---|---|---|
| *Sale* | 0.014<br>(0.909) | 0.014<br>(0.909) | 0.027<br>(0.831) | 0.024<br>(0.843) |
| ln$A$<br>（截距） | 2.035 ***<br>(0.000) | 2.035 ***<br>(0.000) | 2.060 ***<br>(0.000) | 2.046 ***<br>(0.000) |
| 总体 $R^2$ | 0.651 | 0.651 | 0.651 | |
| 组内 $R^2$ | | 0.658 | 0.658 | |
| 组间 $R^2$ | | 0.978 | 0.977 | |
| 观测数 | 426 | 426 | 426 | 426 |
| 模型总体显<br>著性检验 | 0.00 | 0.0000 | 0.0003 | 0.00 |
| 固定效应检验<br>（ $H_0 : \mu_t = 0, \forall\, t$ ） | | 0.000 | 0.001 | 0.002 |

注:在表4.5中,数字右边的"＊"、"＊＊"和"＊＊＊"分别表示参数估计在显著性水平10%、5%和1%下显著;参数估计下方的括号之中的数字表示Z-统计量的显著性水平;总体 $R^2$、组内 $R^2$ 和组间 $R^2$ 分别衡量了解释变量总的解释的变化比例、组内解释的变化比例和组间解释的变化比例;模型总体显著性检验一行用以检验计量模型在解释变量所有系数为零的零假设下,该行的数据为对应的 F-统计量的显著性水平;固定效应检验一行用以检验零假设 $H_0 : \mu_t = 0, \forall\, t$,即时间的第一截面无固定效应。

### 4.2.4 加工贸易企业的生产效率

排除掉加工贸易各企业所在行业对将企业生产效率的影响,我们可以计算得到相同行业、相同时间不同生产控制模式下的企业生产效率,如下图所示。这里,生产效率被定义为在相同的要素投入下,不同生产控制模式的企业的产出的相对比值。

根据图4.1,我们可知是生产效率最低的企业为跨国公司同时持有所有权、采购权和销售权的企业,其相对值为0.69,最高的为中方同时持有采购权和销售权的合资企业,相对值为1.45。总体来说,所有权归跨国公司所有的加工贸易企业的生产效率比所有权归中方或者双方共同持有的企业效率都低,不管采购权和销售权如何配置。在所有权配置的三种类型(即跨国公司持有、中方持有和双方共同持有)企业中的每一类,生产效率相对最高的为采购权和销售权同时为中方所有的企业,分别为0.95、1.08和1.45,而生产效率相对最低的采购权和销售权同时为

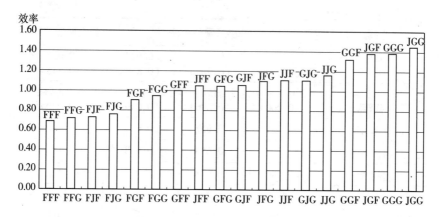

**图4.1　不同生产控制模式下企业生产效率的相对差异**

注:在上图中,FFF—JGG 等 18 个三个字母表示的字符串分别表示企业的生产控制模式,其中字母 F、J 和 G 分别表示一种权力分别由跨国公司所有、由双方共同所有和由中方所有,在每个字符串中每个字母所在的位置 1、2、3 分别对应于企业所有权、原材料采购权和最终产品的销售权。精确地说,FFF 表示所有权、采购权和销售权都归跨国公司所有,GJF 表示所有权由中方持有、采购权由双方共同持有而销售权由外方持有。在上图中,我们将 GFF(即中方持有所有权、外方同时持有采购权和销售权)的生产效率作为参考值(设为1),其他模式下的生产效率为同 GFF 生产效率的相对值。

跨国公司所有的企业,分别为 0.69、1.00 和 1.05。在采购权配置的三种类型(即跨国公司持有、中方持有和双方共同持有)企业中的每一类,生产效率相对最高的为中方控制销售权的合资企业,分别为 1.10、1.45 和 1.10,相对最低的为跨国公司同时持有所有权和销售权的独资企业,分别为 0.69、0.91 和 0.73。而在销售权配置的两种类型(即跨国公司持有和中方持有)企业中的每一类,生产效率相对最高的为中方控制采购权的合资企业,而生产效率最低的为跨国公司同时控制所有权和采购权的独资企业。这一结果充分说明了独资企业的生产效率是最低的,平均效率为 0.79,中资企业的居中,均值为 1.15,而合资企业的生产效率相对最高的,均值为 1.21。

### 4.2.5　不同生产控制模式下企业生产效率差异的解释

上述结果同我们对相同行业不同控制模式的企业生产效率的想象不同。根据大家都普遍认为的想法,外商独资的加工贸易企业生产效率应该最高,其次是合资企业,最后是中资企业,但我们这里的结果表明,这一想象可能是不符合实际的。合资企业生产效率最高,而外商独资企业效率最低。具体到相同所有制下的企业中,生产效率又和采购权和销售权有关。而这里的结果仍然表明普遍认为的外商控制采购权和销售权的企业生产效率最高的观点可能是不正确的。因此,所有权、采购权和销售权对加工贸易企业的生产效率的影响应该重新加以考察。

为什么不同加工贸易生产控制模式下的生产效率会呈现上述结果呢? 一种可能的原因在于外商独资企业作为跨国公司全球生产体系和销售体系的一部分,其生产和销售都受到母公司全球生产和销售计划的约束,因而即使跨国母公司具有中资企业所不具备的技术优势,也因为这种束缚所带来的生产和销售的积极性削减以及在竞争中不能快速对市场作出反应而变得低效率。另外一种可能的原因在于跨国公司在中国投资所设立的加工贸易企业并非比中资企业具有生产效率优势的企业,它们在中国投资设厂,仅仅是因为中国具有很低的劳动力成本,以及各地方政府为吸引外资给出的各种优惠政策所带来的成本节约和税收节约,如廉价的土地、免税或者低税的优惠政策。还有一个可能的原因在于跨国公司在中国投资设立子企业并非是为了利用中国廉价的丰裕要素(如劳动力)生产其所需要的中间产品或者最终产品,而是为了利用中国政府和各地方政府的优惠政策建立一种转移定价的渠道,通过这种设立子企业,在会计上提高子企业进口母公司料件的成本,低压出口产品的价格,从而规避税收,转移子企业大量的利润。所有的这些,都可能导致外商独资企业生产效率的低下。

## 4.3　加工贸易生产控制模式的影响因素

既然不同的生产控制模式会对加工贸易企业产生不同的生产效率影响,我们要问的问题是,是什么因素决定和影响了加工贸易企业生产控制模式。虽然对调查结果的统计分析能大体表明影响中国加工贸易生产控制模式的主要因素,但因为其分析过于简略,不能量化各因素对中国加工贸易生产控制模式的影响,因此本节利用计量方法对我们的调查结果进行分析。

### 4.3.1 变量选择和数据处理

在芬斯阙和汉森(2005)的工作中,跨国公司和中国加工贸易管理者在企业所有权和原材料采购权的选择都是要么全部拥有要么绝不拥有,因而加工贸易生产控制模式只有四种:跨国公司拥有所有权和采购权、跨国公司拥有所有权而中方拥有采购权、前者拥有采购权而后者拥有所有权、中方拥有所有权和采购权。但根据我们的调查分析,双方在所有权和采购权上的选择都可能有四类,双方同时拥有所有权和采购权的企业的比例占了很大的比重,因而这种生产控制模式也必须考虑进去①。这意味着芬斯阙和汉森(2005)的方法可能存在一定的问题。为此并为了简化问题,我们将跨国公司和中方在所有权和采购权上的选择各分为三种:独自拥有、共同拥有和不拥有,因而加工贸易的生产控制模式就变成了九种。

为了反映所有权和采购权在跨国公司和中国加工贸易管理者之间的独占(包括跨国公司同时拥有所有权和采购权、中方同时拥有所有权和采购权)、彻底分治(包括跨国公司拥有所有权和中方拥有采购权、中方拥有所有权和跨国公司拥有采购权)和部分分治,即所有权的共同分治(包括双方拥有所有权但跨国公司拥有采购权、双方拥有所有权但中方拥有采购权)和采购权的共同分治(包括跨国公司拥有所有权而双方同时拥有采购权、中方拥有所有权)以及共同分治(双方同时拥有采购权以及双方同时拥有所有权和采购权),我们分别用数字1、2、3、4、5来表示上述五种类型的生产控制模式。对这五类模式,我们还可以进一步所有权的共同分治和采购权的共同分治合为部分分治,因而上述五类生产控制模式可整合成独占、彻底分治、部分分治和完全共同分治四类模式,

---

① 应该说芬斯阙和汉森(2005年)也知道跨国公司和中方会同时拥有所有权,但似乎并不了解双方会同时拥有采购权。而且为了分析方便他们将跨国公司和中方同时拥有所有权的情形归入了跨国公司拥有所有权方面。

我们分别用1、2、3、4来表示上述四种模式。

在影响加工贸易生产控制模式的因素的选择上,我们根据前面的统计分析选择了如下因素:企业所在地、所在行业、开展加工贸易的时间长度、原材料采购权自由度(料件是否与跨国公司有合约指定、是否由跨国公司直接指定、中方是否全部控制原材料采购和原材料国外采购率)、企业规模(用企业产值表示)、生产导向(内销比率)、加工贸易从事程度(加工贸易产值在企业产值中的比重、加工贸易在企业对外贸易中的比重)、非本地人员就业比重、产品特征(标准化程度和通用性程度)、加工生产中的独立性(是否投入专利、技术诀窍和品牌、专用设备投资比例、自主培训劳动力比例、中方定价权占比、外方是否培训员工)、竞争程度和销售权(是否有销售渠道)、企业所在行业的技术水平(分为高和低两类)以及企业原材料采购来源国(来自台湾地区、日本和韩国的企业分在同一类,来自其他地区或国家的企业分为另一类)。其中,专用设备比例、自主培训劳动力比例、中方定价权占比我们都根据其是否大于70%将其分为高(=1)和低(=0)两类,竞争激烈程度根据其是否大于8将其分为激烈(=1)和不激烈(=0)两类。我们的观测数据为165个。

### 4.3.2 计量模型

显然,根据我们前面的分类,上面我们所作的生产控制模式的分类是彼此不相关而且没有顺序的。因此我们选择的计量模型为多项选择模型。我们主要分析上述两种分类。第一个模型分析各类因素对5类生产控制模式的影响。第二个模型分析各类因素对4类生产控制模式的影响。我们的目标是分析各个因素主要影响何种模式以及每种模式的主要影响因素。我们的分析工具为Stata8,用来进行比较的选择为选择2,即跨国公司拥有所有权和中方拥有采购权(彻底分治模式)。分析结果是相对于选择2来说的。

计量结果及其分析

对第一个模型,我们的计量结果如下:

**表 4.6 不同因素对五类生产控制模式的影响**

| 因素 | 独占 | 部分共同分治 | | 完全共同分治 |
|---|---|---|---|---|
| | | 所有权的共同分治 | 采购权的共同分治 | |
| 对数开展加工贸易月份数 | 1.312 (0.12) | 0.313 (0.41) | 0.400 (0.42) | 0.731 (0.19) |
| 料件采购与外方有合约 | 1.847 (0.18) | 0.086 (0.87) | 1.257 (0.11) | 0.778 (0.29) |
| 料件采购外方指定 | 2.373 * (0.08) | 0.582 (0.35) | 0.248 (0.74) | 0.142 (0.87) |
| 中方完全控制料件采购 | −0.511 (0.76) | 0.327 (0.61) | −1.869 ** (0.04) | 0.071 (0.93) |
| 国外原材料采购比率 | −0.109 (0.94) | −0.219 (0.73) | −0.497 (0.57) | 0.603 (0.50) |
| 对数平均企业年产值 | −0.671 * (0.09) | 0.135 (0.41) | −0.216 (0.29) | 0.021 (0.93) |
| 内销比率 | 0.161 (0.94) | −0.321 (0.71) | −1.474 (0.21) | −2.698 * (0.07) |
| 加工贸易产值在企业总产值中所占比例 | −3.660 * (0.08) | −1.183 (0.32) | −3.502 ** (0.03) | −4.146 ** (0.05) |
| 加工贸易在企业对外贸易中所占比例 | 2.621 (0.22) | 0.018 (0.99) | 2.517 * (0.10) | 0.825 (0.61) |
| 非本地人员在企业就业中的比重 | 0.292 (0.82) | −0.934 (0.15) | −2.628 *** (0.01) | −1.661 * (0.09) |
| 主要产品标准化程度 | 1.071 (0.45) | −1.433 * (0.05) | −0.560 (0.55) | −1.016 (0.27) |
| 主要产品技术通用性 | 0.553 (0.69) | 0.709 (0.37) | −0.285 (0.78) | 1.865 * (0.06) |
| 专用设备比例(%) | 0.741 (0.57) | −0.144 (0.80) | −0.559 (0.44) | −0.345 (0.67) |
| 自主培训劳动力比例(%) | 0.828 (0.49) | −0.662 (0.23) | −0.855 (0.24) | −1.578 * (0.05) |
| 中方定价权占比(%) | −0.343 (0.76) | 0.154 (0.78) | −0.006 (0.99) | −0.577 (0.49) |
| 中方自主专利 | −41.696 (1.00) | 0.564 (0.46) | 1.963 * (0.05) | −0.127 (0.90) |
| 中方自有技术诀窍 | 2.102 * (0.096) | 0.179 (0.78) | 0.423 (0.63) | 0.324 (0.69) |

| | 部分共同分治 | | |
|---|---|---|---|
| 中方自主品牌 | -39.103<br>（1.00） | -0.241<br>（0.70） | -2.334 **<br>（0.03） | 0.272<br>（0.78） |
| 外方是否培训员工 | -0.888<br>（0.39） | -0.901 *<br>（0.06） | -1.409 **<br>（0.03） | -1.701 **<br>（0.02） |
| 产品具有自主外销渠道 | -0.993<br>（0.35） | -0.136<br>（0.82） | 1.308 *<br>（0.10） | -0.384<br>（0.64） |
| 竞争激烈 | 1.250<br>（0.19） | 0.281<br>（0.56） | 1.416 **<br>（0.04） | 0.871<br>（0.21） |
| 高技术行业 | -1.273<br>（0.33） | -0.794<br>（0.13） | -1.489 **<br>（0.04） | -3.197 ***<br>（0.01） |
| 原材料采购来自台湾地区、日本或者韩国 | 0.797<br>（0.48） | 0.058<br>（0.91） | 0.786<br>（0.23） | 0.673<br>（0.36） |
| Psedu $R^2$ | 0.28 | | | |
| Prob>Chi2 | 0.0019 | | | |

注：表4.6中数字后的"*"、"**"和"***"分别表示参数估计在10%、5%和1%的显著性水平下显著，括号内的数字表示对应参数估计的显著性水平。

从各因素对各生产控制模式的影响的显著性来看，不同因素对不同的生产控制模式的影响是不同的，而不同的生产控制模式的主要影响因素也不一样。

为了进一步考察独占、彻底分治、部分分治和共同分治模式的影响因素，我们分析了第二个模型，结果如下所示：

表4.7　不同因素对四类生产控制模式的影响

| 因素 | 独占 | 部分共同分治 | 完全共同分治 |
|---|---|---|---|
| 对数开展加工贸易月份数 | 1.283<br>（0.13） | 0.342<br>（0.31） | 0.688<br>（0.21） |
| 料件采购与外方有合约 | 1.749<br>（0.20） | 0.414<br>（0.40） | 0.680<br>（0.35） |
| 料件采购外方指定 | 2.421 *<br>（0.07） | 0.391<br>（0.48） | 0.058<br>（0.95） |
| 中方完全控制料件采购 | -0.397<br>（0.81） | -0.277<br>（0.63） | 0.191<br>（0.82） |

| 因素 | 独占 | 部分共同分治 | 完全共同分治 |
|---|---|---|---|
| 国外原材料采购比率 | −0.068<br>(0.96) | −0.329<br>(0.57) | 0.571<br>(0.52) |
| 对数平均企业年产值 | −0.658 *<br>(0.09) | 0.019<br>(0.90) | 0.061<br>(0.79) |
| 内销比率 | 0.196<br>(0.93) | −0.664<br>(0.40) | −2.377 *<br>(0.10) |
| 加工贸易产值在企业总产值中所占比例 | −3.553 *<br>(0.08) | −1.803 *<br>(0.09) | −3.864 *<br>(0.06) |
| 加工贸易在企业对外贸易中所占比例 | 2.570<br>(0.23) | 0.566<br>(0.55) | 0.573<br>(0.72) |
| 非本地人员在企业就业中的比重 | 0.414<br>(0.75) | −1.286 **<br>(0.05) | −1.541 *<br>(0.11) |
| 主要产品标准化程度 | 1.028<br>(0.47) | −1.199 *<br>(0.07) | −1.099<br>(0.23) |
| 主要产品技术通用性 | 0.608<br>(0.66) | 0.439<br>(0.54) | 1.875 *<br>(0.06) |
| 专用设备比例(%) | 0.735<br>(0.57) | −0.209<br>(0.68) | −0.230<br>(0.77) |
| 中方自主培训劳动力比例(%) | 0.854<br>(0.47) | −0.705<br>(0.17) | −1.492 *<br>(0.06) |
| 中方定价权占比(%) | −0.342<br>(0.76) | 0.083<br>(0.87) | −0.605<br>(0.46) |
| 中方自主专利 | −41.690<br>(1.00) | 0.807<br>(0.24) | −0.351<br>(0.73) |
| 中方自有技术诀窍 | 2.073 *<br>(0.10) | 0.304<br>(0.61) | 0.314<br>(0.69) |
| 中方自主品牌 | −38.898<br>(1.00) | −0.670<br>(0.27) | 0.421<br>(0.65) |
| 外方是否培训员工 | −0.811<br>(0.42) | −1.058 **<br>(0.02) | −1.546 **<br>(0.02) |
| 中方产品具有自主外销渠道 | −1.034<br>(0.33) | 0.214<br>(0.69) | −0.527<br>(0.51) |
| 竞争激烈 | 1.233<br>(0.19) | 0.598<br>(0.18) | 0.701<br>(0.30) |
| 高技术行业 | −1.242<br>(0.34) | −0.975 **<br>(0.04) | −3.066 ***<br>(0.01) |

续表

| 因素 | 独占 | 部分共同分治 | 完全共同分治 |
|---|---|---|---|
| 原材料采购来自台湾地区、日本或者韩国 | 0.776<br>(0.78) | 0.213<br>(0.64) | 0.721<br>(0.32) |
| Psedu R2 | 0.28 | | |
| Prob>Chi2 | 0.0009 | | |

注:表4.7中数字后的"＊"、"＊＊"和"＊＊＊"分别表示参数估计在10%、5%和1%的显著性水平下显著,括号内的数字表示对应参数估计的显著性水平。

从表4.7来看,不同因素对不同的生产控制模式的影响和不同的生产控制模式的主要影响因素也基本上同模型一的估计结果,但也有些不同:中方在加工中使用的技术诀窍对企业生产控制模式从彻底分治转向独占模式起着负向影响;料件采购与外方有合约约定以及中方完全控制料件的采购、加工贸易在企业对外贸易中所占比例、中方拥有自主专利和自主品牌、中方产品拥有自主销售渠道以及行业竞争激烈程度对企业生产控制模式从彻底分治转向部分共同分治模式影响不显著。各因素的影响方式基本同表4.6。

### 4.3.3 进一步的分析

上述分析建立在如下假定上,即只要企业的贸易方式是进料加工时则采购权就掌握在中方手中而贸易方式为来料加工时采购权则掌握在外方手中。这一假定忽略了如下一点,即当企业性质为外商独资时中方并不参与整个加工贸易流程。根据我们的调查,我们发现,当企业性质为外商独资时,企业无论是从事进料加工或者来料加工贸易,采购权都控制在外方手中,这意味着企业的进料加工方式已经蜕化为跨国公司转移定价的手段。而当企业为合资企业时,采购权的配置基本上同前面的分析一致。因此,为了精确地分析加工贸易生产控制模式的影响因素及各因素对它的影响,我们需要进行进一步的分析。

在本节的分析中,我们假定当企业性质为外商独资时,采购权控制在外方手中,这样,加工贸易所有权和采购权即生产控制模式就只分为七种,我们一样将其归为五种方式(如前节所述),它进一步又可归为四种方式。但根据我们的调查数据，我们发现当企业为中资企业时，所有的企业都同时从事来料加工和进料加工贸易。这意味着在本节的设定下彻底分治在实际中并不存在。因此生产控制模式只存在六种，我们可将其归为四种，即独占、所有权的共同分治、采购权的共同分治和完全共同分治，它进一步可归为三种模式，即独占、部分共同分治和完全共同分治模式。

表4.8　不同因素对四类生产控制模式的影响

| 因素 | 部分共同分治 | | 完全共同分治 |
|---|---|---|---|
| | 所有权的共同分治 | 采购权的共同分治 | |
| 对数开展加工贸易月份数 | 0.35 (0.34) | 8.39 (1.00) | 0.77 (0.15) |
| 料件采购与外方有合约 | −0.25 (0.62) | −36.54 (1.00) | 0.44 (0.54) |
| 料件采购外方指定 | 0.38 (0.49) | −116.61 (1.00) | −0.38 (0.62) |
| 中方完全控制料件采购 | 0.89 (0.14) | −55.47 (1.00) | 0.53 (0.49) |
| 国外原材料采购比率 | −0.53 (0.38) | −248.65 (1.00) | 0.10 (0.91) |
| 对数平均企业年产值 | 0.26 * (0.09) | 9.11 (1.00) | 0.24 (0.29) |
| 内销比率 | 0.29 (0.72) | 30.91 (1.00) | −1.89 (0.17) |
| 加工贸易产值在企业总产值中所占比例 | −0.42 (0.70) | −92.10 (1.00) | −3.26 * (0.10) |
| 加工贸易在企业对外贸易中所占比例 | −0.59 (0.55) | 69.94 (1.00) | −0.06 (0.97) |
| 非本地人员在企业就业中的比重 | −0.65 (0.31) | −280.28 (1.00) | −1.33 (0.14) |
| 主要产品标准化程度 | −1.22 * (0.06) | 33.17 (1.00) | −0.81 (0.33) |
| 主要产品技术通用性 | 0.54 (0.45) | −137.94 (1.00) | 1.71 * (0.06) |
| 专用设备比例(%) | 0.14 (0.79) | 83.82 (1.00) | 0.14 (0.86) |

续表

| | 部分共同分治 | | |
| --- | --- | --- | --- |
| 自主培训劳动力比例(%) | -0.70<br>(0.18) | 11.44<br>(1.00) | -1.52 **<br>(0.05) |
| 中方定价权占比(%) | 0.19<br>(0.72) | 56.87<br>(1.00) | -0.57<br>(0.47) |
| 中方自主专利 | 0.17<br>(0.80) | -112.49<br>(1.00) | -0.64<br>(0.48) |
| 中方自有技术诀窍 | 0.21<br>(0.72) | 273.28<br>(1.00) | 0.50<br>(0.51) |
| 中方自主品牌 | 0.02<br>(0.97) | -120.27<br>(1.00) | 0.40<br>(0.64) |
| 外方是否培训员工 | -0.71 *<br>(0.10) | -21.68<br>(1.00) | -1.32 **<br>(0.04) |
| 高技术行业 | 0.48<br>(0.33) | 54.27<br>(1.00) | 0.77 ***<br>(0.01) |
| 原材料采购来自台湾地区、日本或者韩国 | -0.05<br>(0.91) | 158.72<br>(1.00) | 0.44<br>(0.29) |
| Psedu $R^2$ | 0.33 | | |
| Prob>Chi2 | 0.0001 | | |

注:表4.8中数字后的"*"、"**"和"***"分别表示参数估计在10%、5%和1%的显著性水平下显著,括号内的数字表示对应参数估计的显著性水平。

从各因素对各生产控制模式的影响的显著性来看,不同因素对不同的生产控制模式的影响是不同的,而不同的生产控制模式的主要影响因素也不一样。

为了进一步考察独占、彻底分治、部分分治和共同分治模式的影响因素,我们分析了第二个模型,结果如表4.9所示:

表4.9 不同因素对三类生产控制模式的影响

| 因素 | 部分共同分治 | 完全共同分治 |
| --- | --- | --- |
| 对数开展加工贸易月份数 | 0.46<br>(0.21) | 0.69<br>(0.20) |
| 料件采购与外方有合约 | -0.07<br>(0.88) | 0.33<br>(0.64) |

| 因素 | 部分共同分治 | 完全共同分治 |
|---|---|---|
| 料件采购外方指定 | 0.22<br>(0.68) | −0.33<br>(0.66) |
| 中方完全控制料件采购 | 0.80<br>(0.17) | 0.61<br>(0.43) |
| 国外原材料采购比率 | −0.87<br>(0.14) | 0.32<br>(0.71) |
| 对数平均企业年产值 | 0.26 *<br>(0.08) | 0.23<br>(0.29) |
| 内销比率 | 0.33<br>(0.68) | −1.77<br>(0.20) |
| 加工贸易产值在企业总产值中所占比例<br>(%) | −0.57<br>(0.61) | −3.01<br>(0.13) |
| 加工贸易在企业对外贸易中所占比例(%) | −0.46<br>(0.63) | 0.00<br>(1.00) |
| 非本地人员在企业就业中的比重(%) | −0.86<br>(0.17) | −1.17<br>(0.19) |
| 主要产品标准化程度 | −1.17 *<br>(0.07) | −0.77<br>(0.35) |
| 主要产品技术通用性 | 0.39<br>(0.57) | 1.72 *<br>(0.06) |
| 专用设备比例(%) | 0.08<br>(0.88) | −0.03<br>(0.96) |
| 中方自主培训劳动力比例(%) | −0.74<br>(0.14) | −1.35 *<br>(0.07) |
| 中方定价权占比(%) | 0.26<br>(0.61) | −0.78<br>(0.31) |
| 中方自主专利 | −0.03<br>(0.96) | −0.66<br>(0.47) |
| 中方自有技术诀窍 | 0.58<br>(0.30) | 0.30<br>(0.68) |
| 中方自主品牌 | −0.06<br>(0.92) | 0.52<br>(0.54) |
| 外方是否培训员工 | −0.93 **<br>(0.04) | −1.32 **<br>(0.04) |
| 高技术行业 | −0.59<br>(0.23) | −2.68 **<br>(0.02) |

| 因素 | 部分共同分治 | 完全共同分治 |
|---|---|---|
| 原材料采购来自台湾地区、日本或者韩国 | 0.11<br>(0.81) | 0.79<br>(0.24) |
| Psedu $R^2$ | 0.23 | |
| Prob>Chi2 | 0.0031 | |

注:表4.9中数字后的"＊"、"＊＊"和"＊＊＊"分别表示参数估计在10%、5%和1%的显著性水平下显著,括号内的数字表示对应参数估计的显著性水平。

### 4.3.4 本节结论

总的来看,不同因素对加工贸易生产控制模式的影响是不一样的。我们对调查数据的估计结果大部分符合直观和现有理论,但有的不是。行业特点、产品特征、中方在加工生产中所投入的要素、企业规模、生产和贸易结构、生产导向(内销和外销)和企业劳动力雇佣情况、销售权、市场结构等都影响生产控制模式,因而并非只有讨价还价能力和合约不完全程度才影响加工贸易所有权和采购权的配置。

从我们对模型一和模型二的计量结果来看,我们大致可以得到如下结果:

1. 企业所在行业的技术水平(或企业产品所需生产技术)越高,企业越不可能从彻底分治模式转向采购权的共同分治模式或者完全共同分治模式;主要产品的标准化程度越高,企业越不可能从彻底分治模式转向采购权的共同分治模式,通用性程度越高,企业越不可能从彻底分治模式转向完全共同分治模式。这说明产品所需技术水平和标准化程度与通用性程度对企业生产控制模式的影响不一样,但它们水平或者程度越高,企业越可能采取彻底分治模式。

2. 企业的外向性程度和从事加工贸易的深度(内销比率、加工贸易产值在企业总产值中所占比例和非本地人员在企业就业中的比重)越高,企业越可能采取彻底分治模式。

3. 企业规模越大,企业越不可能从彻底分治模式转向独占模式。

4. 中方和外方对劳动力的培训程度越高,企业越不可能从彻底分治模式转向部分共同分治或者完全共同分治模式。由于劳动力培训本质上是属于专用要素投入,因而任何一方在共同分治模式下都不大可能有很大的投入。

5. 中方在加工贸易中投入的品牌、专利、技术诀窍以及自有销售渠道对企业从彻底分治模式转向其他模式起着负向影响。

# 4.4 结论

中国加工贸易企业自 1981 年发展至今,其贸易主体、企业性质、贸易方式等都发生了重大变化。这些变化反映了参与加工贸易企业的各方在所有权、采购权和销售权等配置上的变化。加工贸易企业所有权、采购权和销售权的配置模式由于对参与权利配置的各方存在激励效应,因而它们必然对加工贸易企业的生产效率产生影响。一般认为,跨国企业参与加工贸易企业程度越高,其生产率更高。但本书基于六省加工贸易企业水平的调查数据对加工贸易生产控制模式同生产效率的关系进行了计量分析。结果表明,这一看似合理的推想值得商榷。此外,加工贸易企业的生产效率还同采购权和销售权的配置有关。具体来说,权利越独占,企业生产效率越低,权利越分治,企业生产效率越高,尽管这并不是必然的关系。

本章还对中国加工贸易中企业所有权和原材料采购权的配置即加工贸易生产控制模式的影响因素进行了分析。通过这些分析,我们可以清楚地看到这段时间中国加工贸易生产控制模式已经发生了显著变化。本章分析表明,中国加工贸易生产控制模式至少可以分为九种。我们可进一步将其归为所有权和采购权在外方和中方之间的独占、彻底分治和部分分治,以及共同分治五种模式,这五类模式还可进一步整合成独占、彻底分治、部分分治和完全共同分治四类模式。我们认为,除了芬斯阙和汉森(2005 年)所认为的外方和中方的讨价还价能力和合约的不完全性之外,加工贸易的行业特征、产品特征、企业所在地、市场结构、中方在加工生产中所投入的要素、企业规模、生产和贸易结构、生产导向(内销和外销)和企业劳动力雇佣情况、销售权、市场结构等都影响其生产控制模式,且影响方式是不一样的。这说明要分析加工贸易的生产控制模式,我们还需考虑更多现实的因素。

我们的结果的政策含义是显而易见的。中国政府的外资政策的一个出发点即为外商独资企业的生产效率要高于中资企业,因而通过吸引外商直接投资,中国不但可以获得发展所缺乏的资金,还可以通过外资企业的技术外溢来获得本国的技术提升。但这里的研究表明这一出发点可能是不正确的。1992 年起的外资政策使得外商独资企业高速发展,目前已经在中国加工贸易企业出口中的占比已经超过了 50%,成为中国加工贸易的主体。然而由于其低效率,它们的快速发展并不能带来中国加工贸易生产技术和效率的快速提升,它们也不可能成为来中国加工贸易转型升级的主体。此外,中国加工贸易的发展一直受到跨国公司控制原材料采购权以及最终产品销售渠道的约束,而这显然是束缚中国加工贸易企业充分发挥其生产效率的重要因素。中国加工贸易如要转型升级,控制销售渠道和采购渠道是十分重要的。

本书的研究仍然存在众多不足。首先,本书所调查的企业数过少。根据抽样样本应该达到总样本 1% 的要求以及中国约有 20 万—30 万家加工贸易企业的样本总数来说,两百多家的样本数太少了。其次,本书估计企业生产效率时用的是注册资本而非企业核算的资本存量(在时间变动较短时注册资本可能同实际资本存量相近),这一做法会造成两方面的偏差,第一,注册资本不随时间变动而变动。第二,注册资本并非企业真正的资本存量。这当然会造成估计结果得若干偏差。更为精确地获得企业实际资本存量对于获得更为精确的估计结果来说是十分必要和重要的。这些不足意味着对加工贸易企业生产控制模式和生产率关系进行进一步研究仍然是十分必要和重要的。

# 附录:座谈会基本情况

从 2008 年 4 月 14 日到 2009 年 6 月 25 日,我们在六个省市 17 个地区通过召开加工贸易企业座谈会的方式进行调研,调研企业 133 家,调研的基本情况见表 1。调研企业中的中资企业 35 家,占总调研企业数的 26.32%;中外合资企业 30 家,占 22.56%;外商独资企业 68 家,占 51.13%。在贸易方式上,来料加工贸易企业 15 家,占 10.95%;进料加工贸易企业 100 家,占 72.99%;同时进行来料和进料加工贸易的企业是 18 家,占 18%。这些样本的基本情况同第一章中有关中国加工贸易的所有制和贸易方式分布基本一致。

表1    座谈会加工贸易企业的基本情况

(单位:家、%)

| | | 贸易方式 | | | 外方指定采购 | 品牌 |
|---|---|---|---|---|---|---|
| | | 来料 | 进料 | 来料和进料 | | |
| 中资企业 | 国有企业 | 1 (0.73) | 5 (3.65) | 1 (0.73) | 2 (1.46) | 2 (1.46) |
| | 民营企业 | 1 (0.73) | 16 (11.68) | 11 (8.03) | 10 (7.30) | 15 (10.95) |
| 中外合资企业 | | 5 (3.65) | 23 (16.79) | 2 (1.46) | 13 (9.49) | 7 (5.11) |
| 外商独资企业 | | 8 (5.84) | 56 (40.88) | 4 (2.92) | 24 (17.52) | 6 (4.38) |
| 合计 | | 15 (10.95) | 100 (72.99) | 18 (13.14) | 49 (35.77) | 30 (21.9) |

资料来源:笔者调研数据。

通过召开企业座谈会,我们概括出以下三个方面的问题:

第一,加工贸易企业的销售权问题。一般认为加工贸易没有销售权,销售权假设被外方控制,但是我们到企业调研发现,不管是中资加工贸易企业,还是外资加工贸易企业,它们中的有些企业不仅具有销售权,而且具有自主品牌。所有权归中方的中资企业,有 17 家具有自己的自主品牌,这说明这些企业具有销售权,为中方独占生产控制方式。外商独资企业中拥有自主品牌。在我们的调研中,有两个情况,一种情况是有些民营企业,例如无锡尚德太阳能公司和常州天合光能有限公司等,它们在海外注册,因而成为外商独资企业,实际上是中方控制的加工贸易生产方式;另一种情况是外商独资企业本身就是一家独立的公司,因而销售时具有自己的品牌。

第二,加工贸易的采购权问题。对于来料加工贸易,采购权自然归外方,对于进料加工贸易,采购权的归属就相当复杂,在我们开座谈会的企业中,有 12 家中方企业的采购权要通过外方指定,或者通过指定国家的具体产品,或者通过指定某个企业的具体产品,因此,尽管中资企业拥有进口料件的权利,但是这种权利是名义上的权利,实际的采购权被外方所控制,这在后面我们的几个具体实地企业调研中有进一步的说明。外商独资企业采购权被指定是经常出现的事情,主要是外方和加工贸易企业之间或者是母子公司之间的关系,或者是关联企业对加工贸易企业在采购权方面的控制,但是不管外商独资企业之间采购权如何分配,同中方无关。

第三,对加工贸易企业的生产控制方式除了所有权、采购权和销售权看,还有其他方面的权利。如果销售权控制在外方,所有权控制在中方,外方除了对采购权有控制外,还要对加工贸易企业日常管理的控制,例如产品质量的检验,料件边角料的管理,财务控制,人员管理等,根据我们的调研,越是档次高的产品,对加工贸易企业生产控制方式就越严格。同时,从国别而言,日本、韩国和中国台湾地区对加工贸易企业的直接控制相对欧美企业要多,这在后面的几个具体企业调研中有进一步的分析。

第四,中资加工贸易企业的生产控制方式问题。通过座谈会,我们发现中资民营企业中同时存在来料和进料加工贸易,从来料加工贸易看,因为料件的采购方是外方,因而是中外双方分治。同时从进料加工贸易看,我们发现这些企业不仅拥有销售权,而且拥有自主品牌,从这部分贸易方式看,是中方独占的生产控制方式,说明在中资加工贸易企业内部,存在着分治和独占并存的情况。

# 第五章　外商独资加工贸易
# 企业生产控制方式

## ——以便携式自动数据处理设备企业为例①

**【本章摘要】**

便携式自动数据处理设备及部件在中国所有加工贸易出口产品中的地位可谓举足轻重,该产品出口约占中国加工贸易出口总额的1/5,约占高新技术出口总额的1/3,是中国工业品出口额中占比最大的产品之一。1998年以后,中国台湾便携式自动数据处理设备企业通过直接投资方式陆续进入内地,成为中国大陆该产品加工贸易主体,并推动中国大陆成为全球便携式自动数据处理设备制造与出口中心。我们以台湾代工商为研究对象,分析这些企业的加工贸易生产控制方式,它们与模块商和品牌商之间采购权和销售权的分配,以及建立在这种生产控制方式基础上的利益分配格局。我们认为,台湾代工商到设在大陆的加工贸易企业只是基于国际外包合同完成生产任务并交付品牌制指定客户,核心零部件的采购权与销售权仍然由品牌商控制,因而"外方独占"是中国自动数据处理设备加工贸易企业生产控制方式的基本特征。我们进一步以惠普笔记本电脑与苹果平板电脑为例,分析了全球便携式自动数据处理设备生产网络参与者的利益分配格局。

---

① 我们这里研究的自动数据处理设备是指小于等于10公斤的便携数字式自动数据处理设备,海关税则号为84713000,俗称为笔记本计算机。

# 5.1　引言

我们之所以将自动数据处理设备作为加工贸易生产控制方式的典型,是因为该产品:第一,关乎中国出口总额。便携式自动数据处理设备是中国加工贸易出口产品的重要组成部分,该产品的出口金额在高新技术产品乃至整个加工贸易出口总额中占较高的比重。第二,关乎中国生产控制方式。便携式自动数据处理设备加工贸易企业的生产控制方式,在产权上属于外商独资企业,在贸易方式上大都采用进料加工贸易方式,在实际运作中基本没有销售权与采购权。芬斯阙和汉森(Feenstra and Hanson,2005)将进料加工视作中方经理人拥有采购权,"外资进料"方式是一种中外双方分治的加工贸易模式,即外方控制加工工厂的所有权和最终品的销售权,中方则控制料件的采购权。但是事实上,便携式自动数据处理设备外商独资企业的进料权由品牌制造商控制,加工贸易主体一般只是执行者而非决策者。第三,关乎中国贸易利益。从品牌制造商和代工商之间的商业关系看,它们之间形成了合约关系,从代工商与通过 FDI 方式进入大陆的加工贸易企业看,它们之间形成了母子公司的关系,这种商业关系深刻影响到品牌商、代工企业,以及加工工厂之间的利润分配。

彦德(Yungkai Yand,2006)通过调研方法论证了台湾便携式自动数据处理设备代工企业在中国大陆形成的"封闭式"生产网络几乎来自台湾企业的整体迁移。尽管中国是全球自动数据处理设备的制造与出口中心,但是中国大陆企业基本没有进入全球自动数据处理设备生产网络。张纪(2006)以笔记本电脑为例,分析了市场结构对于同一价值链上的企业之间价值分配的影响。他发现,市场结构最为集中的芯片等模块的利润率最高,而代工商的利润率则最低。贾森·戴德里克等人(Jason Dedrick et. al.,2009)以 iPod 产品和笔记本电脑为例,运用创新理论和产业组织理论解释了为什么两者的全球价值分配格局有所不同。他们发现,互补性资产、专用性、系统集成和谈判能力对同一价值链上企业之间的利益分配尤其重要。

本部分旨在说明自动数据处理设备品牌商、代工商、模块商之间在全球生产和贸易方式及贸易利益的分配。本章结构如下:第二节阐述全球自动数据处理设备产业组织方式的演变;第三节阐述中国大陆便携式自动数据处理设备生产与贸易网络的构成;第四节阐述中国自动数据处理设备加工贸易企业的生产控制方式;第五节分析影响中国自动数据处理设备加工贸易生产方式的因素;第六节论述利益分配格局;第七节为结语。

# 5.2 全球自动数据处理设备产业结构的演变

20世纪中后期至今,全球自动数据处理设备产业结构的演变大致可以分为四个阶段。

第一阶段:公司内一体化生产。在IBM首台模块化电脑(系统/360)问世之前,整个自动数据处理设备产业由公司内一体化生产方式主导。自动数据处理设备领先企业普遍建立了一个完整且封闭的专用性电脑生产结构,每家电脑公司研制自己的操作系统、处理器、外设和应用软件。这意味着协调组件之间的操作性以及引导企业内部生产包括半导体、硬件、操作系统在内的所有组件的成本相当高。每次制造商改进技术推出新的电脑系统,它们必须专门开发适应该系统的软件和组件,同时还要继续维持以前的系统。

第二阶段:兼容机出现。20世纪60年代,系统/360的出现改变了全球自动数据处理设备产业的生产组织结构。系统开发商构成了一个"电脑之家",不同尺寸和用途的机器使用相同的命令设置和共享软件。为了完成这种兼容性,它们建立了一个专家控制中心推行开放和编码化的标准来决定不同模块之间如何共同工作(Carliss Baldwin and Kim Clark,2000)。这使得组件制造商可以集中自己的优势能力并且降低合作的成本。

第三阶段:行业内进入大规模垂直分离与水平整合。20世纪80年代早期,当 IBM 变成个人电脑的核心组件的外部供应商时,计算机行业的模块化生产水平大幅提高。此后,该产业中最重要的公司不再是那些在公司内部自行完成设计、制造、销售的一体化企业,而是在产业链中生产一个或者多个水平分段的专业化企业。至此,便携式自动数据处理设备一体化生产时代结束,取而代之的是行业内的大规模水平整合和模块化技术的快速发展。

第四阶段:全球分工格局确立。模块化技术推动原本复杂的自动数据处理设备制造系统独立成芯片、微处理器、存储设备、显示器、主板等数个模块。如图 5.1 所示,美国通过制定产业标准来实施全球便携式自动数据处理设备生产网络。操作系统被微软独家垄断,英特尔则占据了主板芯片六成以上的市场份额。微软和英特尔通过绑定操作系统和中央处理器的方法一度使得"WINTEL"模式成为行业标准。零部件和外围设备制造商必须依照它们提出的技术架构设计产品,标准制定者也就成为协调全球生产的核心角色。日本的东芝、日立、富士通等在动态随机存储器、液晶显示器(尤其是 LCD 面板材料)等核心零部件方面具优势。韩国的三星和 LG 则在液晶面板等方面处于领先地位。

便携式自动数据处理设备代工市场由台湾代工商主导。台湾集聚了诸如广达等数十家世界著名的代工制造商,仅广达电脑的出货量就占据全球市场的 1/3 左右。全球前十大品牌商全数采用国际外包方式,有些采用完全外包,另有些采用部分外包。无论品牌商来自哪个国家,台湾代工商都是他们主要的发包对象(见表 5.1)。

表 5.1　便携式自动数据处理设备产业的代工格局(2008 年)

(单位:%)

| 品牌商 | 代工企业 | | | | | 其他 |
|---|---|---|---|---|---|---|
| | 广达 | 仁宝 | 纬创 | 英业达 | 和硕 | |
| 惠普 | 44 | 25 | 18 | 13 | 0 | 0 |
| 华硕 | 0 | 0 | 0 | 0 | 100 | 0 |
| 宏基/Gateway | 31 | 30 | 29 | 6 | 0 | 4 |

续表

| 品牌商 | 代工企业 | | | | | 其他 |
|---|---|---|---|---|---|---|
| | 广达 | 仁宝 | 纬创 | 英业达 | 和硕 | |
| 戴尔 | 21 | 42 | 30 | 2 | 0 | 5 |
| 东芝 | 18 | 10 | 0 | 59 | 4 | 9 |
| 联想 | 18 | 23 | 27 | 0 | 7 | 25 |
| 苹果 | 90 | 0 | 0 | 0 | 5 | 5 |
| 索尼 | 70 | 0 | 0 | 0 | 5 | 25 |
| 富士通 | 24 | 17 | 16 | 3 | 0 | 40 |
| NEC | 45 | 18 | 0 | 0 | 0 | 37 |
| 其他 | 3 | 6 | 5 | 10 | 6 | 70 |

资料来源:IDC 咨询公司的数据,http://www.idc.com。

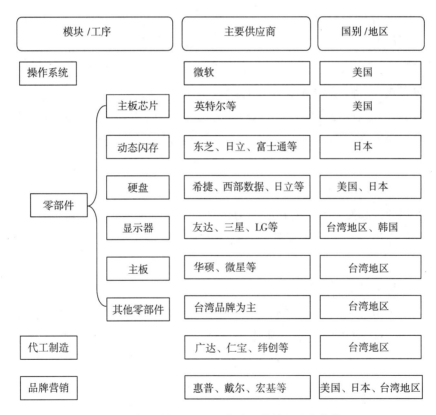

图5.1  全球自动数据处理设备产业模块化生产的格局

综上所述,便携式自动数据处理设备产业结构发生了数次巨大变化。分段生产程度的提高使得该产业发生大规模的垂直分离与水平整合,代工制造的出现也促使产业结构发生了巨大变化。

# 5.3 中国便携式自动数据处理设备
# 生产与贸易网络的构成

中国笔记本电脑的生产和贸易网络由品牌商、模块商和代工商组成。其中,品牌商是生产和贸易的发起者和控制者,模块商是参与者,代工商是组织者和执行者(见图5.2)。

## 1. 品牌商

代工产业的成熟使制造外包成为便携式自动数据处理设备(笔记本电脑)制造的主要方式。目前,品牌商采用两种生产组织方式,一是全外包方式,即将制造环节完全外包给代工商,例如惠普和宏基。二是半外包方式,即兼用自制与外包两种生产组织方式,例如戴尔、联想和东芝等。2009年,全球80%以上的笔记本电脑在中国大陆制造并销往全球,其中,由品牌商制造并从中国出口约95.97亿美元,仅占中国笔记本电脑出口总额14.77%,其余全部由代工商制造并出口(见表5.2)。制造外包的兴起使品牌商的核心能力由制造转变为向其制造外包企业和零部件商提供产品设计、采购、销售、结算等服务。

## 2. 代工商

2000年之后,由台湾代工商主导的全球笔记本电脑制造产业向中国大陆转移,使中国大陆迅速成为全球笔记本电脑的制造与出口中心。2009年,全球主要代工商台湾广达、仁宝、纬创等在中国大陆的全资子公司出口笔记本电脑532.08亿美元,占中国笔记本电脑出口总额81.87%(见表5.2)。

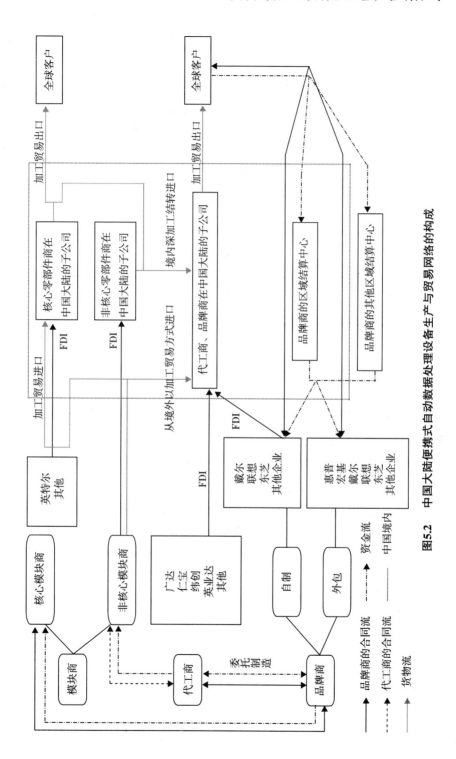

图5.2 中国大陆便携式自动数据处理设备生产与贸易网络的构成

表5.2　中美笔记本电脑的贸易主体分布

（单位:亿美元、%）

| 年份 | 代工商 | 品牌商 | 其他 |
|------|--------|--------|------|
| 2000 | 4.6 | 0.30 | 95.1 |
| 2002 | 60.0 | 12.30 | 27.6 |
| 2009 | 89.0 | 9.8 | 1.2 |

注:代工商包括广达、英业达、纬创、仁宝等代工商在中国大陆子公司的笔记本电脑出口金额。
　　品牌商包括联想、戴尔、东芝、三星等。
资料来源:根据笔者购买的企业层面的海关数据整理得到。

**3. 模块商**

　　模块商是笔记本电脑生产和贸易网络的重要参与者,它们通过外商直接投资方式向中国大陆转移制造环节,并与代工商在中国大陆形成垂直供应体系。2000年以后,全球主要笔记本电脑模块商几乎全部通过外国直接投资(FDI)方式进入中国大陆笔记本电脑生产网络。我们根据笔记本电脑模块的重要性,将模块商大致分为核心模块商和非核心模块商。

　　核心模块商指芯片、处理器等的提供商。许多核心模块商在母国或其他发达国家制造技术含量较高的产品,而将低技术环节配置在中国大陆。以英特尔公司为例,芯片的制造工序包括晶圆制造、封装、测试三个阶段。英特尔在美国、爱尔兰等少数国家制造晶圆体,而芯片的封装和测试工序由其在上海(现已停产)、成都、大连或马来西亚子公司完成。英特尔在中国大陆子公司之间从美国和爱尔兰等国进口晶圆,在国内经过封装和测试后制成芯片,通过加工贸易方式完成生产。

　　非核心模块商主要指跟随台湾地区代工商广达、仁宝、英业达、纬创等转产中国大陆的我国台湾地区、日本和韩国等供应商,他们主要提供印刷电路板、散热器、电源适配器等除了重要零部件以外的百余种产品。

# 5.4　中国自动数据处理设备加工
# 贸易企业的生产控制方式

中国自动数据处理设备加工贸易企业的生产控制方式的基本特征如下：

第一，加工贸易企业由台湾代工商主导，以进料加工贸易方式为主。

1990年之前，由于高关税和进口限制等壁垒，中国便携式自动数据处理设备消费市场几乎完全由四通、长城、联想等自主品牌占有。在该阶段，中国便携式自动数据处理设备制造商以国内市场为主，出口规模非常有限。1990年，由于中国取消便携式自动数据处理设备产品进口许可批文，并且实施了大幅度降低关税等一系列开放政策，以美国为代表的计算机跨国公司开始陆续进入中国市场。2001年中国加入WTO，承诺到2005年将IT产品关税降为零，这段时期大量自动数据处理设备企业以外国直接投资方式进入中国。自此以后，外资企业开始主导中国大陆便携式自动数据处理设备产业的生产和贸易。

2001年之前，从中国便携式自动数据处理设备由中外合资企业主导，以进料加工贸易方式为主（如图5.3）。2001年，中外合资企业的进料加工贸易出口额占加工贸易总额的97%，而同期外商独资企业的进料加工贸易出口仅占3.2%。但是，2001年之后，中外合资的份额被外商独资企业所替代。到2008年，外商独资企业加工贸易占比合计高达99.8%，其中，进料加工出口额占比96.6%，来料加工装配出口额占比3.2%。同期，中外合资企业的进料和来料加工出口额合计占比降到了0.1%，而中资进料加工贸易出口额合计占比仅占0.03%。

中国便携式自动处理设备加工贸易外商独资企业尤以台湾代工商为主。2000年之后，在台湾当局对外投资政策的松动下，台湾自动数据处理设备制造业开始向中国大陆大规模转移。目前，包括广达、仁宝、英业达、纬创资通四大代工商在内的主要台湾代工企业都已将其绝大部分产能转移至中国大陆。除了微星（所占贸易份额很小），其他台湾代工商

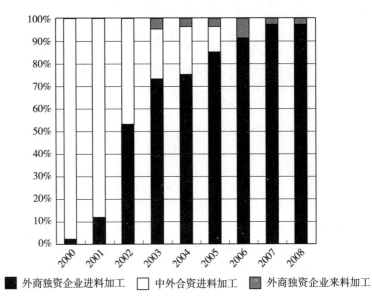

图 5.3 自动数据处理设备加工贸易出口额所占比重(按所有制和贸易方式分类)

资料来源:根据中国海关总署数据整理获得。

在中国大陆的子公司均为外商独资企业。从贸易方式看,除了名硕(属于和硕)和宇达(属于神达)这两家较早进入大陆的台湾代工企业采用来料装配加工贸易外,其余代工商均采用进料加工贸易方式。见表 5.3,2009 年,广达、仁宝、纬创、华硕等台湾代工商中国大陆子公司以加工贸易方式出口便携式自动数据处理设备 574.7 亿美元,占中国该产品出口总额的 88.43% 。

表 5.3 中国大陆便携式自动数据处理设备加工贸易出口主体(2009 年)

(单位:亿美元、%)

| 母公司 | 在中国大陆子公司名称 | 出口金额 | 占中国便携式自动数据处理设备出口总额的比重 |
|---|---|---|---|
| 广达<br>(中国台湾) | 达业(上海)电脑科技有限公司 | 175.58 | 27.02 |
| | 达人(上海)电脑有限公司 | | |
| | 达功(上海)电脑有限公司 | | |
| | 达丰(上海)电脑有限公司 | | |

续表

| 母公司 | 在中国大陆子公司名称 | 出口金额 | 占中国便携式自动数据处理设备出口总额的比重 |
|---|---|---|---|
| 仁宝（中国台湾） | 仁宝资讯工业（昆山）有限公司<br>仁宝信息技术（昆山）有限公司<br>仁宝电子科技（昆山）有限公司 | 127.14 | 19.56 |
| 纬创（中国台湾） | 纬智资通（昆山）有限公司<br>纬新资通（昆山）有限公司<br>纬创资通（中山）有限公司 | 106.38 | 16.37 |
| 英业达（中国台湾） | 英源达科技有限公司<br>英顺达科技有限公司<br>英华达（上海）科技有限公司 | 97.63 | 15.02 |
| 鸿海（中国台湾） | 鸿富泰精密电子（烟台）有限公司<br>鸿富锦精密工业（深圳）有限公司 | 25.35 | 3.9 |
| 华硕（中国台湾） | 昌硕科技（上海）有限公司<br>名硕电脑（苏州）有限公司<br>恭硕电子科技（上海）有限公司 | 42.62 | 6.56 |
| 合计 | 574.7 | | 88.43 |

资料来源：根据课题组购买的 HS 编码为 84713000 产品 2009 年中国海关数据明细数据整理得到。

第二，由代工商和品牌商控制零部件采购权。

采购权是品牌商与代工商争夺生产控制权的重要内容之一。代工商中国大陆子公司所采购的零部件受制于两类采购决策。第一类，核心零部件由品牌商指定零部件供应商甚至产品型号，这些产品大多直接从境外直接进口。第二类，非核心零部件由代工商自主采购，这些产品主要通过中国大陆的保税监管区复进口。不管是上述形式中的哪一种，代工商在中国大陆的加工贸易企业没有采购零部件的权利。

首先，从境外直接进口的零部件主要来自我国台湾地区、韩国等或地区国家，其中的绝大部分由品牌商指定供应商或产品型号。我们以 2010年全球笔记本电脑出货量第一位的台湾仁宝电脑为例。如表 5.4 所示，2009 年，仁宝在中国大陆的全资子公司以进料加工方式从中国台湾地区、马来西亚和韩国合计进口零部件 10.56 亿美元,占其进口总额的 43.54%。其中,仁宝以进料加工方式从中国台湾进口零部件 5.54 亿美元,占当年仁宝进口总额的 22.85%,从马来西亚进口零部件 3.52 亿美元,占 14.50%,韩国进口料件 1.5 亿美元,占 6.19%。形成这种零部件进口格局的主要原因在于:第一,我国台湾地区、日本和韩国都是主要零部件供应商母国(地区)。由于本国(地区)对高技术企业海外投资的限制或者东道国尚不具备生产某些高技术产品的条件,因此,仍有一部分产品或者工序保留在台湾地区、日本和韩国本土制造。第二,马来西亚等东亚国家(地区)设有英特尔等主要零部件商的制造基地。在笔记本电脑产业大规模转至国内之前,马来西亚等地区已经成为是跨国公司在东亚地区重要的制造基地之一。因此,目前,中国与这些地区仍然在一定程度上延续着垂直分工关系。

表 5.4 仁宝中国大陆全资子公司的进出口国别/地区分布(2009 年)

| 贸易方式 | 国家/地区 | 出口额 | 占出口额比重 | 进口额 | 占进口额比重 |
|---|---|---|---|---|---|
| 进料加工 | 美国 | 46.75 | 32.04 | 0.12 | 0.49 |
| | 德国 | 14.98 | 10.27 | 0.20 | 0.82 |
| | 荷兰 | 13.81 | 9.47 | 0.00 | 0.00 |
| | 马来西亚 | 9.71 | 6.66 | 3.52 | 14.50 |
| | 中国台湾 | 1.29 | 0.88 | 5.54 | 22.85 |
| | 日本 | 8.75 | 6.00 | 0.20 | 0.82 |
| | 韩国 | 0.50 | 0.34 | 1.50 | 6.19 |
| | 中国 | 0.00 | 0.00 | 9.90 | 40.82 |
| | 其他 | 47.90 | 33.33 | 6.52 | 26.89 |
| | 小计 | 143.69 | 98.49 | 23.98 | 98.89 |
| 出口加工区进口设备 | 美国 | 0.00 | 0.00 | 0.01 | 0.04 |
| | 德国 | 0.00 | 0.00 | 0.00 | 0.00 |
| | 日本 | 0.00 | 0.00 | 0.13 | 0.54 |
| | 中国 | 0.00 | 0.00 | 0.01 | 0.04 |
| | 中国台湾 | 0.00 | 0.00 | 0.02 | 0.08 |
| | 韩国 | 0.00 | 0.00 | 0.00 | 0.00 |
| | 其他 | 0.00 | 0.00 | 0.01 | 0.04 |
| | 小计 | 0.00 | 0.00 | 0.19 | 0.78 |

续表

| 贸易方式 | 国家/地区 | 出口额 | 占出口额比重 | 进口额 | 占进口额比重 |
|---|---|---|---|---|---|
| 一般贸易 | 美国 | 0.00 | 0.00 | 0.02 | 0.08 |
| | 德国 | 0.00 | 0.00 | 0.00 | 0.00 |
| | 日本 | 0.00 | 0.00 | 0.03 | 0.12 |
| | 中国台湾 | 0.00 | 0.00 | 0.01 | 0.04 |
| | 韩国 | 0.00 | 0.00 | 0.00 | 0.00 |
| | 其他 | 0.00 | 0.00 | 0.03 | 0.12 |
| | 小计 | 0.00 | 0.00 | 0.08 | 0.33 |
| 其他 | 美国 | 0.20 | 0.14 | 0.00 | 0.00 |
| | 德国 | 0.03 | 0.02 | 0.00 | 0.00 |
| | 日本 | 0.11 | 0.07 | 0.00 | 0.00 |
| | 中国台湾 | 0.01 | 0.01 | 0.00 | 0.00 |
| | 韩国 | 0.00 | 0.00 | 0.00 | 0.00 |
| | 其他 | 1.86 | 1.27 | 0.00 | 0.00 |
| | 小计 | 2.20 | 1.51 | 0.00 | 0.00 |
| 总计 | | 145.90 | 100.00 | 24.25 | 100.00 |

注:1. 统计范围包括仁宝在中国(除台湾地区)的5家制造笔记本电脑的子公司,即仁宝电子科技(昆山)有限公司、仁宝资讯工业(昆山)有限公司、仁宝信息技术(昆山)有限公司、仁宝电脑工业(中国)有限公司、仁宝网路资讯(昆山)有限公司。

2. "其他"国家(地区)包括新加坡、印度、泰国、荷兰、英国、捷克、俄罗斯、墨西哥、哥斯达黎加等除表中列明的国家(地区)以外的区域。

数据来源:课题组购买的海关数据。

代工商中国子公司向美国和欧盟进口零部件的比例非常低。2009年,仁宝从美国进口的料件占当年进口总额的比重仅0.5%左右,从德国进口的比重不足1%(见表5.4)。主要原因在于最近十年里,美国与欧盟本土的制造活动大量以FDI或者外包的方式向低成本国家(地区)转移,而中国长三角和珠三角地区是便携式自动数据处理设备产业大规模转移中最理想的目的地之一。因此,基于FDI或者国际外包的生产转移导致便携式自动数据处理设备相关零部件贸易流向的改变。

其次,通过中国大陆的保税监管区"复进口"零部件的方式也已非常普遍。如表5.4所示,2009年,仁宝在中国大陆子公司进口零部件总计24.25亿美元,其中9.9亿美元来自中国,占当年仁宝进口总额的

40.82%。代工商通过保税监管区复进口的零部件主要来自跟随台湾代工商转产中国大陆的非核心零部件供应商的中国大陆子公司。这些零部件企业几乎全数在中国长三角和珠三角地区设厂,并与广达、仁宝、英业达、纬创等代工商通过保税监管区复进口的方式形成垂直供给关系。目前,在印刷电路板、散热器、电源适配器、塑料结构件、被动组件等众多零部件领域,台湾品牌的市场占有率已达世界第一。因此,这些产品得到品牌商的认可且代工商具有自主采购权利。

彦德(Yungkai Yang,2006)根据 MIC 关于台湾代工商采购来源分布的调研报告发现(见表5.5),第一,CPU、硬盘存储器、芯片组三种核心模块主要采购自中国台湾和中国大陆地区以外的"其他国家"。第二,LCD面板、光盘、声卡等零部采购自三方,其一来自台湾本土,其二来自设在中国大陆的"台湾企业",其三来自设在中国大陆的"其他国家企业"。所有主要零部件中,采购自中国大陆企业的比重几乎为零。

表 5.5　台湾地区代工商的采购来源分布(2003 年)　(单位:%)

| 国别/地区企业性质 | 生产地点 | | | | | 其他地区 |
|---|---|---|---|---|---|---|
| | 中国台湾 | | 中国大陆 | | | |
| | 台湾企业 | 非中国的企业 | 台湾企业 | 大陆企业 | 其他国家企业 | |
| CPU | 0 | 2 | 0 | 0 | 0 | 98 |
| 硬盘 | 0 | 0 | 0 | 0 | 0 | 100 |
| 芯片组 | 25 | 0 | 0 | 0 | 0 | 75 |
| LCD 面板 | 30 | 0 | 15 | 0 | 55 | 0 |
| 光盘 | 10 | 0 | 10 | 0 | 80 | 0 |
| 声卡 | 10 | 0 | 10 | 0 | 80 | 0 |
| 适配器 | 0 | 0 | 70 | 0 | 10 | 20 |
| 风扇 | 20 | 0 | 20 | 0 | 0 | 60 |
| 麦克风 | 0 | 80 | 0 | 0 | 20 | 0 |
| 机箱 | 30 | 0 | 30 | 0 | 10 | 30 |

资料来源:MIC2003 年的调研数据。引自 YUNGKAI YANG:"The Taiwanese Notebook Computer Production Network in China: Implication for Upgrading of the Chinese Electronics Industry," Personal Computing Industry Center, *Working Paper*, February 2006。

对比 2003 年与 2009 年的代工商采购格局,我们发现:首先,中国大陆企业仍然没有进入自动数据处理设备的主要供应网络。我课题组于2008年和2009年到苏州和上海进行企业调研的情况与以上分析基本一致。尽管出于保密需要,我们没有拿到这些加工贸易企业采购来源地材料,但是无论政府管理部门,还是加工贸易企业,都认为目前代工商在华子公司的零部件供应商中基本没有中资企业,因此,尽管大陆已经成为全球自动数据处理设备出口的主要地区,但是,中资企业尚未融入全球自动数据处理设备的生产网络。其次,最近五年中,从台湾本土或者设在中国大陆的台湾企业采购的零部件份额大幅提高。这说明台湾企业在全球自动数据处理设备生产网络中的作用越来越重要。最后,核心零部件供应格局基本未变,且仍然主要来自中国大陆和台湾地区以外的国家。

第三,由品牌商控制最终品销售权。

最终品的销售权是品牌商间接控制生产与贸易网络的另一个重要手段。中国自动数据处理设备加工贸易出口额主要来自台湾代工商,但由于这些企业从事的是贴牌业务,因此,最终产品的销售渠道仍然由品牌商控制。

目前,全球自动数据处理设备的市场份额集中于前十大品牌商。如表5.6所示,2001—2008年,全球前十大品牌商的市场份额合计占比从65%提高到了91%。2008年,美国的惠普、戴尔和苹果品牌合计占40%的市场份额,中国台湾的宏基和华硕合计占23%,日本的东芝、富士通、索尼、NEC品牌合计占18%,中国的联想品牌占8%。因此,我们可以大致估计,美国、日本和中国台湾的品牌商控制了自动数据处理设备加工贸易中90%以上的销售权,中国控制了其中的8%左右。

表5.6　全球前十大自动数据处理设备品牌商的市场份额

(单位:%)

| 序号 | 企业名称 | 2001年 | 2002年 | 2003年 | 2004年 | 2005年 | 2006年 | 2007年 | 2008年 |
|------|---------|--------|--------|--------|--------|--------|--------|--------|--------|
| 1 | 惠普 | 14 | 13 | 16 | 15 | 15 | 17 | 22 | 21 |
| 2 | 宏基 | 4 | 4 | 6 | 8 | 10 | 11 | 14 | 16 |
| 3 | 戴尔 | 13 | 14 | 14 | 16 | 17 | 16 | 14 | 14 |

续表

| 序号 | 企业名称 | 2001 年 | 2002 年 | 2003 年 | 2004 年 | 2005 年 | 2006 年 | 2007 年 | 2008 年 |
|---|---|---|---|---|---|---|---|---|---|
| 4 | 东芝 | 12 | 13 | 12 | 12 | 11 | 11 | 10 | 9 |
| 5 | 联想 | 1 | 1 | 1 | 1 | 6 | 7 | 8 | 8 |
| 6 | 华硕 | 0 | 1 | 1 | 2 | 2 | 3 | 4 | 7 |
| 7 | 苹果 | 4 | 3 | 3 | 3 | 3 | 4 | 5 | 5 |
| 8 | 富士通 | 6 | 6 | 6 | 6 | 6 | 5 | 5 | 4 |
| 9 | 索尼 | 6 | 6 | 4 | 4 | 4 | 4 | 4 | 4 |
| 10 | NEC | 6 | 5 | 4 | 4 | 4 | 3 | 2 | 1 |
| 合计 | | 65 | 65 | 68 | 70 | 77 | 81 | 88 | 91 |

资料来源:IDC 咨询公司,2008,www.idc.com。

综上所述,中国便携式自动数据处理设备加工贸易以台资代工商为生产与贸易主体,零部件主要采购自境外或者境内的外资企业,中国企业尚未进入主要零部件供应网络。核心零部件的采购权和最终品的销售权由品牌商控制,非核心零部件的采购权由代工商母公司掌握,而设立在代工商在中国的子公司没有零部件采购权也不掌握销售权,因此,中国最主要的出口产品自动数据处理设备完全受制于"外方独占"的加工贸易生产控制方式。

# 5.5 "外资独占"生产控制方式产生的原因

中国自动数据处理设备加工贸易企业"外资独占"的生产控制模式的原因主要在于以下几个方面。

第一,资产专用性程度。专用性资产有多种形式,如专用场地、专用实物资产、专用人力资产以及特定用途资产等。专用性资产既是发包方与加工方之间利润分配的基础,也可能导致任意一方面临"敲竹杠"风险。一方面,不对称的专用性投资关系导致投资方利润被另一方掠夺。李国准(2009 年)认为,在只有一方进行资产专用性投资的情况下,专用性投资所增加的收益将被通用性投资一方所占有,在这种情况下生产组织方式将以跨国公司或国际市场为主;在双方都进行资产专用性投资的情况下,合作双方的收益份额随着自己专用性投资的比例和重要程度的上升而增加。另一方面,产权理论认为,由于只有在事后或者投资沉没后合约才可实施,因此,资产专用性越高,投资方面临"敲竹杠"的风险越大,组织方式越倾向于一方"独占"所有权和控制权。只有当从事加工贸易的中外双方都进行专用性投资,且投入比例相当的情况下,分治模式才得以稳定。

高技术产业中的专用性资产主要表现为专利技术。总体上看,中国大陆与其主要外资所在国的专利技术存量水平相距甚远。如表5.7所示,自1995年以来,美国专利技术存量所占比重高达54.8%,日本占据18.8%,德国、法国、中国台湾地区、韩国各占据2%左右。相比之下,中国大陆仅占0.2%,相当于美国专利技术存量的1/274,日本的1/94,台湾地区和韩国的1/10左右。从计算机产业500强企业在美国的专利技术存量来看,计算机产业的专利技术仍然集中于美国和日本。如表5.8所示,截至2008年,计算机相关专利授予数的分布中,美国占78.58%,日本占18.33%,韩国和台湾地区分布占1.5%和1.46%。同期,中国大陆仅占0.14%,相当于美国的1/560,日本的1/130,台湾地区的1/11,韩国的1/10。因此,从中国大陆与主要外资所在国家或地区的专利技术存量水平的差距巨大。这在一定程度上决定了自动数据处理设备加工贸易的主体以"独占"所有控制权的特点。

表5.7 美国专利技术授予数占比

(单位:%)

| 年份<br>国别/地区 | 1995年以前 | 2000年 | 2005年 | 2008年 | 截至<br>2008年 |
|---|---|---|---|---|---|
| 美国 | 56.9 | 55.1 | 52.4 | 49.7 | 54.8 |
| 日本 | 17.4 | 18.7 | 20.2 | 19.8 | 18.8 |
| 德国 | 8.2 | 6.1 | 6.1 | 5.4 | 6.8 |
| 英国 | 3.2 | 2.3 | 2.3 | 2.1 | 2.6 |
| 法国 | 3.1 | 2.4 | 2.0 | 2.1 | 2.6 |
| 中国台湾 | 0.6 | 3.3 | 3.8 | 4.2 | 2.3 |

续表

| 年份<br>国别/地区 | 1995年<br>以前 | 2000年 | 2005年 | 2008年 | 截至<br>2008年 |
|---|---|---|---|---|---|
| 韩国 | 0.3 | 2.0 | 2.9 | 4.7 | 1.6 |
| 中国(不含香港、澳门) | 0.0 | 0.1 | 0.4 | 1.0 | 0.2 |
| 其他 | 10.3 | 10.0 | 9.9 | 11.0 | 10.3 |
| 总计 | 100 | 100 | 100 | 100 | 100 |

资料来源:美国专利局,http://www.uspto.gov/。

表5.8 各国在美国计算机制造领域的专利技术授予数(截至2008年)

| 国家或地区 | 专利技术授予数(项) | 占比(%) |
|---|---|---|
| 美国 | 60170 | 78.58 |
| 日本 | 14035 | 18.33 |
| 韩国 | 1148 | 1.50 |
| 中国台湾 | 1117 | 1.46 |
| 中国大陆 | 105 | 0.14 |
| 总计 | 76575 | 100 |

注:计算机制造领域包括专利分类编码为708、709、710、711、712、713、718、719的专利授予数情况。详细数据见本章附录四。

资料来源:美国专利局,http://www.uspto.gov/。

第二,企业的生产率水平。有学者(Antràs and Helpman,2004)将异质性企业贸易模型和格罗斯曼—哈特—莫尔(Grossman-Hart-Moore)的不完全契约模型结合起来,分析了不同生产率水平的企业关于本地生产、跨境直接投资还是国际外包的选择问题。跨境直接投资方式可以回避外包导致的高管理和沟通成本,而国际外包方式可以避免固定成本投资。生产率水平越高,则成本节约所带来的收益越有可能抵补以外国直接投资方式进入东道国产生的固定成本投资。因此,他们认为,生产率最高的北国企业将选择以FDI的方式进入南国,并以垂直一体化的方式生产;生产率次之的企业则在南国外包以回避进入东道国的固定投资成本;生产率更低的企业在北国一体化生产;生产率最低的企业则在北国外包。

以台湾地区代工商为主的外资企业之所以通过向中国大陆直接投

资而非向中国企业外包的方式,与这些企业的相对生产率水平有关。台湾地区代工商,例如广达、英业达、仁宝等,本身已经在计算机代工制造领域处于领先水平。按照上述原理,直接投资方式对其利润最大化更有利。这在一定程度上决定了中国最终形成外资企业主导自动数据处理设备加工贸易的局面。

第三,既有的便携式自动数据处理设备及零部件的生产网络。通过上文的分析,我们发现,中国大陆自动数据处理设备的生产网络基本由以台湾地区代工商为核心的外资企业构成。之所以中国大陆的企业难以进入其中,与台湾地区本土既有的生产网络有关。整个产业的均匀发展,使台湾企业形成了完整的计算机生产网络。根据台湾资策会的统计,截至 2008 年,显示屏、主机板、电源适配器、键盘、鼠标、声卡、显卡、扫描器等产品的世界占有率均在 50% 以上,尤其是主板等核心产品的全球市场占有率达到 90% 以上,如表5.9 所示。

表5.9　台湾主要计算机产品的全球市场占有率排名　（单位:%）

| 产品 \ 年份 | 2003 | 2004 | 2005 | 2006 | 2007 | 2008 | 主要企业 |
|---|---|---|---|---|---|---|---|
| 笔记本电脑 | 第一名 | 第一名 | 第一名 | 第一名 | 第一名 | 第一名 | 广达、仁宝、英业达等 |
| 主板 | 第一名 | 第一名 | 第一名 | 第一名 | 第一名 | 第一名 | 华硕、鸿海、精英等 |
| 液晶显示屏 | 第一名 | 第一名 | 第一名 | 第一名 | 第一名 | 第一名 | 友达、腾华、凌巨等 |
| 主板型伺服器 | 第一名 | 第一名 | 第一名 | 第一名 | 第一名 | 第一名 | 华硕、微星等 |
| 系统伺服器 | 第一名 | 第二名 | 第二名 | 第二名 | 第二名 | 第二名 | 华硕、微星等 |
| 光盘 | 第一名 | 第二名 | 第二名 | 第二名 | 第二名 | 第二名 | 建与电、广明、华硕等 |

资料来源:台湾资策会 MIC 经济部。

截至 2007 年,台湾地区仅保留了 2.5% 的生产能力,89% 生产能力已经转移至中国大陆。这些台湾企业不但与品牌商形成了长期的供货关系,并且在上下游企业间形成了基于供应商管理库存(VMI)的供应链关系。因此,虽然自动数据处理设备产业已经内迁到中国大陆地区,但是在短期内,中国大陆的企业尚不足以取代台湾企业在生产网络中的地位。

第四,政策因素。影响中国大陆自动数据处理设备加工贸易的政策主要包括台湾地区政府对外投资政策和中国外商投资政策。2000年之前,台湾政府对其支柱产业(即IT产业)的对外投资严格限制。台湾企业的成本压力无法得到释放。2000年以后,随着这些限制政策的陆续放松,台湾企业相继开始向中国大陆转移生产能力。同期,中国对外商投资企业的诸多鼓励政策也在一定程度上促使外资企业占据主导地位。

# 5.6 利益分配:基于惠普笔记本电脑(Pavilions DM3T)和苹果iPad平板电脑的案例分析

## 1. 品牌商、模块商和代工商的利益分配

笔记本电脑产业的全球价值链分布为"U形"曲线,即位于价值链两端,从事研发和销售环节的模块商与品牌商附加值高,而位于价值链中间,从事制造环节的代工商附加值低。如表5.10所示,笔记本电脑生产网络的核心企业美国微软和英特尔确立的技术规范是笔记本电脑行业标准,两家核心企业凭借行业标准垄断市场并占据笔记本电脑价值链的制高点。2001—2009年,微软的年均销售毛利率超过80%,英特尔年均销售毛利率超过50%。同期,其他主要零部件商和品牌商的利润也颇高。希捷、西部数据和英飞凌等存储设备提供商的年均销售毛利率约为25%,液晶显示器年均销售毛利率约为15%。全球三大品牌商惠普、戴尔、宏基年均销售毛利率约为15%。与此相比,代工商处于价值链谷底。2001—2009年,广达、英业达、纬创、仁宝等代工商年均毛利率水平不足5%。

表5.10 便携式自动数据处理设备及主要零部件企业的销售毛利率分布

(单位:%)

| 分工环节 | 企业名称 | 2001 年 | 2003 年 | 2005 年 | 2007 年 | 2009 年 |
|---|---|---|---|---|---|---|
| 操作系统 | 微软 | 85.69 | 84.52 | 84.71 | 82.51 | 81.09 |

续表

| 分工环节 | 企业名称 | 2001 年 | 2003 年 | 2005 年 | 2007 年 | 2009 年 |
|---|---|---|---|---|---|---|
| 处理器 | 英特尔 INTEL | 46.2 | 56.7 | 59.4 | 51.9 | 55.7 |
| | AMD | NA | 34 | 40.9 | 37.4 | 42.1 |
| | 威盛 VIA | 33.9 | 27.0 | 24.0 | 24.0 | 36.7 |
| | 矽统 SIS | 21.0 | 28.0 | 27.0 | NA | NA |
| 存储设备 | 希捷 Seagate | NA | NA | 23.2 | 25.2 | 14.4 |
| | 西部数据 WDC | 10.7 | 16.3 | 16.2 | 16.5 | NA |
| | 海力士 Hynix | NA | NA | 36 | 19 | NA |
| | 英飞凌 infineon | NA | NA | 30 | 34 | 35.2 |
| 液晶显示器 | 三星 | NA | NA | 7.0 | 12.0 | 10.0 |
| | 奇美电子 | NA | 13.9 | 4.8 | 12.9 | 0.1 |
| 品牌 | 惠普 | 25.4 | 26.3 | 23.4 | 24.4 | 25 |
| | 宏基 | NA | NA | 10.7 | 10.3 | 10.2 |
| | 戴尔 | 20.2 | 17.9 | 18.4 | 16.5 | 17.9 |
| 代工制造 | 广达 | 11 | 5.2 | 4.6 | 4.2 | 5.4 |
| | 英业达 | NA | 8 | 5.0 | 5.0 | 4.0 |
| | 纬创 | 12 | 6.4 | 6.0 | 6.4 | 4.0 |
| | 仁宝 | NA | 7 | 3.8 | 4.8 | 4.6 |

注:NA 表示数据缺失。
资料来源:公司年报。

**2. 代工商母公司与中国子公司的利润分配**

从全球笔记本电脑价值分布看,代工商处于价值链利润分配的谷底,而代工商在中国子公司处于价值链的"谷底之底"。代工商与其中国子公司的利润分配表现出以下特点(见表5.11):

第一,代工商的营业收入主要来自设在中国的全资子公司。台湾代工商基于 FDI 的产业转移建立的外商独资企业是中国笔记本电脑的贸易主体。如表5.11所示,2000—2009 年,主要代工商广达、纬创和英业达在中国境内子公司的营业收入净额占母公司营业收入净额的比重不断提高,近年来接近母公司的营收总净额。

第二,虽然近年来,中国子公司所获利润份额有所提高,但代工商母公司留存于中国子公司的利润额总体上较少。2001—2009 年,四大代工商在中国境内的子公司的净利润额仅占母公司净利润总额的 10%—20%。近年来,随着代工商在中国投资研发等高附加值环节增加,中国境内子公司的利润留存比例有所提高,但是中国仍然作为代工商的成本中心而非利润中心。因此这些企业的获利水平总体上仍然很低。

表 5.11　台湾代工商母公司与其中国全资子公司的收入和利润分布

(单位:亿元新台币、%)

| 企业名称 | 年份 | 中国子公司占母公司营收净额的比重 | 中国子公司占母公司的净利润额的比重 | 中国子公司净利润率/母公司净利润率 |
|---|---|---|---|---|
| 广达 | 2003 | 5.34 | — | — |
| | 2006 | 91.83 | 10.83 | 11.38 |
| | 2009 | 100 | 11.39 | 10.94 |
| 仁宝 | 2003 | 15.03 | 3.7 | 18.57 |
| | 2006 | 38.69 | — | — |
| | 2008 | 25.54 | 4.38 | 17.81 |
| 纬创 | 2004 | 11.99 | — | — |
| | 2006 | 54.37 | — | — |
| | 2008 | 88.55 | 19.7 | 23.01 |
| 英业达 | 2004 | 38.21 | 6.06 | 13.27 |
| | 2006 | 100 | — | — |
| | 2009 | 100 | 7.55 | 6.58 |

资料来源:根据企业年报整理得到。

### 3. 案例分析

复杂的制造外包、跨国生产以及货物贸易对服务价值的忽视,使我们难以通过贸易数据判断贸易利益的分布和归属。我们以惠普笔记本电脑(Pavilions DM3T,2009 年第四季度上市)和苹果 iPad 平板电脑为例,以生产参与者的销售毛利率作为标准来衡量一台笔记本电脑中所有参与者的利益分配,并以供应商母公司所在国家(地区)作为利益的归属地。

（1）惠普 Pavilions DM3T

惠普笔记本电脑（型号为 Pavilions DM3T）由 500 余种零部件组成，80% 已知供应商来源的零部件主要来自美国、中国台湾和韩国（见表5.12）。其中，来自美国供应商的零部件占整机价格的比重为 51.09%，来自中国台湾占 16.02%，来自韩国占 8.74%，而在可知的供应商来源中，无中国大陆企业。根据调研信息，中国大陆企业提供的零布件在笔记本电脑总价中所占比重至多为 2%。

表 5.12　惠普 Pavilions DM3T 笔记本零部件供应商的国别和成本分布

（单位：美元、%）

| 供应商母公司所在国家/地区 | 零部件价格 | 占笔记本电脑价格的比重 |
|---|---|---|
| 美国 | 266.74 | 51.09 |
| 中国台湾 | 83.62 | 16.02 |
| 韩国 | 45.62 | 8.74 |
| 日本 | 2.72 | 0.52 |
| 瑞士 | 0.99 | 0.19 |
| 中国香港 | 0.34 | 0.07 |
| 荷兰 | 0.22 | 0.04 |
| 未知 | 121.84 | 23.34 |
| 合计 | 522.1 | 100 |

资料来源：笔者根据购买 iSuppli 咨询公司的数据整理。

笔记本电脑中技术含量和价格较高的零部件主要来自美国供应商。美国供应商提供中央处理器（CPU）、北桥—芯片、南桥—芯片、硬盘、WLAN 和蓝牙模块以及模块中各类芯片，他们的平均销售毛利率超过 40%。相比之下，韩国供应商的销售毛利率约 20%，中国台湾约为 15%（见表5）。

表 5.13　HP Pavilions DM3T 主要供应商的利润率分布

（单位:%）

| 国别 | 供应商名称 | 零部件名称 | 供应商的销售毛利率 |
|---|---|---|---|
| 美国 | Intel | 中央处理器（CPU） | 55 |
| | | 北桥—芯片 | |
| | | 南桥—芯片 | |
| | Broadcom | 蓝牙模块 | 50 |
| | | 输入/输出芯片 | |
| | Atheros | 无线局域网模块 | 49 |
| | 德州仪器 | 电源管理器芯片 | 48 |
| | IDT | 输入/输出芯片 | 41 |
| | Reltek | 闹钟芯片、接口芯片 | 41 |
| | 谱瑞 | 电源管理器芯片 | 38 |
| | 惠普 | 品牌销售 | 21 |
| | 希捷 | 硬盘 | 14 |
| 韩国 | 三星 | 内存 | 20 |
| 中国台湾 | 台达 | 电源适配器 | 21 |
| | 联咏 | 输入/输出设备 | 20 |
| | 友达 | 液晶显示器 | 11 |
| | 健鼎 | 印刷电路板 PCB | 10 |
| | 广达、仁宝、英业达等 | 代工制造 | 5 |

资料来源:作者根据 iSuppli 提供的供应商名录整理得到他们的母公司国别,根据公司的年报数据获得该款笔记本电脑主要供应商的销售毛利率分布。

（2）iPad 平板电脑

iPad 平板电脑建立了一种有别于传统笔记本电脑的技术框架、生产网络并颠覆了既有的全球笔记本电脑价值链结构,它的问世代表了该行业从技术创新到国际分工的变化趋势。第一,iPad 平板电脑选用于基于 iPhone OS 3.2 的 SDK 操作系统。该系统与主流电脑预装的 Windows 操作软件互不兼容。第二,该产品使用由三星代工制造的自有品牌处理器（苹果 A4 处理器）。第三,由于创新的操作系统要求从零部件供应商到软件开发商,都需要在新的技术框架下开发新产品。因此 iPad 的推出意味着苹果公司在全球范围内建立起一个以 SDK 操作系统为核心的全球供应网络。

相比传统笔记本电脑,iPad 平板电脑的零部件供应网络的特点在于:第一,零部件主要来自中国台湾与韩国供应商。其中,由韩国供应商提供的零部件价值占整机价格的 40.55%,来自中国台湾的零部件占 22.85%,中国大陆提供的零部件占 8.55%。第二,来自欧美供应商的零部件在总成本中下降到 15%。第三,中国企业开始进入主要零部件供应网络。

表 5.14 供应商零部件成本分布(按国家(地区)分类)

(单位:美元、%)

| 国家(地区) | 零部件价格 | 占 iPad 整机成本的比重 |
| --- | --- | --- |
| 韩国 | 112.83 | 40.55 |
| 中国台湾 | 63.55 | 14.30 |
| 中国 | 20.00 | 8.00 |
| 美国 | 23.04 | 8.28 |
| 德国 | 14.95 | 5.37 |
| 日本 | 3.45 | 1.24 |
| 加拿大 | 2.48 | 0.89 |
| 瑞士 | 1.07 | 0.39 |
| 荷兰 | 0.71 | 0.25 |
| 中国香港 | 0.10 | 0.04 |

资料来源:根据 iSuppli 公司的数据整理。

iPad 生产网络参与者的利益分配中,美国仍然掌握着控制权与利益的绝大部分,但中国台湾、韩国与中国大陆在价值链中的地位有所改善(表 5.15)。

第一,美国企业获利丰厚。在 iPad 整机中的价值分布中,来自美国企业提供的零部件仅占 iPad 整机价格的 8%。然而,根据 iSuppli 的数据,除了处理中央处理器,其他技术含量较高的零部件(IC 产品)仍主要来自美国供应商,例如博通、德州仪器、凹凸电子、Dialog 等美国供应商提供。这些零部件的平均毛利率高达 40%。除此之外,美国企业从软件服务中获得高额利益。iPad 价值链中,由苹果公司控制软件的定价与销售渠道。苹果公司聚集软件商的内容、审核后由其集中发布给终端用户。

这种商业模式意味着苹果不但获取终端销售收益,还与软件开发商分享内容收入。目前,所有 iPad 上运行的软件必须通过苹果的 iTunes 有偿下载(除 30% 左右的免费软件),但要充分发挥 iPad 所有电子设备的功效,收费软件必不可少。例如,下载一部电影或一本电子书约需 2 美元,而适用于 iPad 操作平台的整套 iwork 办公软件的收费高达 30 美元左右。随着 iPad 终端用户和内容服务的增加,苹果公司来自于软件销售的盈利甚至可能超越销售硬件的利益。

第二,中国台湾和韩国供应商的价值链地位显著提高。iPad 平板电脑在生产网络的重新组合中,韩国三星处于核心地位,其用户界面芯片的产品毛利率分别高达 65%。同时,中国台湾企业在 iPad 价值链中的地位较以往有所提高。在传统笔记本电脑中,中国台湾企业以供给一般零部件为主。在 iPad 中,台湾企业开始进入中高附加值环节。例如,台湾晶技(TXC)[①]的公司毛利率约 25%,较以往从事代工制造业务的获利水平大幅提高。

第三,中国本土企业开始成为主要零部件供应商。iPad 的电池模块由美国德州仪器、日本东芝、中国台湾顺达、中国天津力神等企业共同完成。其中,天津力神的销售毛利率约为 15%[②]。这一变化实现了长久以来全球便携式自动数据处理设备生产网络中国本土供应商“零”的突破,意味着技术创新伴随的对既有生产网络的重组为中国企业参与该产品的全球分工提供了契机,中国依靠提供低附件零部件和加工组装劳动以获取微薄利益局面正在发生改变。

表 5.15　iPad 主要供应商的利润率分布(2009 年)　(单位:%)

| 国别 | 零部件分类 | | | 供应商 | 公司销售毛利率 |
|---|---|---|---|---|---|
| | 模块 | 功能 | 零部件类型 | | |
| 韩国 | CPU | — | — | 三星 | 65 * |
| | 显示屏 | — | — | LG | 23 |

①　生产微处理器芯片所需要的水晶。
②　该数据来源于对天津力神电池股份有限公司的调研信息。

| 国别 | 零部件分类 | | | 供应商 | 公司销售毛利率 |
|---|---|---|---|---|---|
| | 模块 | 功能 | 零部件类型 | | |
| 美国 | 主板 | 用户界面 | 逻辑 | 德州仪器 | 47 |
| | 3G 模块 | 基带 | 逻辑 | | |
| | 电池 | 电池/电源管理器 | 模拟 | | |
| | 3G 模块 | GPS | 逻辑 | 博通 | 45 |
| | 接口 PCB | 蓝牙/WLAN | 逻辑 | 博通 | |
| | 电池 | 电池/电源管理器 | 逻辑 | O2Micro | 45 |
| | 电池 | 电池/电源管理器 | 晶体管 | 仙童 | 35 |
| | 主板 | 用户界面 | 二极管 | On Semicon | 35 |
| | 接口 PCB | 用户界面 | 二极管 | | |
| 德国 | 3G 模块 | 3G 模块射频收发器 | 逻辑 | 英飞凌 | 50 |
| | 3G 模块 | 射频收发器 | 模拟/逻辑 | | |
| 荷兰 | 主板 | 用户界面 | 逻辑 | 恩智浦 | 22 |
| | 主板 | 电池电源管理器 | 逻辑 | | |
| | 3G 模块 | 基带 | 逻辑 | | |
| 日本 | 3G 模块 | 射频收发器 | 平衡器 | TDK | 40 |
| | 主板 | 电池电源管理器 | 电容器 | 三洋 | 30 |
| | 主板 | 电池电源管理器 | 晶体管 | 东芝 | 30 |
| | 电池 | 电池/电源管理器 | 晶体管 | | |
| | 3G 模块 | GPS | 过滤器 | 村田 | 18 |
| | 主板 | 电池电源管理器 | 二极管 | Rohm | 32 |
| | 电池 | 电池/电源管理器 | 二极管 | | |
| 中国台湾 | 主板 | 微控 | 水晶 | TXC | 25 |
| | 电池 | 可充电部件 | | 顺达 | 15 |
| | 主板 | 机电 | PCB | 金像电子 | 11 |
| | 触摸屏 | — | — | 滕华 | |
| | 代工制造 | — | — | 广达等 | 5 |
| | 电池 | 机电 | PCB | 华通 | 4 |
| 中国香港 | 主板 | 电池电源管理器 | 晶体管 | 华润半导体 | 18 |
| 中国 | 电池 | 可充电部件 | | 天津力神 | 15 |

资料来源:作者根据 iSuppli 提供的供应商名录整理得到他们的母公司国别,根据公司的年报数据获得该款笔记本电脑主要供应商的销售毛利率分布。

注:1. 销售毛利率=销售利润/销售收入×100%。其中,台湾企业的数据为营收毛利率。"营收毛利率",即营收毛利率=营业利润/营业收入×100%。营业收入等于销售收入与其他收入之和,一般的,销售毛利率与营收毛利率非常接近。

2. 表中汇报的三星的毛利率是指 CPU 产品的销售毛利率。

综上所述,在全球便携式自动数据处理设备生产网络的利益分配中,各国(地区)利益悬殊。无论在传统产品市场,还是新产品市场,美国企业都是全球便携式自动数据处理设备产业中利益分配的决定者。在传统产品市场,韩国与中国台湾企业在生产网络中的地位没有明显突破,但在新产品市场,他们实现了价值链升级。长期以来,中国企业难以进入传统产品的全球供应网络,而新产品市场的形成为中国企业真正参与全球分工提供了契机。因此,虽然中国仍然以依靠廉价劳动力赚取微薄的加工费用为主,但是伴随中国企业迅速成长,这种利益分配局面正在发生改变。

# 5.7　本章结论

我们通过对全球便携式自动数据处理设备加工贸易企业生产控制方式的分析发现,中国便携式自动数据处理设备加工贸易企业由台湾代工商主导,代工商通过建立外商独资控制了设在中国的加工厂的所有权。但是在整个加工贸易的生产与销售过程中,代工商母公司仅拥有非核心零部件的采购权,核心零部件的采购权与最终品销售权掌握于品牌商(发包方),代工商在中国大陆的子公司仅仅是根据品牌商与代工商母公司的指示完成最终品的制造,并没有实际控制权,因此,这是一种"外方独占"的加工贸易生产控制方式。

我们进一步以惠普笔记本电脑与苹果平板电脑为例,分析了全球便携式自动数据处理设备生产网络参与者的利益分配格局。我们发现,无论在传统笔记本电脑市场,还是平板电脑等新产品市场,美国企业都是全球便携式自动数据处理设备产业中利益分配的决定者和主要获利者,韩国和中国台湾企业的获利水平在稳步提升,中国仍然以依靠廉价劳动力赚取微薄的加工费用为主。但是,近年来伴随中国本土企业迅速成长,这种利益分配局面正在发生改变。

## 参考文献

沈玉良等:《中国国际加工贸易模式研究》,人民出版社 2007 年版。

张纪:《产品内国际分工中的收益分配——基于笔记本电脑商品链的分析》,《中国工业经济》2006 年,第 7 期第 36—44 页。

Carliss Baldwin, Kim Clark, *Design Rules*, *Vol 1*: *The Power of Modularity*,,2000. MIT Press Feenstra, Robert C., Wen Hai, Wing T. Woo, and Shunli Yao, 1999. "Discrepancies in International Data: An Application to China–Hong Kong Entrepot Trade,"*American Economic Review*, May, 338–343.

Feenstra, Robert C., and Gordon H., 2005. "Ownership and Controling outsourcing to China: Estimating the Property—Rights Theory of the Firm,"*Quarterly Journal of Economics*,120(2):729–761.

Gaulier, G., F. Lemoine, and D. Unal–Kesenci, 2005. "China's Integration in East Asia: Production Sharing, FDI & High – Tech Trade," *CEPII working paper*, No. 2005–09.

Gereffi, G., 1994. "The Organization of Buyer – driven Global Commodity Chains: How U. S. Retailers Shape Overseas Production Networks," In *Commodity Chains and Global Capitalism*, eds., G. Gereffi and M. Korzeniewicz, Westport: Praeger.

Gereffi, G., J. Humphrey, R. Kaplinsky, and T. J. Sturgeon, 2001. "Introduction:Globalisation, Value Chains and Development," IDS Bulletin 32(3).

Jason Dedrick, Kenneth L. Kraemer, and Greg Linden, 2009. "Who profits from innovation in global value chains? A study of the iPod and notebook PCs," Industrial and Corporate Change Advance Access published, June 22.

Kraemer, Kenneth L., Dedrick, Jason:Globalization in the Computer Industry: Implications of the Asian Production Network for the U. S, 1998.

Oliver E. Williamson :Markets and Hierarchies:Analysis and Antitrust Implications, The Free Press, New York, 1975.

Oliver E. Williamson: "Transaction Cost Economics: The Governance of Contractual Relations", *Journal of Law and Economics*, October 1979.

Yungkai Yang, 2006. "The Taiwanese Notebook Computer Production Network inChina: Implication for Upgrading of the Chinese Electronics Industry," Personal Computing Industry Center, *Working Paper*, February.

# 第六章　国有企业加工贸易独占方式

## ——以船舶企业为例

**【本章摘要】**

从1995年以来,国有企业加工贸易所占比重大幅度下降,但是船舶企业制造的船舶产品通过加工贸易出口不仅没有下降,而且在不断上升,以加工贸易方式出口的船舶成为国有企业加工贸易出口中的最大产品。在船舶加工贸易中,国有船厂掌握着包括销售权在内的所有权和生产控制权,国有船厂与船东之间并非通常意义上的委托加工关系,而是以市场购买关系为主,因而销售权完全由国有企业控制。核心料件采购根据船东的要求由国有船厂自由决定,因而料件的采购权也掌握在国有船厂手中,这种加工贸易生产控制方式是中方独占的控制方式。之所以会形成中方国有独占方式,是因为这个产业存在着必要资本壁垒和政策壁垒,造船业需要大量的资金投入和比较高的造船技术,国家产业政策对民营和外资又有一定的限制政策。同时,由于造船需要的核心料件国内无法提供,需要通过国外进口,因而形成了以中方国有独占为主的加工贸易生产控制方式,但是随着政策的开放和民营企业实力的增加,以及国内料件供应商供货能力的提升,可能会出现一般贸易方式以及其他加工贸易生产控制方式。尽管国有造船企业拥有产品的销售权和采购权,但是核心料件被少数几家跨国供应商控制,因而对加工贸易利益分配产生影响。

# 6.1　引言

20 世纪 80 年代,中国造船业刚进入国际造船市场时,造船规模还十分有限,30 多年之后中国已经跻身世界三大造船国之列。

我们选择以中国船舶产业为例,主要原因在于船舶产业的主体以国有企业为主,而船舶是国有企业加工贸易出口中占比最大的产品。2005—2008 年,船舶加工贸易出口额占国有企业加工贸易出口总额的比重一直保持在 25% 以上。同当初在东莞建立的加工贸易企业完全不同的是,船舶企业在从事加工贸易时拥有独立的销售权和采购权,这种加工贸易生产控制方式在运行方式上与传统意义上的加工贸易完全不同,因而贸易利益的分配,产业的转型升级基础也完全不同。

目前,研究船舶产业的文献比较丰富,但是从加工贸易的角度专门对船舶产业进行研究的文献则相对较少。中国学术界关于船舶产业的研究集中在船舶工业的产业组织和船舶产业对经济增长的贡献。例如吴锦元(2001 年)从船舶工业对国民经济的作用角度进行的分析,刘希宋和崔立瑶(2002 年)对船舶工业产业组织的分析。国际贸易层面的分析则主要集中在船舶贸易的国际竞争力分析,例如,刘立治(2009 年)的研究。我们从加工贸易生产控制的角度首先判断中国船舶产业加工贸易的所有权和控制权掌握在中方还是外方,以及影响这种权利分配的因素。

本章第二节论述全球船舶产业的生产组织方式,第三节分析中国船舶加工贸易的生产控制模式,第四节分析"中资独占"模式的原因,第五节为结语。

# 6.2　全球船舶产业的生产组织方式

船舶产业通常以造船企业为核心,由主机企业、辅机企业、推进器企业、电子仪器仪表企业,以及其他配套企业提供中间产品,经船厂组装后,通过中间商或由船厂直接将船舶产品销售给船东。单艘整船的价值构成一般可以分解为船用钢材、管道系统占27%,船舶动力推进系统占22%,船用辅机系统占12%,生活用具系统占11%,电器、电子与自动设备系统占11%,船舶操作、喷涂系统占10%,货物装卸器具系统占7%(Balance Technology Consulting,2000)。一般的,船舶制造的外购成本占总成本的60%—70%。

我们将船舶制造的全球价值链分解为船舶配套产品和整船制造这两部分,如图6.1所示。船舶核心配套产品的研发设计集中在欧洲和美国,而部分制造环节转移到日本和韩国。船舶配套产品涉及的种类繁多,其中核心产品包括推进装置等发动机类产品、操舵装置等舾装类产品、动力装置等电气电子类产品。目前,世界船舶配套业每年的总销售额中,日本和韩国占50%以上,另外50%被欧洲厂商占据。欧洲主要的船舶配套产品生产国包括德国、英国、挪威等。船用设备中价值较大的柴油机、发电机组、螺旋桨等,欧洲一直保持技术领先。日本和韩国是世界船用柴油机生产大国,生产能力占世界总产量的1/3以上。

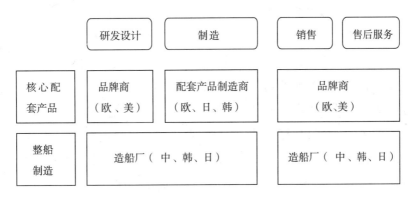

**图6.1 船舶产业的全球价值链**

同时,中国、日本和韩国是世界三大整船制造基地。2003—2008年间,中日韩三国船舶出口额合计占世界出口总额的80%以上,如图6.2所示。从2003年起,中国造船完工量、新接订单量和年底手持订单量三大指标已全面超过欧洲造船国家的总和,与日本、韩国的差距也在缩小。

到2008年,中国成为全球第三大造船国,并在油船、散货船、集装箱船三
大主流船型市场位居世界第二。

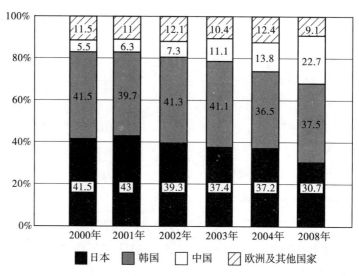

**图6.2 世界主要造船国家和地区(造船完工)的世界份额**

资料来源:英国克拉克松研究公司相关年份数据。

　　船舶配套和整船制造在产业组织方式方面表现不同,前者的研发设
计与制造环节相分离,而后者则以一体化生产为主。目前,核心配套产
品的先进技术仍然由欧美国家企业掌握。尽管船用发动机等许多核心
配套产品大部分在亚洲制造,但亚洲国家大多在购买欧美公司专利许可
证的情况下进行生产。大量新的原动机技术如电控技术、共轨喷油技术
和环境保护系统,以及新的推进技术理念,包括吊舱式推进器,欧美国家
的品牌商仍然处于领先地位。我们以日本为例,日本制造大功率柴油机
的三井造船、三菱重工、Diesel United、日立造船、川崎重工、神户发动机6
家企业,主要生产欧美的MAN、瓦锡兰和UE三个品牌,产量占世界市场
的份额在1/3以上。但是,从整船制造的历史来看,截至21世纪初期,
整船制造产业仍然以一体化生产方式为主。形成这种生产方式的原因
在下文将予以详细介绍。

# 6.3　中国船舶加工贸易的生产控制方式

全球船舶产业的价值链构成和企业间的生产组织方式,为我们理解中国船舶制造加工贸易的生产控制模式提供了基础。根据上文分析可知,中国船舶出口的国际地位集中在整船领域,由于船舶出口产品种类繁多,我们难以获得贸易方式和所有制分类下所有产品的出口数据,因此,我们的分析范围集中于中国船舶产业加工贸易出口占比最大的三种整船,即载重量不超过 10 万吨的成品油船、载重量不超过 15 万吨的原油船以及容积不超 2 万立方米的液化天然气船。

中国船舶加工贸易生产控制方式的基本特点是:第一,从中国船舶加工贸易出口的所有制结构看,以国有企业为主。中国船舶产业的主体历来以国有企业为主,新中国成立以来,中国造船企业先后归属于国家六机部和中国船舶工业总公司管理。1999 年,原中国船舶工业总公司改组为船舶两大集团,中国造船业基本形成了中国船舶工业集团公司、中国船舶重工集团公司和地方船厂的行业分布格局。中船集团有造船企业 14 家,主要分布在江苏、上海、广州等地区。大型船舶制造能力主要集中在上海的沪东中华、江南和广州的广船国际等。中船重工集团拥有造船企业十家,分布在环渤海地区和长江中上游地区,其大型船舶制造能力主要集中在大连船舶重工和渤海造船重工。

在加工贸易出口中,2006 年以加工贸易方式出口的国有造船企业有 33 家,占总加工贸易的 83.9%。其中,前 10 家国有造船企业,占所有造船加工贸易的 58%,如表 6.1 所示。

表 6.1　中国船舶加工贸易出口前 10 的企业(2006 年)　(单位:%)

| 序号 | 企业名称 | 贸易方式 | 企业性质 | 加工贸易出口金额占比 |
|---|---|---|---|---|
| 1 | 中国长江航运集团对外经济技术合作总公司 | 进料加工 | 国有企业 | 11 |
| 2 | 大连船舶重工集团有限公司 | | | 9 |
| 3 | 沪东中华造船(集团)有限公司 | | | 9 |
| 4 | 江苏新世纪造船股份有限公司 | | | 5 |
| 5 | 浙江扬帆船舶集团有限公司 | | | 5 |
| 6 | 江南造船(集团)有限责任公司 | | | 5 |
| 7 | 广州文冲船厂 | | | 5 |
| 8 | 上海船厂 | | | 3 |
| 9 | 中国机械设备进出口总公司 | | | 3 |
| 10 | 江苏苏美达船舶工程有限公司 | | | 3 |
| 出口额前 10 的造船企业加工贸易出口额合计 | | | | 58 |

资料来源:中国海关总署,2006 年所有贸易主体的分布见本章附录二。

　　第二,从加工贸易方式看,采用进料加工贸易方式,国有造船企业掌握采购权。根据中国三大船型加工贸易出口的所有制结构和贸易方式分类,2000—2008 年间,中资进料加工贸易[①]始终占据主导地位,中外合资(合作)进料加工贸易居于其次。自 2005 年以来,外资进料加工贸易增长迅速。具体来看,2000 年中资进料加工贸易出口额占加工贸易总额的 80%,中外合资进料加工贸易出口额占比为 18%,而同期,基本没有外商独资企业的进料加工贸易出口。2008 年,中资进料加工贸易出口仍然以 72% 的占比居于主导地位。其中,国有企业占 60%,私营企业占 10%,集体企业占 2%。中外合资进料加工贸易出口额占比基本未变;同期,外资的进料加工贸易出口占比达到 9%。

　　由此可见,虽然外商独资企业加工贸易的增长一定程度上改变了船舶加工贸易出口的既有格局,但是,截至 2008 年,中国船舶加工贸易仍

---

　　① 中资企业包括国有企业、集体企业、私营企业。

然由国有企业主导的"中资独占"模式所控制,并且私营企业作为船舶加工贸易出口企业的作用正在不断加强。

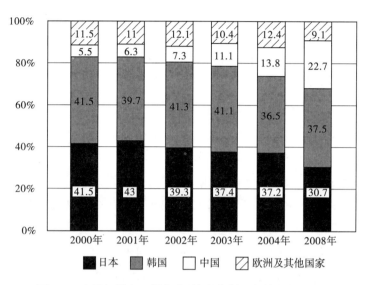

图6.3 中国船舶出口额占比(按所有制和贸易方式分类)

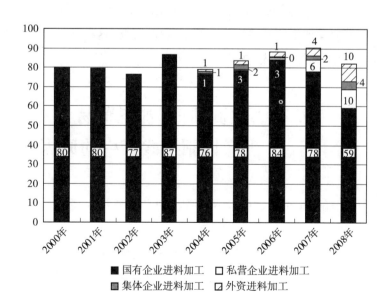

图6.4 主要所有制和贸易方式的出口额占比

根据笔者的调研,船舶加工贸易的采购权在企业之间略有不同。对于具有规模大、效率高、技术强等优势的造船厂,船东完全让渡船舶配套产品的采购权。具体而言,中国造船企业将所有船舶配套产品中最重要的30余种产品的采购清单以及被选项与船东协商。一般的,船东不会对采购清单有所异议。若船东对配套产品的采购有所指定,则船东需要另外付费。虽然,对于规模、效率、技术等优势不明显的造船厂,船东可能指定一部分核心配套产品,但总体而言,中方造船厂控制着大部分船舶料件的采购权。

第三,造船企业拥有自主的销售权。销售权方面,船东订货通常采取向各国造船厂公开招标,中资造船厂与船东之间以市场购买关系而非委托加工关系为主。不仅如此,大连船舶重工集团有限公司、沪东中华造船(集团)有限公司、江南造船(集团)有限责任公司、中国长江航运集团对外经济技术合作总公司等一大批国内外知名的造船厂,主要生产并销售其自有品牌。因此,在船舶加工贸易中,中资造船厂拥有自主销售权。

从上面三个方面的分析中可得出结论:以国有企业为主的中资企业,控制着船舶加工贸易的采购权和销售权,因此,这种加工贸易生产控制方式由"中方独占模式"主导。

# 6.4 "中资独占"加工贸易生产控制模式产生的原因

中国船舶加工贸易之所以由"中资独占"模式主导,原因包括以下几个方面。

第一,中方的技术能力有限。目前,中国船舶企业自主制造发动机等核心配套产品的能力比较欠缺。船舶产业的核心配套产品绝大部分依靠进口。截至2007年年底,中国造船产业的国产机电设备配套率不到50%。以柴油发动机为例,2008年,中国船舶用柴油发动机进口自日本和韩国的比重高达53%,而国内配套率仅为10%。因此,缺乏生产核心配套产品的技术是决定船舶企业采用加工贸易方式出口的主要因素。

第二,船舶产业模块化生产的程度。李永旺和姚寿广(2004年)将造船模块定义为:具有标准尺寸和标准件,且主要部件具有可选性的最终产品的预制单元。这种预制单元可以是结构功能单元或系统功能单元。由于模块中含有可选部件,因此可作局部修改,以满足船东的使用要求。实现造船模块化可以从船体结构和船舶舾装两个方面同时推进。船舶模块的特征是具有独立功能,具有完善的接口特性,互换性强,具有适用性、超前性和商品性。但是,从目前国内外模块化造船的实践来看,船舶制造业尚未形成以总装为主线,各类专业模块商外包制造船体建造、舾装、涂装和管件制造等部分的生产组织方式。模块化技术发展迟缓,直接影响到全球船舶产业的分段化生产程度。因此,船舶产业的生产特征在一定程度上决定了其加工贸易以"独占"模式为主的特点。

第三,船舶企业的资金壁垒。进入船舶产业所涉及的固定资本投入相当高,需要大量资金建造船坞、船台、厂房,购买设备,大型造船厂投资需要几十亿元、几百亿元,韩国的现代重工、大宇重工投资超百亿元,这使得进入企业必须具备较强的资金获得能力。从目前中国船舶制造企业的资金来源来看,虽然少数民营企业通过境外上市,或者引入境外投资人解决了融资难问题,但是总体而言,民营企业仍然较难获得国家政策和银行的资金支持。例如,从2007年颁布的《船舶科技发展"十一五"规划纲要》、《全面建立现代造船模式行动纲要(2006—2010)》以及《中华人民共和国船舶生产许可管理条例》等产业政策看,由于大型企业本身已经具备了文件中所需的各种条件,而中小企业在不具备足够竞争力的时候,后续又受到了诸多限制,所以国家仍然以扶持大型国有企业为主。因此,高固定资产投入和中小企业的融资难问题阻碍了中小民营企业进入船舶制造产业。

第四,政策因素。由于船舶产业的特殊性,中国对于外资企业在中国境内从事船舶制造仍然存在一定程度的限制。例如,由国防科工委和国家发改委联合发布的《船舶工业中长期发展规划》要求,新建造船(含分段)和船用低、中速柴油机及曲轴中外合资生产企业,中方持股比重不得低于51%,而且合资企业须建立技术中心,消化吸收外方转让的技术。

而外商投资建立产品研发机构和船用设备生产企业等不受股份比重的限制。因此,政策壁垒在一定程度上制约了外资企业从事整船制造。

综上所述,配套产品的自制能力、模块化分工程度较、市场进入壁垒、政策因素等,在不同程度上决定了中国船舶加工贸易以"中资独占"模式为主的特点。

# 6.5　本章结论

基于船舶加工贸易在加工贸易出口规模、贸易主体,以及生产控制模式方面的典型性,这种以国有企业主导的"中方独占"的加工贸易模式成为本报告关注的典型行业之一。中国加工贸易生产控制模式是全球船舶产业生产组织方式的组成部分。通过对全球船舶产业生产组织方式和中国船舶加工贸易生产控制模式的分析,我们发现截至目前,全球整船制造仍以一体化生产方式为主,中国船舶加工贸易则以"中资独占"模式为主。这种"中资独占"加工贸易模式的特点在于,贸易主体并非从事 OEM 或者 ODM 的代工企业,而是掌握销售权的经营实体。影响这种加工贸易生产控制模式的主要因素包括:模块化分工程度、市场进入壁垒、政策因素,以及配套产品的自制能力等。

**参考文献**

邓立治、何德、何维达:《中国船舶产业国际竞争力研究》,《现代管理科学》2009 年第 2 期。

刘希宋、崔立瑶:《船舶工业市场结构特征研究》,《工业技术经济》2002 年第 1 期。

李永旺、姚寿广:《船舶舾装模块化设计与制造的现状及发展方向》,全球化制造高级论坛暨 21 世纪仿真技术研讨会,2004 年。

李永旺、姚寿广、陈宁:《船舶模块化设计与制造的现状及发展方向》,《江苏船舶》2005 年第 3 期。

孔凡凯、张家泰、钟宇光:《船体分段模块装配工艺决策研究》,《海军工程大学学报》2005 年第 5 期。

吴锦元:《中国船舶制造技术发展战略的选择》,《船舶经济贸易》2001 年第 2 期。

Antràs, Pol, and Elhanan Helpman, 2004. "Global Sourcing," *Journal of Political Economy*, 112（3）, 552–580.

Ari Van Assche, 2008. "Mdularity and the organization of nternational production," *Japan and the World Economy*, 353. 368.

Feenstra, Robert C., 1998. "Integration of Trade and Disintegration of Production in the Global Economy," *Journal of Economic Perspectives*, 12（4）, 31–50.

**附表 6.1　船舶产业主要船型加工贸易出口额分布**（按所有制和贸易方式分类）

（单位:%）

| HS 编码 | 年份 | 国有企业 | 集体企业 | 私营企业 | 中资进料合计 | 中外合资企业 | 中外合作企业 | 中外资合作进料合计 | 外商独资企业进料加工 | 国有企业 | 集体企业 | 私营企业 | 中资来料合计 | 中外合资企业 | 中外合作企业 | 中外资合作合计 | 外商独资企业来料加工装配贸易 | 3个HS编码加工贸易出口金额总计 |
|---|---|---|---|---|---|---|---|---|---|---|---|---|---|---|---|---|---|---|
| | | | | | | 进料加工 | | 进料加工 | | | 来料加工装配贸易 | | | 来料加工装配贸易 | | | | |
| 89012011/21/41 | 2000 | 80.09 | 0 | 0 | 80.09 | 19.6 | 0 | 19.6 | 0 | 0 | 0.13 | 0 | 0.13 | 0 | 0 | 0 | 0 | 100 |
| 89012011/21/41 | 2001 | 79.78 | 0 | 0.05 | 79.83 | 18.09 | 2.1 | 20.19 | 0 | 0 | 0.01 | 0 | 0.01 | 0 | 0 | 0 | 0 | 100 |
| 89012011/21/41 | 2002 | 76.71 | 0.04 | 0 | 76.75 | 19.2 | 4.01 | 23.21 | 0 | 0 | 0.04 | 0 | 0.04 | 0 | 0 | 0 | 0 | 100 |
| 89012011/21/41 | 2003 | 86.71 | 0.04 | 0.05 | 86.8 | 10.19 | 2.95 | 13.14 | 0 | 0 | 0.01 | 0 | 0.01 | 0 | 0 | 0 | 0 | 100 |
| 89012011/21/41 | 2004 | 76.29 | 1.22 | 0.8 | 78.31 | 18.76 | 2.26 | 21.02 | 0.74 | 0 | 0.02 | 0.07 | 0.09 | 0 | 0 | 0 | 0 | 100 |
| 89012011/21/41 | 2005 | 78.32 | 2.62 | 0.73 | 81.67 | 14.69 | 1.97 | 16.66 | 1.96 | 0 | 0.01 | 0 | 0.01 | 0 | 0 | 0 | 0 | 100 |
| 89012011/21/41 | 2006 | 83.95 | 0.49 | 1.23 | 85.67 | 10.95 | 0.59 | 11.54 | 2.84 | 0 | 0.06 | 0 | 0.06 | 0 | 0 | 0 | 0 | 100 |
| 89012011/21/41 | 2007 | 77.91 | 2.03 | 6.49 | 86.43 | 8.03 | 1.32 | 9.35 | 3.69 | 0 | 0.18 | 0.17 | 0.35 | 0 | 0 | 0 | 0.1 | 100 |
| 89012011/21/41 | 2008 | 59.34 | 3.82 | 9.62 | 72.78 | 17.83 | 0.35 | 18.18 | 9.53 | 0 | 0.11 | 0 | 0.11 | 0 | 0 | 0 | 0 | 100 |

注:HS 码说明,89012011 为载重量不超过 10 万吨的成品油船,89012021 为载重量不超过 15 万吨的原油船,89012041 为容积不超 2 万立方米的液化天然气船。

资料来源:中国海关总署 2000—2008 年数据。

# 第七章 民营企业加工贸易独占方式

## ——以光伏企业为例

**【本章摘要】**

光伏太阳能作为一种可永久利用的清洁能源,有着巨大的开发应用潜力。中国太阳能光伏生产已经有 20 多年历史,但是真正规模化生产是在 2003 年以后。民营企业通过在海外市场陆续上市融资,在发达国家设立研究机构,在国内形成生产基地,产品通过自己的网络销售到发达国家。中国光伏企业在光伏产业价值链中主要是制造电池片和光伏组件。由于在光伏上游多晶硅环节缺乏生产能力,因而生产电池片和光伏组件需要进口料件,同时光伏发电成本高使光伏产品主要出口到发达国家市场,这样就形成了加工贸易生产方式。这种商业模式使以民营企业为主体的光伏产品制造商不仅拥有料件的采购权,而且拥有产品的销售权和自主品牌,因而当国内具有料件的供应能力和产品的消费能力时,加工贸易可以转换成一般贸易或者为国内市场提供产品的能力。光伏企业的加工贸易控制权掌握在民营企业手中,但是受到上游多晶硅原料环节和出口国市场的影响,我们用学习曲线计量模型和尚德公司个案两个方面进行了分析,分析结果表明:上游多晶硅料件成本对光伏加工贸易企业的影响最大。

# 7.1 引言

光伏技术是通过半导体材料直接将太阳能转变为电能,目前使用半导体的基本材料是多晶硅,其可被制成单晶硅棒,再通过进一步切片加工而制成 IC 级单晶硅抛光片,来生产电池片和光伏组件。

中国太阳能光伏生产已有 20 多年历史,但是真正进入规模化生产阶段是在 21 世纪以后,以无锡尚德电力有限公司为代表的公司,通过在海内外市场上市,以发达国家作为研发和原料基地,在国内形成规模化生产方式进行制造加工,将产品出口到以欧洲为主的市场。

之所以将光伏企业的加工贸易作为一种生产控制方式进行研究,主要基于以下三个方面的因素。第一,光伏太阳能作为一种可永久利用的清洁能源,有着巨大的开发应用潜力,但同时存在高风险。国际能源署(IEA)预测到 2020 年世界光伏发电的发电量将占总发电量的 2%,2040年将占总发电量的 20%—28%[1]。中国是世界上最大的光伏产品生产国之一,国际光伏市场的快速发展对中国光伏企业的成长具有重要意义。但同时,同任何高技术产业一样,光伏产品在技术、制造和市场等方面存在着风险,具体表现在:一是国际上的硅材料和制造装备主要掌握在少数几家国外跨国公司手中,中国企业对这些产品的需求大量依赖进口来满足。二是同其他发电原料相比较,光伏发电成本高。据估计,国际上目前光伏发电成本高出其他燃料发电 1—2 倍,中国要到 2030 年左右光伏发电才能达到同常规电价相竞争的水平。三是光伏发电进入发电网路系统不仅技术上存在障碍,而且不同发电燃料之间存在着利益冲突。

第二,在中国目前的高技术产品加工贸易中,绝大多数加工贸易是跨国公司通过外国直接投资在中国从事最终产品的组装和低附加值产品段的制造,企业性质以独资企业为主,产品的销售也掌握在跨国公司母公司手中,而且这类产品在中国高技术加工贸易中占绝对的比重。但从事光伏产品的生产企业以国内企业为主,这些企业拥有独立的研发、

---

[1] 欧盟联合研究中心(JRC)预测到 2030 年可再生能源在总能源结构中将占到 30% 以上,太阳能光伏发电在世界总电力的供应中将达到 10% 以上;2040 年可再生能源在总能源结构中将占 50% 以上,太阳能光伏发电将占总电力的 20% 以上;到 21 世纪末可再生能源在能源结构中将占到 80% 以上,太阳能光伏发电将占到 60% 以上。资料来源:李俊峰、王斯成等著:《中国光伏发展报告——2007》,中国环境科学出版社 2008 年版,第 40 页。

采购和销售权,通过料件的进口生产太阳能光伏产品,出口到以德国为主要市场的发达国家,这是 21 世纪以来中国在高技术加工贸易中出现的新型加工贸易方式,对研究中国加工贸易企业生产控制方式、加工贸易的转型以及贸易方式的转变具有重要的现实意义。

第三,相对其他行业的高技术加工贸易,中国光伏产品生产企业已经在世界上具有一定的国际竞争力。2008 年,中国已经成为光伏组件最大的生产国,占世界产量的 32.9%,而且排名前 10 家的光伏企业都在国外上市,这同内资加工贸易企业规模小、技术落后形成了鲜明的对照。

国内对光伏产业的研究还处于开始阶段,郑照宁、刘德顺(2005 年)研究了光伏组件价格和产品学习曲线之间的关系,他们用学习曲线模型估计了不同最低价格情景下中国光伏组件的学习率,通过分析光伏组件的学习率与最低价格的关系,发现中国光伏组件的学习率在 22%—34% 之间①。张岩贵、陈晓燕(2009 年)从整合生产开发策略和整合供应链策略的角度以日本夏普公司、中国尚德公司和德国 Q-Cell 公司三家世界主要的太阳能光伏产品供应商为例,分析企业在技术研发和上下游供应链整合上的策略。他们认为,不管三家公司采取何种策略,光伏企业在研发方面面临着三个最关键的问题:一是减低光伏产品生产过程中的材料耗损;二是改善光伏产品的光电转换效率;三是研发新的光伏发电技术。同时,在整合供应链策略方面,面临着与最终用户之间在产权和控制方面的问题②。

国外对光伏产业的研究从 20 世纪 80 年代就开始了,从经济学角度看,它们主要研究光伏产业的市场进入壁垒问题。布朗(Brown)认为作为一种新能源,光伏发电行业存在着市场失灵现象,表现为做出能源使用决策的是消费者的代理者而不是消费者本人,没有反映消费者的最大利益,能源消费产生的负外部性(例如污染)对价格机制的影响以及消费

---

① 郑照宁、刘德顺:《中国光伏组件价格变化的学习曲线模型及政策建议》,《太阳能学报》第 26 卷第 1 期,2005 年 2 月。
② 张岩贵、陈晓燕:《从日、德、中光伏产业看跨国公司的整合策略》,《国际经济合作》2009 年第五期。

者利益的影响①。福克斯恩等人（Foxon et. al.）认为从实验项目到商业化之间存在着许多障碍,例如规模化之前资金的匮乏,大规模生产和早期商业化下技术人员的短缺,而这些人员同实验室的技术人员是完全不同的,以后从早期商业化到完全商业化之间存在着技术风险、市场风险和体制风险②。富克斯（Fuchs）和阿伦森（Arentsen）从技术标准角度分析了再生能源电力生产方面存在的壁垒,认为再生能源发电系统与传统发电系统的整合比较困难,从使用者的角度看消费者消费模式的转变也比较困难,因各家庭群体的消费方式不同,早期的消费者存在着网络外部性③。香农·格雷厄姆（Shannon Graham）在描述了光伏商业模式演变的基础上探讨了未来可能出现的商业模式:一种是最终端用户完全拥有发电设施和系统;第二种是第三方机构或者公共事业部门参与拥有发电设备和相关网络,提供资金渠道和相关服务;第三种是光伏系统和传统发电系统完全"一体化",各种利益相关主体之间的利益得到平衡,实现充分商业化④。

无论国内文献还是国外文献,很少涉及光伏产品的国际贸易研究,本章的研究框架是:第二节分析光伏发电产业价值链,第三节分析中国光伏企业加工贸易的控制方式,第四节用学习曲线模型分析影响光伏企业加工贸易生产控制方式的因素,第五节是总结。

# 7.2　光伏发电产业价值链

光伏发电产业价值链主要包括:多晶硅原材料的制造,多晶、单晶硅

---

① Brown, M. A. , November 2001. "Market Failures and Barriers as a Basis for Clean Energy Policies," *Energy Policy* (29:14), pp. 1197-1207.

② Foxon, T. J. Gross, R. Chase, A. Howes, J. Arnall, A. Anderson, D. , November 2005. "UK Innovation Systems for New and Renewable Energy Technologies: Drivers, Barriers and Systems Failures," *Energy Policy*, 33:16, pp. 2123-2137.

③ Fuchs, D. A. Arentsen, M. J. , May 2002. "Green Electricity in the Market Place: The Policy Challenge," *Energy Policy*, 30:6, pp. 525-538.

④ Shannon Graham, Ryan Katofsky, Lisa Frantzis, and Haley Sawyer, 2008. *Future of Grid-Tied PV Business Models: What Will Happen When PV Penetration on the Distribution Grid is Significant?* http://www.nrel.gov/docs/fy08osti/42985.pdf.

片的生产,太阳能电池片①的制造,电池组件的封装,以及光伏发电系统等环节,如图7.1所示。

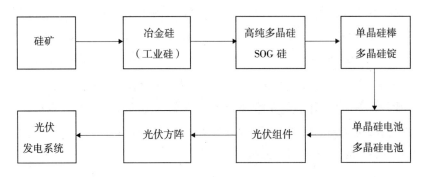

**图7.1　光伏发电产业链**

　　根据不同产品的制造技术和商业关系,我们将光伏发电产业链分为上、中、下游三个环节。上游环节为原料环节,主要是从硅材料的处理,到形成单晶硅棒和多晶硅锭;中游环节是制造和组装环节,主要是单晶硅电池、多晶硅电池和光伏组件的制造,形成光伏方阵;下游为光伏发电系统环节,与最终用户之间的商业关系。

　　上游环节的产品为多晶硅,是生产光伏电池和组件最为关键的原材料。多晶硅生产技术是光伏产业价值链中的核心技术,该产品技术主要采用改良西门子法,即以氯气和氢气合成氯化氢,氯化氢和金属硅在一定的温度下合成三氯氢硅,然后对三氯氢硅进行分离精馏提纯,提纯后的三氯氢硅在氢还原炉内进行 CVD 反应生产多晶硅②。由于上游环节的技术和资本壁垒很高,因而世界多晶硅市场基本被十大企业垄断,它们中的多数企业既是化工联合企业,也是半导体联合企业。特别是前四家,分别是美国的 Hemlock 和 SGS、德国的 Wacker、日本的 Tokuyama 公司,这四家公司用于太阳能光伏发电的多晶供应量占全世

---

　　①　太阳能电池分为硅基太阳能电池、薄膜太阳电池和新型太阳电池三种。其中,晶硅太阳能电池光电转换效率较高,占市场份额的 90% 以上。所以,我们这里只讨论晶硅太阳能电池。

　　②　除了改良西门子法外,还包括硅烷法——硅烷热分解法(美国 Asimi 和 SGS 公司采用的技术),流化床法(FBR)(Wacker 和 MEMC 公司采用的技术)。

界的 60% 左右。尽管中国和世界其他国家在 2005 年以后，多晶硅生产企业的数量在增加，但是，主要生产能力还是控制在该前十家供应商手中。

相比上游多晶硅原材料市场来说，中游制造链节的技术和必要资本壁垒相对低一些，因而竞争更激烈。如前面所述，这一环节主要涉及的是将多晶硅锭或单晶硅棒切割成不同大小和规格的硅片，并对其进行深加工，即通过掺杂微量元素、扩散和置入电极生产成电池，后经 11 大程序进一步加工成电池组件①。在光伏电池片和光伏组件生产中，电池片的技术要求相对光伏组件高，生产所需的技术要求较高，初始投资成本也较大。

2000 年以后，由于发达国家积极推出各种新能源政策，因而生产光伏组件的企业大幅度增加，特别是中国的企业，到 2008 年已经增加到 734 家。

表 7.1　世界光伏发电产业链不同环节的企业数量　　（单位：家）

| 年份 | 硅料 | 硅片 | 电池片 | 光伏组件 |
| --- | --- | --- | --- | --- |
| 2005 | 10 | 30 | 70 | 200 |
| 2008 | 49 | 177 | 196 | 734 |

资料来源：根据易恩孚咨询公司相关年份数据整理。http://www.enf.com.cn/ch/。

光伏应用系统还没有成型，可能的演变趋势见表 7.2。

---

　　① 电池片的制造，简单讲就是一个对硅片的深加工过程。首先要在硅片上掺杂和扩散，一般掺杂物为微量的硼、磷、锑等；扩散是在石英管制成的高温扩散炉中进行。这样就在硅片上形成 P>N 结。然后采用丝网印刷法，将银浆印在硅片上做成栅线，经过烧结，同时制成背电极，并在有栅线的那面涂覆减反射源，以防大量的光子被光滑的硅片表面反射掉。因此，单晶硅太阳能电池的单体片就制成了。

表 7.2  光伏商业模式的演化

| 第 0 代(光伏系统供应) | 第 1 代(第三方所有和运营) | 第 2 代(完全一体化) |
|---|---|---|
| 商业模式聚焦于生产、供应和光伏系统的安装<br>终端用户是所有者<br>大部分公共事业部门是被动地提供净计电价方式和标准化/简化的互联,但其他不受影响。 | 由发展项目和拥有光伏系统的第三方驱动的商业模式,导致:<br>对终端用户来说,复杂和困难降低<br>金融渠道丰富<br>现有的动机结构改变(特别是商业建筑的应用方面)<br>随着光伏市场份额的增长,公共事业部门的角色逐步简化 | 商业模式允许 PV 成为电力供应和配置型基础设施中不可分割的一部分<br>商业模式出现不同特征:<br>产权<br>运营<br>控制<br>随着 PV 成为主要考虑的供应方式,公共事业部门进一步参与其中<br>PV 产品供应链普及化 |

资料来源:Shannon Graham, Ryan Katofsky, Lisa Frantzis, and Haley Sawyer, 2008. *Future of Grid-Tied PV Business Models: What Will Happen When PV Penetration on the Distribution Grid is Significant?* http://www.nrel.gov/docs/fy08osti/42985.pdf.

这里的第 0 代光伏商业模式是:终端用户不但要独立地为光伏系统的购买、安装和日常维护提供充足的资金支持,而且要自主负责管理绝大部分的安装过程。这种模式是终端用户完全意义上的拥有 PV 系统,造成 PV 系统只能局限于被相对少部分人(即那些致力于光伏的环境、能源安全和自身利益的先驱者)所使用。目前,世界光伏产业正偏离早期的运行方法,已经进入了第 1 代商业模式,在这种商业模式中,由于第三方机构的出现,金融渠道越来越丰富,同时,公共事业部门提供的服务得到简化,显得更加市场化,使 PV 系统更具有吸引力并拥有更广大的市场群体,进入了所谓的早期主客户分类时期(early adopter customer category)。而第 2 代商业模式尚未出现,它强调光伏系统合并到输电网络的"一体化"过程,这不但对配电和智能等技术、国家政策和相关监管制度提出考验,也将出现由 PV 系统产权、运营和控制等方面权利在不同利益相关者①间的不同配置而导致的不同特征,可以确定随着新兴的技术和管理方法的应用,将使这种"一体化"更加可行和有价值,PV 相关产

---

① 这些利益相关者包括:终端用户、光伏系统拥有者、公共事业部门、趸售发电业者、监管部门和电力传输公司等。

品供应链和服务将更加完善。

# 7.3 中国光伏企业加工贸易控制方式

在全球光伏发电价值链中,中国的光伏企业绝大部分处在制造环节,即集中于硅片(单晶硅片和多晶硅片)、太阳能电池片和组件的生产环节。根据企业生产环节的不同,我们可将这些企业大致分为两种:一种为"一体化"模式,即这类企业的生产环节覆盖全部三个生产环节,一般是和国外的原料供应商签订硅料的进口合同,利用从国外进口的先进设备,自主加工硅料,生产单晶或多晶硅片,进而生产电池片和组件再出口到国外;另外一种是从事相对少的生产环节,即这类企业只从事某个环节的专业生产,从国外进口硅料,并从事硅片的专业生产进而销往国内外下游企业,也可以是从国内外上游企业采购硅片,而本身只进行电池片和组件的生产,进而销售给国外的客户。从总体上看,中国大部分企业属于后一种模式,且中国光伏行业具有以下两个明显特点:一是中国光伏企业生产的产品主要出口到欧盟发达国家。这是因为同其他发电方式相比较,光伏发电需要的成本高,国内市场很少使用,而欧美等发达国家通过补贴等手段鼓励光伏发电的发展,因而成为光伏产品最主要的出口市场。目前,中国90%的光伏产品出口到欧美市场。二是中国光伏制造企业大都采用进料加工贸易的方式,这主要是因为光伏产品的制造和组装方式符合加工贸易的生产方式。从料件看,作为太阳能光伏制造的源头,多晶硅材料的供应在1998年之前主要来自半导体产业产生的废料,之后,原半导体工业多晶硅供应商才开始将过剩产能转向供应于太阳能电池产业。在这个基础上,主要的八大厂商基本上垄断了全球多晶硅料产业,而国内至今缺乏这方面的核心技术和大规模生产能力,故而生产电池片的主要原料被国外少数企业控制,加工电池片和光伏组件需要的相关料件和设备也都需要进口。

2005年以来,随着国内技术能力的提高,中国多晶硅的生产企业和产量在不断增加,光伏企业开始使用国内的料件,因而中国电池和组件的一般贸易比例在逐步增加。到 2007 年,中国电池和组件采用一般贸易出口的比重上升到 26.34%。这说明,由于国内民营企业的销售和采购权掌握在自己手里,一旦国内具有料件生产能力,这些企业可以灵活改变贸易方式,变加工贸易为一般贸易。

从目前中国光伏企业的所有制情况看,电池片生产企业以民营企业为主,占企业总数的 61.25%,光伏组件民营企业所占份额相对更高,占76.77%。光伏企业性质并不仅仅表现为企业数量上民营企业占比较高的比重,更表现为中国前 10 家光伏企业中 1 家是国有企业,1 家是合资企业外,其余 8 家都是民营企业。2008 年,这 8 家企业产量占全国总产量的 74%。

表 7.3　中国电池和组件在各种贸易方式下的出口量及其占比

（单位:万美元、%）

| 年份 | 一般贸易 | 来料加工装配贸易 | 进料加工贸易 | 加工贸易小计 | 贸易总计 |
|---|---|---|---|---|---|
| 2000 | 1085.79 (6.10) | 4627.37 (26.00) | 11673.28 (65.58) | 16300.65 (91.57) | 17800.98 (100) |
| 2001 | 831.80 (4.96) | 4347.33 (25.90) | 10500.15 (62.56) | 14847.48 (88.46) | 16784.71 (100) |
| 2002 | 1180.63 (5.31) | 5473.22 (24.62) | 13131.35 (59.07) | 18604.57 (83.69) | 22229.13 (100) |
| 2003 | 2848.74 (8.65) | 5776.69 (17.54) | 21225.39 (64.45) | 27002.07 (81.99) | 32933.94 (100) |
| 2004 | 6880.14 (10.69) | 13472.98 (20.92) | 39137.79 (60.78) | 52610.77 (81.71) | 64388.32 (100) |
| 2005 | 24533.04 (19.49) | 14396.75 (11.44) | 81114.07 (64.45) | 95510.83 (75.89) | 125859.01 (100) |
| 2006 | 57622.96 (23.41) | 19502.45 (7.92) | 160495.44 (65.20) | 179997.89 (73.12) | 246163.71 (100) |
| 2007 | 138262.19 (26.34) | 27984.01 (5.33) | 345134.89 (65.75) | 373118.90 (71.08) | 524905.92 (100) |
| 2009 | 359336.89 (37.59) | 37001.12 (3.87) | 519321.08 (54.32) | 556322.20 (58.19) | 955962.49 (100) |

资料来源:中国海关总署相关年份的数据。括号内的数据为比重数据。

表7.4　中国光伏企业数目（按照地区和所有制性质划分）（2008年）

（单位:家）

| 地区 | 电池片 | | | 光伏组件 | | |
|------|--------|------|------|--------|------|------|
| | 民营企业 | 合资企业 | 独资企业 | 民营企业 | 合资企业 | 独资企业 |
| 江苏 | 12 | 3 | 7 | 52 | 7 | 12 |
| 浙江 | 15 | 4 | 2 | 45 | 5 | 6 |
| 上海 | 4 | 2 | 3 | 17 | 6 | 2 |
| 北京 | 4 | 1 | 0 | 10 | 1 | 0 |
| 深圳 | 1 | 0 | 1 | 23 | 0 | 0 |
| 其他 | 13 | 4 | 4 | 48 | 8 | 12 |
| 合计 | 49 | 14 | 17 | 195 | 27 | 32 |

资料来源:根据易恩孚咨询公司相关年份数据整理。http://www.enf.com.cn/ch/。

　　这些光伏企业的基本特征是:第一,成立的时间短,但通过以国外资本市场为主要融资渠道,企业规模迅速扩张。在中国前十大光伏企业中,有9家在美国纽约证券交易所上市。上市前后的规模相差很大。例如尚德公司2005年的资产只有4.82亿美元,但2006年达到10.98亿美元,2004年销售收入只有8500万美元,到2008年达到19.24亿美元。(参见本章附录一。)因此,无论是电池片还是光伏组件,中国光伏产品出口基本上被10家在欧美上市的公司垄断。第二,这些企业大部分是民营企业,但是为了获得税收等方面的优惠,都是在开曼群岛或者英属维尔京群岛设立公司。因此,表现在海关统计上看,这十大企业的所有制性质表现为外商独资企业,而实际上是民营高技术企业,属于中方控制的加工贸易方式。第三,中国光伏企业的加工贸易主要通过两种方式:一是进口国外的多晶硅料,将其加工生产成纯度更高的多晶硅锭或者单晶硅棒,将单晶硅棒或多晶硅锭切割生产成不同厚度和大小的硅片,代表企业是中国的江西塞维LDK太阳能高科技有限公司;二是进口国外高标准的硅片,通过加工生产成高转化效率的太阳能电池和组件,代表企业是中国的无锡尚德太阳能电力有限公司。但不管属于哪种产品的加工贸易,都采用了进料加工贸易方式,这些企业不仅具有中方控制的所有权以及独立的采购权,而且拥有自主的知识产权和研发能力以及销售权。在研发方面,国内大企业将基础研发放在发达国家,设计放在国内;在销售方面,它们拥有独立的销售权,并建立了自己的销售网络。

表7.5　中国加工贸易生产控制方式(2006年) (单位:万美元)

| 企业 | 料件产品 | 采购权 | 进口额 | 加工产品 | 产成品 | 销售权 | 出口额 |
|---|---|---|---|---|---|---|---|
| 无锡尚德 | 单晶硅片 | 有 | 1068.99 | 单晶硅棒<br>单晶硅片 | 组件 | 有 | 37605 |
| 天威英利 | 多晶硅 | 有 | 13211.46 | 单晶硅棒<br>单晶硅片 | 组件 | 有 | 18341.86 |
| 天合光能 | 多晶硅<br>电池片 | 有 | 5751.22 | 单晶硅棒<br>单晶硅片 | 单晶硅片<br>组件 | 有 | 13463.26 |
| 江苏 CSI | 多晶硅料<br>电池片 | 有 | 4096.26 | 单晶硅棒<br>单晶硅片 | 多晶硅锭<br>组件 | 有 | 3968.64 |
| 江苏林洋 | 单晶硅棒 | 有 | NA | 单晶硅棒 | 组件 | 有 | 5845.95 |
| 江西赛维 | 多晶硅料 | 有 | 1592.46 | 单晶硅棒<br>单晶硅片 | 多晶硅锭<br>硅片 | 有 | NA |
| 浙江昱辉 | 多晶硅料<br>单晶硅片 | 有 | 803.01 | 单晶硅棒<br>单晶硅片 | 单晶硅片<br>组件 | 有 | 197.2063 |

注:NA 表示数据缺失。
资料来源:根据中国海关总署 2006 年的数据整理而得。其中,江苏 CSI 没有加工贸易进口数据,而江西塞维没有加工贸易出口数据。

因此,从总体上看,中国光伏主要企业从统计年鉴上看企业性质尽管被视作为外商独资企业,而实际上是民营高技术企业,它们不仅拥有采购权,而且拥有销售权,因而是中方独占的加工贸易生产控制方式。

# 7.4　光伏企业生产控制方式的影响因素

中国光伏企业的主要业务是加工进口的单晶硅棒或多晶硅锭,经多道工序生产电池片,并最终组装成电池组件,再出口到国外。对照海关的加工贸易统计标准,这种业务涉及从单晶硅棒到 IC 级单晶抛光片的加工贸易,只不过这些企业利用加工后的原料进一步将其生产成电池或者组件等最终光伏产品。这种加工贸易生产控制方式下的利益得失,在市场需求量不变和产品价格稳定的情况下,直接取决于这些企业加工贸易活动过程中的生产成本,即生产电池组件的成本,以及降低成本的速度快慢。制造成本降低的绝对量和速度,决定了企业产品的价格及其市场竞争力,在这方面做得最好的是美国的 Firstsolar 公司,其在 2004 年开始投产光伏组件,到 2008 年为止生产量增长了 2500%,这一期间它的生产成本下降 2/3,到了每瓦 1 美元的全球最低成本价。然而,决定成本下降的驱动因素很多,主要包括:新技术的开发和应用,不但提高了组件的光电转换效率,又可降低硅片使用厚度,从而硅料使用量大幅下降,在硅料价格不变的条件下,成本自然得到下降;生产规模不断扩大和自动化程度持续提高也是重要手段。

国际上的很多学者,如麦克唐纳(McDonald A.)等人的研究成果都指出,学习曲线模型可以用来研究光伏发电、风力发电等新能源行业的发展,解释生产过程中内生的技术进步和外生政策的扶持效应。而从现实上看,光伏组件是决定光伏发电系统成本的主要因素,占到光伏发电成本的 60% 左右,因而可用学习曲线来描述中国光伏企业生产成本的总体下降趋势,从而考察这类企业生产控制方式的影响因素。学习曲线模型的基本思路是:一方面,在生产活动过程中,"经验"的积累,可表现为生产技术进步和工艺的完善,人力资本在组织、管理和其他工作技能方面的提高等,会使生产成本不断下降;另一方面,需求市场的扩大,引起生产规模的相应扩大,形成规模经济效应,从而降低成本。一般的,"经验"积累和生产规模主要用累计生产量来表示,而在市场经济下,成本的高低可由市场交易价格来近似反映。从学习率的估算结果上看,Harmony 估计国际光伏组件的学习率为 20%,Mycock 和 Wakefield 估计的美国光伏板的学习率为 22%,国际能源署估计的欧盟光伏组件的学习率是 21%;国内学者郑照宁和刘德顺所估计的中国光伏组件的学习率在最低价格在零附近的学习率也在 22% 左右(郑照宁、刘德顺,2005)。

基于学习曲线模型,考虑到在中国现实情况中进口原材料的价格对中国光伏产品的价格影响很大。因此,在本章中的计量模型中,光伏产品的价格是累计生产量和前向原料成本的函数,形式为:

$$P(t) = P_0 q(t)^{-b} C(t)^d e^{u(t)} \tag{7.1}$$

其中，$P(t)$ 是时间 t 时的单位峰瓦（Wp）光伏产品的价格，$q(t)$ 是光伏电池的累积产量，$-b$ 是累计生产量对单位峰瓦光伏产品价格的弹性，$C(t)$ 是进口原料的成本，用单位价格来反映，$u(t)$ 是其他随机干扰因素。价格的下降率，即技术进步率（PR）和学习率（LR）是由 $b$ 决定的，表示为：

$$PR = 2^{-b} \qquad (7.2)$$

$$LR = (1 - PR) \qquad (7.3)$$

因而，若 PR = 0.8，则意味光伏产品累计产量增加 1 单位，投资成本下降为原来的 80%，学习率为 20%。为统计上方便，将（7.1）式两边取对数，得

$$\ln P(t) = \ln P_0 - b\ln q(t) + d\ln C(t) + u(t) \qquad (7.4)$$

另一方面，主要原料的进口价格也受到中国当年电池和组件产量的影响，故有

$$\ln C(t) = r_0 + r_1\ln(q(t) - q(t-1)) \qquad (7.5)$$

将（7.5）式代入（7.4）式，得

$$\ln P(t) = \ln P_0 + r_0 d - b\ln q(t) + r_1 d_1\ln(q(t) - q(t-1)) + u(t)$$

$$(7.6)$$

数据的选取和处理：中国光伏电池组件的累积产量数据很难收集，由于中国光伏企业主要覆盖在硅片到电池组件的生产加工环节，生产的电池大部分被继续加工成组件，进而出口，所以这里我们用中国电池产量代替光伏组件的产量；同时，由于德国光伏市场在全球的主导地位，中国光伏企业的大部分产品出口到欧洲，所以，我们将德国市场的光伏组件价格作为中国光伏组件的出口价格；最后，我们将单晶硅棒作为主要的进口原料。采用 Eviews 计量软件对（7.5）式和（7.6）式分别进行参数估计和检验，得到的结果如下：

$$\ln\bar{C}(t) = 4.41 + 0.166\ln(\bar{q}(t) - \bar{q}(t-1))$$

$$(33.06)*** (4.837)***$$

$$R^2 = 0.6802 \quad \bar{R}^2 = 0.6512 \quad DW = 2.072$$

$$\ln\bar{P}(t) = 2.072 - 0.369\ln\bar{q}(t) + 0.234\ln(\bar{q}(t) - \bar{q}(t-1))$$

$$(11.735)***(-3.813)***(3.005)**$$

$$R^2 = 0.866 \ \bar{R}^2 = 0.839 \ DW = 1.715$$

其中:*** 表示显著性为1%水平,** 表示显著性在5%水平。

这里的进步率为 $2^{-b} = 2^{-0.36916} = 0.774$,学习率达到 22.6%,这意味光伏产品累计产量增加1单位,所投资成本下降为原来的 77.4%,节约了 22.6%。

由 $r_1d = 0.234$,$r_1 = 0.166$,得 $d = 1.41 > b = 0.369$。可知,相比由累计产量增加所代表的技术进步、生产效率的提高和生产规模化所带来的产成品成本变动,上游原材料成本影响实际上更大。这说明,在终端市场需求量不变和电池组件价格稳定的情况下,在过去的十年左右,原材料成本变动对中国光伏企业贸易利益的影响远大于技术和规模化所带来的影响。由于2000年以来原材料价格上升主要是因为对多晶硅需求的大幅度上升引起的,而国外的供应商控制了多晶硅的供应。因此,中国光伏企业生产受到影响的主要因素是上游供应商的原材料价格波动和国外公司对生产的控制。尽管中国有些企业通过上游环节的投资生产多晶硅,但是无论从规模上看,还是质量上看,同国外同类供应商的差距还是很大,目前还基本上处于进口阶段。

# 7.5 本章结论

光伏企业之所以采用加工贸易方式,是因为国内提供的料件相对而言数量少、质量不高,同时,国内光伏产品发电的成本大大高于其他燃料,因而产品主要出口到发达国家。这样光伏企业就形成了两头在外的加工贸易生产方式。但随着国内料件供应能力的上升,在中国出口的光伏产品中加工贸易的比重有所下降。

目前中国光伏产业主要以民营企业为主,特别是具有影响力的光伏企业,它们通过在国外资本市场融资和设立研发机构,形成了独立的生产经营实体,这些企业不仅具有独立的采购权,而且拥有销售权,因而从加工贸易角度看,是中方独占的生产控制方式。

光伏产品贸易的利益分配主要受到料件成本和出口价格两个方面的影响,从我们的分析看,光伏价值链中上游原材料成本对光伏企业的影响更大。

**参考文献**

国金证券行业研究报告:《全球视角的多晶硅行业分析之二——传统多晶硅大厂分析:扩产、盈利、成本、新技术》,2008 年。参见 http://img. hexun. com/2008-01-10/102737017. pdf。

李俊峰、王斯成等:《中国光伏发展报告——2007》. 中国环境科学出版社 2008 年版,第 2—40 页。

张岩贵、陈晓燕:《从日、德、中光伏产业看跨国公司的整合策略》[J],《国际经济合作》2009 年第 5 期。

郑照宁、刘德顺:《中国光伏组件价格变化的学习曲线模型及政策建议》[J],《太阳能学报》2005 年 26(1)。

Foxon, T. J. , Gross, R. , Chase, A. , Howes, J. , Arnall, A. , and Anderson, D. , 2005.

"UK Innovation Systems for New and Renewable Energy Technologies: Drivers, Barriers and Systems Failures, " *Energy Policy* ,2123–2137.

Gregory F. Nemet, 2005. "Technical Change in Photovoltaics and the Applicability of the Learning Curve Model, " Interim Report.

McDonald A, ,Schrattenholzer L. ,2001. "Learning rate for energy technologies," *Energy Policy* , 29:254. 261.

Shannon G. , Ryan K. , Lisa F. , and Haley S. , 2008. "Future of Grid–Tied PV Business Models: What Will Happen When PV Penetration on the Distribution Grid is Significant?" Available at http://www. nrel. gov/docs/fy08osti/42985. pdf.

附表 7.1　全球主要多晶硅企业的多晶硅产量

（单位：吨）

| 厂商 | 2003 年 | | 2004 年 | | 2005 年 | | 2008 年 | |
|---|---|---|---|---|---|---|---|---|
| | 总产量 | 其中用于光伏 | 总产量 | 其中用于光伏 | 总产量 | 其中用于光伏 | 总产量 | 其中用于光伏 |
| Hemlock | 6100 | 2000 | 7000 | 2100 | 7400 | 2700 | 14500 | 7100 |
| Wacker | 4200 | 1600 | 5000 | 1800 | 5000 | 2400 | 9000 | 5500 |
| Tokuyama | 4800 | 1000 | 4800 | 1200 | 5200 | 2000 | 5400 | NA |
| SGS | 2100 | 1900 | 2100 | 2100 | 2300 | 2300 | 7100 | NA |
| MEMC | 3700 | 0 | 3700 | 0 | 3700 | 700 | 6500 | 3000 |
| Mitsubishi | 2800 | 300 | 2800 | 200 | 2800 | 500 | 8000 | 1400 |
| Asimi（REC） | 2400 | 0 | 2600 | 150 | 3000 | 200 | 3300 | 350 |
| 全球总量 | NA | NA | 28000 | 13500 | 30000 | 15580 | NA | NA |

注：NA 表示数据不详。

资料来源：国金证券行业研究报告：《全球视角的多晶硅行业分析之二——传统多晶硅大厂分析：扩产、盈利、成本、新技术》，2008 年，第 4 页。参见 http://img.hexun.com/2008-01-10/102737017.pdf。

附表 7.2　2005—2007 年全球主要太阳能电池厂商产量及排名

（单位：MWp、%）

| 公司 | 2005 年 | | | 2006 年 | | | 2007 年 | | |
|---|---|---|---|---|---|---|---|---|---|
| | 产量 | 占比 | 排名 | 产量 | 占比 | 排名 | 产量 | 占比 | 排名 |
| Sharp（日本） | 428 | 24.3 | 1 | 434 | 17.4 | 1 | 525 | 11.88 | 1 |
| Q-cell（德国） | 166 | 9.4 | 2 | 253 | 10.1 | 2 | 370 | 8.37 | 2 |
| 无锡尚德（中本） | 82 | 4.7 | 9 | 158 | 6.3 | 4 | 363 | 8.21 | 3 |
| Kyocera（日本） | 142 | 8.1 | 3 | 180 | 7.2 | 3 | 220 | 4.98 | 4 |
| Motech（中国台湾） | 60 | 3.4 | 10 | 110 | 4.4 | 7 | 204 | 4.62 | 5 |
| Sanyo（日本） | 125 | 7.1 | 4 | 155 | 6.2 | 5 | 190 | 4.30 | 6 |
| SolarWorld（德国） | 97 | 5.5 | 6 | 86 | 3.4 | 9 | 150 | 3.39 | 7 |
| FirstSolar（美国） | 20.0 | 1.1 | NA | 60 | 2.4 | 13 | 140 | 3.17 | 8 |
| 天威英利（中国） | NA | NA | NA | 35 | NA | 17 | 140 | 3.17 | 8 |
| Misubishi（日本） | 100 | 5.7 | 5 | 111 | 4.4 | 6 | 135 | 3.05 | 9 |
| Subishi（日本） | NA | NA | NA | NA | NA | NA | 135 | 3.05 | 9 |
| 晶澳 Solar（中国） | NA | NA | NA | 25 | NA | 18 | 130 | 2.94 | 10 |

续表

| 公司 | 2005 年 | | | 2006 年 | | | 2007 年 | | |
|---|---|---|---|---|---|---|---|---|---|
| | 产量 | 占比 | 排名 | 产量 | 占比 | 排名 | 产量 | 占比 | 排名 |
| BPSolar(英国) | 88 | 5 | 8 | 85.7 | 3.4 | 10 | 110 | 2.49 | 11 |
| Sun Power(美国) | 23 | 1.3 | NA | 63 | 2.5 | 11 | 110 | 2.49 | 11 |
| Schott(德国) | 95 | 5.4 | 7 | 96 | 3.8 | 8 | 100 | 2.26 | 12 |
| Isfoton(西班牙) | 63 | 3.6 | 11 | 61 | 2.4 | 12 | 90 | 2.04 | 13 |
| 南京中电(中国) | 7 | 0.4 | NA | 60 | 2.4 | 14 | 90 | 2.04 | 13 |
| 江苏林祥(中国) | NA | NA | NA | 45 | NA | 14 | 82 | 1.86 | 14 |
| 益通(中国台湾) | NA | NA | NA | 32 | NA | 14 | 82 | 1.86 | 15 |
| 苏州阿特斯(中国) | NA | NA | NA | 25 | NA | 18 | 55 | 1.24 | 16 |
| 宁波太阳能(中国) | NA | NA | NA | 30 | NA | 17 | 45 | 1.02 | 17 |
| Ersolr(德国) | 20 | 1.1 | NA | 40 | 1.6 | 15 | 40 | 0.91 | 18 |
| 天合光能(中国) | NA | NA | NA | NA | NA | NA | 40 | 0.91 | 18 |
| 旺能(中国台湾) | NA | NA | NA | 20 | NA | 21 | 40 | 0.91 | 19 |
| 江阴浚鑫(中国) | NA | NA | NA | 14 | NA | 22 | 35 | 0.79 | 20 |
| 其他国家 | 252 | NA | NA | 372 | NA | NA | 697 | 15.77 | NA |
| 全世界 | 1760 | 100 | NA | 2638 | 100 | NA | 4419 | 100 | NA |

注:NA 表示数据不详。

资料来源:李俊峰、王斯成等著:《中国光伏发展报告——2007》,中国环境科学出版社 2008 年版,第 10 页;2007 年数据是由天相投资顾问有限公司更新而得。

附表7.3　光伏电池和组件(HS 码为 85414000)贸易出口额分布

(按照所有制和贸易方式分类)　　　　(单位:%)

| 年份 | 进料加工贸易 | | | | | | | | 来料加工装配贸易 | | | | | | | | 加工贸易出口总计 | 一般贸易出口占比 | 两者加总 |
|---|---|---|---|---|---|---|---|---|---|---|---|---|---|---|---|---|---|---|---|
| | 外商独资企业 | 中外合资企业 | 中外合作企业 | 合资合计 | 国有企业 | 集体企业 | 私营企业 | 中资合计 | 外商独资企业 | 中外合资企业 | 中外合作企业 | 合资合计 | 国有企业 | 集体企业 | 私营企业 | 中资合计 | | | |
| 2000 | 46.97 | 17.33 | 0.68 | 18.02 | 0.25 | 0.00 | 0.35 | 0.59 | 7.95 | 0.02 | 0.00 | 0.02 | 18.03 | 0.00 | 0.00 | 18.03 | 91.57 | 6.10 | 97.67 |
| 2001 | 44.45 | 17.19 | 0.38 | 17.57 | 0.19 | 0.00 | 0.35 | 0.54 | 9.62 | 0.00 | 0.00 | 0.00 | 16.28 | 0.00 | 0.00 | 16.28 | 88.46 | 4.96 | 93.41 |
| 2002 | 42.87 | 15.80 | 0.07 | 15.88 | 0.10 | 0.00 | 0.23 | 0.33 | 7.93 | 0.08 | 0.00 | 0.08 | 16.61 | 0.00 | 0.00 | 16.61 | 83.69 | 5.31 | 89.01 |

| 年份 | 进料加工贸易 | | | | | | | | 来料加工装配贸易 | | | | | | | | 加工贸易出口总计 | 一般贸易出口占比 | 两者加总 |
|---|---|---|---|---|---|---|---|---|---|---|---|---|---|---|---|---|---|---|---|
| | 外商独资企业 | 中外合资企业 | 中外合作企业 | 合资合计 | 国有企业 | 集体企业 | 私营企业 | 中资合计 | 外商独资企业 | 中外合资企业 | 中外合作企业 | 合资合计 | 国有企业 | 集体企业 | 私营企业 | 中资合计 | | | |
| 2003 | 47.09 | 17.07 | 0.06 | 17.13 | 0.05 | 0.00 | 0.18 | 0.23 | 4.38 | 0.05 | 0.00 | 0.05 | 12.91 | 0.00 | 0.20 | 13.12 | 81.99 | 8.65 | 90.64 |
| 2004 | 31.84 | 23.91 | 0.13 | 24.04 | 3.86 | 0.00 | 1.04 | 4.91 | 12.99 | 0.15 | 0.00 | 0.15 | 7.23 | 0.02 | 0.54 | 7.79 | 81.71 | 10.69 | 92.39 |
| 2005 | 21.60 | 28.79 | 0.14 | 28.93 | 12.38 | 0.00 | 1.53 | 13.92 | 7.00 | 0.10 | 0.00 | 0.10 | 3.94 | 0.01 | 0.39 | 4.34 | 75.89 | 19.49 | 95.38 |
| 2006 | 28.63 | 21.49 | 0.01 | 21.50 | 14.20 | 0.00 | 0.87 | 15.07 | 5.10 | 0.04 | 0.00 | 0.04 | 2.48 | 0.08 | 0.23 | 2.79 | 73.12 | 23.41 | 96.53 |
| 2007 | 42.22 | 16.93 | 0.00 | 16.93 | 5.53 | 0.00 | 1.07 | 6.60 | 3.48 | 0.05 | 0.00 | 0.05 | 1.56 | 0.06 | 0.18 | 1.80 | 71.08 | 26.34 | 97.42 |

注:由于中国主要光伏民营企业都在国外注册成为外商独资企业,因而在统计上不是反映在私营企业,而是外商独资企业,这是外商独资企业进料加工贸易占主体的主要原因。

资料来源:中国海关总署相关年份的数据。

附表7.4 中国光伏相关产品的进口额和出口额

(单位:百万美元)

| 年份 | 多晶硅 | | 单晶硅棒 | | IC级单晶硅抛光片 | | 光伏组件 |
|---|---|---|---|---|---|---|---|
| | 进口额 | 出口额 | 进口额 | 出口额 | 进口额 | 出口额 | 出口额 |
| 1995 | 2.08 | 3.41 | 0.46 | 3.56 | 0 | 0 | 86.28 |
| 1996 | 3.25 | 5.01 | 1.92 | 7.33 | 0 | 0 | 77.68 |
| 1997 | 5.51 | 3.59 | 3.02 | 4.82 | 0 | 0 | 93.38 |
| 1998 | 10.92 | 4.04 | 2.28 | 7.71 | 0 | 0 | 92.89 |
| 1999 | 6.49 | 3.99 | 2.23 | 4.56 | 0 | 0 | 136.53 |
| 2000 | 15.04 | 3.55 | 3.24 | 9.35 | 62.93 | 45.80 | 178.01 |
| 2001 | 18.91 | 2.60 | 4.65 | 13.55 | 49.05 | 26.17 | 167.80 |
| 2002 | 30.71 | 2.58 | 6.16 | 23.75 | 96.08 | 19.22 | 222.29 |
| 2003 | 47.73 | 4.13 | 12.42 | 42.87 | 104.56 | 36.85 | 329.34 |
| 2004 | 80.81 | 6.21 | 23.70 | 77.19 | 206.02 | 83.07 | 643.88 |
| 2005 | 167.29 | 6.40 | 43.31 | 131.05 | 173.30 | 107.64 | 1258.59 |
| 2006 | 581.69 | 32.63 | 85.75 | 132.73 | 233.28 | 187.03 | 2461.63 |
| 2007 | 1234.96 | 87.91 | 138.75 | 196.19 | 205.44 | 375.85 | 5266.58 |
| 2008 | 3368.16 | 149.90 | 580.61 | 171.19 | 196.72 | 262.56 | 11790.39 |

资料来源:世界贸易信息服务股份公司GTI提供的World Trade Atlas数据库。

附表7.5 中国主要光伏企业的生产和经营概况

| 公司名称 | 成立时间 | 上市地点 | 上市时间 | 主营业务(产品) | 企业性质 | 原料来源 | 贸易方式 | 销售权 | 营销网络 | 研发网络 | 销售收入(2008年) | 产能(2008年) |
|---|---|---|---|---|---|---|---|---|---|---|---|---|
| 无锡尚德太阳能电力有限公司 | 2001年 | 美国纽交所 | 2005年12月 | 电池、组件 | 民营 | 美国为主国内供应 | 进料 | 有 | 欧、美、日、西班牙等 | 澳大利亚斯威本科技大学 | 19.23亿美元 | 1000兆瓦 |
| 保定天威英利新能源有限公司 | 1998年 | 美国纽交所 | 2007年6月 | 电池、组件及应用系统 | 国企股份公司 | 韩国为主 | 进料 | 有 | 欧、美、西班牙等 | 荷兰国家能源研究中心 | 11.05亿美元 | 600兆瓦 |
| 南京中电光伏有限公司 | 2004年 | 美国纽交所 | 2007年5月 | 太阳能电池片 | 民营 | 欧洲、日本及国内采购 | 进料 | 有德国 | | 澳大利亚斯威本科技大学 | 3.51亿美元 | 500兆瓦 |
| 常州天合光能有限公司 | 1997年 | 美国纽交所 | 2006年12月 | 电池、组件 | 民营 | 韩国为主国内供应 | 进料 | 有欧、美 | | 有 | 8.32亿美元 | 350兆瓦 |
| 晶澳太阳能有限公司 | 2005年 | 美国纽交所 | 2007年2月 | 太阳能电池、组件研发、生产、销售 | 民营三资(中国、日本、澳大利亚) | 美国Hemlock | 进料 | 有,以合作的形式 | | 欧洲澳大利亚 | 7.99亿美元 | 300兆瓦 |
| 江苏林洋新能源有限公司 | 2004年 | 美国纽交所 | 2006年12月 | 太阳能电池片、组件的研发、生产、销售 | 民营 | 国外 | 进料 | 有 | | 加拿大温哥华 | 7.24亿美元 | 200—300兆瓦 |
| CSI阿特斯光伏 | 2001年 | 美国纽交所 | 2006年12月 | 硅锭、硅片、太阳能电池片和组件 | 民营 | 欧、北美、亚洲为主国内塞维LDK支持 | 进料 | 有 欧、亚、美为主 | | 加拿大、荷兰和中国 | 7.05亿美元 | 270兆瓦 |
| 浙江昱辉阳光能源有限公司 | 2005年 | 美国纽交所英国AIM | 2006年8月 | 回收制造太阳能级单晶硅片、多晶硅片 | 民营三资企业 | 国外采购也国内外自主生产多晶硅 | | 有一半国外一半国内 | | 有美、德、新加坡等占全球12%的硅片市场份额 | 6.70亿美元 | 330兆瓦世界第三硅片生产商 |
| 宁波太阳能电源有限公司 | 1978年 | | | 硅片、电池片、组件及相关产品 | 民营 | | 进料 | 有欧美 | | | | 350兆瓦 |

民营企业加工贸易独占方式

续表

| 公司名称 | 成立时间 | 上市地点 | 上市时间 | 主营业务(产品) | 企业性质 | 原料来源 | 贸易方式 | 销售权营销网络 | 研发网络 | 销售收入(2008年) | 产能(2008年) |
|---|---|---|---|---|---|---|---|---|---|---|---|
| 江阴浚鑫科技 | 2004年 | 英国AIM | 2007年8月 | 电池片和组件 | 民营 | | | | | | 150兆瓦 |
| 中国光伏集团东营光伏太阳能公司 | 2006年 | 欧洲创业板 | 2008年8月 | 以电池组件为主,覆盖全部生产环节 | 民营 | 国外50%国内50% | | 有通过分销商和办事处,覆盖欧、美、亚 | 有,与国内大学合作建立研发机构 | | 180兆瓦 |
| 江西赛维LDK太阳能高科技有限公司 | 2005年 | 美国纽交所 | 2007年6月 | 多晶硅铸锭及多晶硅片 | 民营合资企业 | | | 全球前20电池生产商 | 合作研究机构:上海交通大学;南昌大学合,美国GTSOLAR和瑞士HCT | 16.44亿美元 | 1000兆瓦硅料生产商 |

资料来源:根据企业年报和公司网页信息整理而得。

附表7.6　光伏企业学习曲线模型中所用到的数据

| 年份 | 组件的价格(欧元/WP) $P(t)$ | 中国光伏电池的累计产量/MWP $q(t)$ | 中国光伏电池年产出/MWP $q(t) - q(t-1)$ | 单晶硅棒的价格(美元/千克) $C(t)$ |
|---|---|---|---|---|
| | 德国市场 | | | 进口 |
| 1995 | 4.91 | 6.18 | | 24.13 |
| 1996 | 4.50 | 8.05 | 1.87 | 49.04 |
| 1997 | 4.14 | 10.05 | 2 | 120.24 |
| 1998 | 3.73 | 12.15 | 2.1 | 88.58 |
| 1999 | 3.63 | 14.65 | 2.5 | 139.06 |
| 2000 | 3.58 | 17.45 | 2.8 | 79.62 |
| 2001 | 3.53 | 22.05 | 4.6 | 84.73 |
| 2002 | 3.5 | 28.05 | 6 | 177.30 |
| 2003 | 3.5 | 40.05 | 12 | 145.34 |
| 2004 | 3.4 | 90.05 | 50 | 166.22 |
| 2005 | 3.3 | 235.75 | 145.7 | 158.43 |
| 2006 | 3.2 | 673.75 | 438 | 200.80 |

续表

| 年份 | 组件的价格<br>（欧元/WP）<br>$P(t)$ | 中国光伏电池的<br>累计产量/MWP<br>$q(t)$ | 中国光伏电池<br>年产出/MWP<br>$q(t)-q(t-1)$ | 单晶硅棒的价格<br>（美元/千克）<br>$C(t)$ |
|---|---|---|---|---|
| 2007 | 3 | 1761.75 | 1088 | 240.23 |
| 2008 | 2 | 3541.75 | 1780 | 333.72 |

资料来源：中国光伏电池的累计产量来自于中国光伏产业发展报告（2006—2007）；我们补充了2008 年的数据；光伏组件的价格见 http://www.iea-pvps.org/；单晶硅棒的价格来源于世界贸易信息服务股份公司 GTI 提供的 World Trade Atlas 数据库。

# 第八章 独占与分治并存的加工 贸易控制方式

## ——以服装加工贸易企业为例

【本章摘要】

中国服装行业刚开始展开加工贸易时,由于技术、资金和市场的缺乏,因而采用外方控制的来料加工贸易方式,这种方式目前在广东等地还存在。20世纪90年代初期,随着中国进一步改革开放,外资企业加快进入中国,外资企业以进料加工贸易方式存在。同时,由于国内企业学习能力的提高,民营企业在20世纪90年代以后迅速发展起来,开始以加工贸易的方式出口,后来随着国内料件提供能力提高,开始采用一般贸易方式。我们在对服装企业的调研和服装贸易的统计中发现,从服装行业看,存在着中方和外方独占与分治并存,而且从服装加工贸易企业内部的贸易方式看,还存在着一个企业内部"独占"和"分治"并存的现象。我们又以上海126家外资服装加工贸易企业为样本,发现从总体上看,分治的加工贸易企业的生产率要高于外方独占方式。

# 8.1 引言

服装是中国最早展开加工贸易的产品,全国第一家开展服装加工贸易的企业是1978年9月港商杨钊在广东顺德投资的大进制衣厂,加工牛仔服装。1982年这家企业搬迁到广东惠州,2008年销售收入达到1.45亿元,年产各种成衣260万件,主要还是从事加工贸易的生产。

中国服装出口在加入世界贸易组织以后进入快速增长阶段。2002

年中国服装出口额为 364.22 亿美元,占世界服装出口总额的 17.94%;到 2007 年,中国服装出口额增加到 1086.31 亿美元,占世界服装出口总额的 31.46%。在服装出口中,加工贸易尽管在服装出口中的比重在下降,但仍然占一定比重,2002 年中国服装加工贸易出口额为 128.78 亿美元,占世界服装出口额的 31.78%;到 2008 年服装加工贸易额达到220.41 亿美元,占世界服装出口的 20.54%。

之所以将服装加工贸易作为加工贸易的典型行业来研究,主要基于以下三个方面的考虑:第一,1995 年生效的纺织品和服装协议(ATC 协议)将纺织品和服装纳入到关税与贸易总协定的框架下,ATC 协议明确,通过 10 年的过渡期,逐步取消纺织品和服装配额。许多文献都认为ATC 协议以后,中国和印度是世界纺织品和服装贸易最大的受益国。随着服装的全球化程度加快,全球服装贸易快速发展,2005 年以后中国服装贸易的发展也印证了这些观点。第二,从总体上看,服装行业是一个劳动密集型的低工资行业,同时,它又是一个具有活力与创新意识的行业。服装制造技术含量低,必要资本壁垒和规模经济要求相对都比较低,因而竞争型的市场结构是服装制造业的基本结构。但是服装的个性化要求需要服装企业适应不同消费者的个人偏好,因而商业模式和商业技术对服装行业产生重要的影响,不同档次的服装直接影响着服装制造商的业务环节、批量甚至是交货要求。这些特点说明,服装制造不是企业生产过程的主要问题;反过来,消费者的个性需求对加工贸易生产企业的经营产生什么影响,需要我们深入研究。第三,从加工贸易控制模式看,服装是外资企业最早进入中国加工贸易的行业,也是民营企业最早进入同时也是占较大比重的行业。从 1978 年到现在,30 多年的发展可以总结在服装加工贸易控制模式方面的演变过程,随着劳动力成本的上升,服装加工贸易企业的生产控制模式会出现什么样的变化? 这需要我们进一步研究。

从国内对服装贸易的研究看,李丽(2005 年)、邬关荣(2007 年)等认为中国服装行业的出口扩张总体上仍是外延型、数量型,出口产品质次价低。其中,服装加工贸易又是建立在低劳动力成本基础上的,增长方式过于依赖数量的扩张而不是质量的提高,竞争手段单一,主要靠低价格而不是高附加值。但是,卜国琴、刘德学(2006年)认为,中国服装加工企业20年来通过参与全球服装生产网络,在加工制造环节上形成了明显的竞争优势,具备了进一步向自主设计、自创品牌阶段升级的基础条件。但尽管如此,刘德学等(2006年)认为,中国的服装加工贸易企业的升级仍然存在诸多制约因素,如自身资金技术的限制、委托方的战略控制以及缺少政策支持等。

从国外对服装贸易的研究看,20世纪90年代以来,以格里芬(Gereffi)为代表的西方学者使用全球价值链(GVC)的框架来分析服装行业的全球外包(global sourcing)及其贸易流向。全球价值链的核心命题是贸易是如何组织的:市场准入、能力的获取以及利益的分配。对于发展中国家,该理论的价值在于研究不同价值链组织架构下当地生产者(local producers)的发展前景(Schmitz,2006)。

格里芬(Gereffi,1999)在GVC分析框架下研究了亚洲服装行业的升级,其从三个方面进行了分析:在贸易网络中存在的组织学习的相关机制;加工贸易从OEM到OBM升级的典型方式,以及使一个产业升级(例如从纯粹的加工商转化成为配套供应网络)所需具备的组织条件。他发现:发展中国家的服装出口一般由全球买家(global buyers)来组织,并且在这个买方拉动(buyers-driven)的价值链中,发展中国家的制造商的升级非常迅速。

全球服装价值链中的"领导公司"(lead firms)是全球买家,格里芬将全球买家分为三类:零售商、营销商与品牌商。他发现这三类服装主导企业对于外包方的控制程度是不同的:零售商主要采取OEM模式;营销商则控制料件的采购权(往往通过合同约定的方式)以及关键业务(设计、样品制造);而品牌商一般采取来料加工的方式,给海外的供应商提供原材料,由其加工成成衣后自己销售(Gereffi,2002,2003,2004)。

但是,现有文献存在的不足之处是,许多研究假设销售权和所有权只能由一方拥有,同时都假设服装加工贸易企业的销售权归外方所有。但是在我们的调研数据中,同时从事加工贸易和一般贸易的服装企业不仅存在,而且占到一定的比重。

# 8.2 中国服装出口方式的变化

中国服装加工贸易是从来料加工、来样生产、来件装配和补偿贸易（简称"三来一补"）起步，以广东沿海地区吸收香港外资为主。在当时资金、技术缺乏的情况下，加工贸易方式以来料加工贸易为主。显然，当时中国服装加工贸易企业基本上被外方所控制，外方不仅控制了销售权，而且以不作价方式完全控制了料件的采购。

随着中国服装企业在技术、资金方面的积累，特别是民营企业的发展，服装贸易方式出现了较大的变化，服装一般贸易所占比重逐步超过加工贸易，并且在2007年服装一般贸易占出口贸易的比重为73.16%。尽管2008年一般贸易所占比重下降，但是主要原因并不是加工贸易比重的上升，而是边境贸易的上升。加工贸易在服装贸易中的比重仍在下降，从1997年的47.78%下降到2008年的20.54%，说明中国服装一般贸易在服装贸易中占主导地位。服装贸易企业的生产控制权掌握在从事一般贸易的经营主体手中，其中以民营企业为主。

表8.1 1997—2008年中国服装出口方式变化

（单位：亿美元、%）

| 年份 | 一般贸易 | | 加工贸易 | | | | | |
| | 金额 | 比重 | 金额 | 比重 | 来料加工 | | 进料加工 | |
| | | | | | 金额 | 比重 | 金额 | 比重 |
| --- | --- | --- | --- | --- | --- | --- | --- | --- |
| 1997 | N.A. | 51.58 | N.A. | 47.78 | N.A. | 42.97 | N.A. | 57.03 |
| 1998 | N.A. | 51.00 | N.A. | 48.42 | N.A. | 45.91 | N.A. | 54.09 |
| 1999 | N.A. | 50.93 | N.A. | 48.16 | N.A. | 52.89 | N.A. | 47.11 |
| 2000 | N.A. | 54.03 | N.A. | 44.82 | N.A. | 54.69 | N.A. | 45.31 |
| 2001 | N.A. | 54.04 | N.A. | 44.32 | N.A. | 56.95 | N.A. | 43.05 |
| 2002 | 218.40 | 59.96 | 138.78 | 38.10 | 77.42 | 55.79 | 61.36 | 44.21 |
| 2003 | 290.26 | 63.41 | 150.23 | 32.82 | 79.41 | 52.86 | 70.82 | 47.14 |
| 2004 | 356.38 | 65.05 | 166.45 | 30.38 | 86.58 | 52.02 | 79.86 | 47.98 |

续表

| 年份 | 一般贸易 | | 加工贸易 | | | | | |
| | 金额 | 比重 | 金额 | 比重 | 来料加工 | | 进料加工 | |
| | | | | | 金额 | 比重 | 金额 | 比重 |
| 2005 | 446.55 | 67.75 | 177.07 | 26.86 | 88.03 | 49.71 | 89.04 | 50.29 |
| 2006 | 637.60 | 71.93 | 199.78 | 22.54 | 94.23 | 47.17 | 105.55 | 52.83 |
| 2007 | 794.78 | 73.16 | 220.41 | 20.29 | 98.34 | 44.62 | 122.07 | 55.38 |
| 2008 | 764.61 | 67.65 | 232.12 | 20.54 | 105.23 | 45.33 | 126.89 | 54.67 |

注:N. A.表示数据缺失。

资料来源:1997年到2001年的数据来自中国服装行业分析报告(2004年4季度),参见中国经济信息网:http://ibe.cei.gov.cn/;2002年到2008年的数据来国研网,http://www.drcnet.com.cn/。

从服装加工贸易的方式看,从1997年到2008年,中国服装加工贸易中进料加工贸易和来料加工贸易之间的比重变化好像没有规律可循,有的年份进料加工贸易在加工贸易中所占的比重高一些,而有的年份来料加工贸易所占比重相对高一些。但不管如何,服装来料加工贸易在加工贸易中还是占相当高的比重,因而服装加工贸易企业生产控制方式中存在着中外双方"分治"或者外方"独占"的方式。尽管从整个服装贸易看来,来料加工贸易的份额在下降,但是其在服装加工贸易中还是不可忽略的一部分。

从服装加工贸易的地区分布和贸易方式变动看,存在着三个方面的特点:第一,东部九省市(广东、江苏、上海、山东、浙江、辽宁、福建、北京、天津)无论从在服装贸易中所占的份额看,还是从在服装加工贸易所占的比重看,都占相当高的比重,九省市服装贸易出口额占全国服装贸易出口总额91.22%,服装加工贸易出口额占到全国服装加工贸易总额的95.34%。从7年的变化情况来看,东部九省市2002—2008年的变化不大,其服装加工贸易出口额占全国服装加工贸易总额的比重由95.99%下降为94.68%,稍有下降。第二,在贸易方式上,2002—2008年北方省份(北京、天津、辽宁、山东)的加工贸易比重为40.56%,明显高于全国平均水平(25.81%),也高于南方省份(广东、江苏、上海、浙江、福建)

(24.39%)等五省市的平均水平,同时,在加工贸易方式中,北方省份的来料加工比重(63.33%)明显高于南方省份(45.14%)。说明,不同省市服装加工贸易企业的生产控制模式存在着差异,相对而言,北方省市的外方独占程度高于南方。第三,以加工贸易起步的广东和以一般贸易起步的浙江在贸易方式上发生了完全不同的变化。广东服装的一般贸易出口增长速度(2002—2008年年均增长31.37%)明显高于加工贸易(2002—2008年年均增长7.37%),加工贸易中进料加工贸易增长速度高于来料加工贸易。相反,浙江省的加工贸易出口增长速度2002—2008年年均增长18.34%,在全国主要省份中增长速度最快。这说明广东正逐步向中方独占的生产控制方式转变,但浙江反而出现向外方独占的生产控制方式(来料加工占比重在上升)转变的现象。

从服装出口的国别结构看,中国服装出口主要集中在日本、欧盟和美国(2008年三大经济体占所有服装出口的62.36%)。但在出口方式方面存在着差异,以加工贸易方式出口到日本的比重高于美国和欧盟;同样,在加工贸易中,中国出口到日本的服装采用来料加工的比重明显高于欧盟和日本。说明,在加工贸易企业生产控制方式方面不同国家存在着差异。

服装贸易统计数据说明了一部分关于服装加工贸易生产企业控制方式的问题,但由于统计资料中缺乏所有制数据,特别是统计数据无法判断进料加工贸易企业中采购权是中方拥有还是外方拥有,因此也难以判断进料加工贸易企业是采用独占还是分治方式。

# 8.3 服装加工贸易生产控制方式的基本特征

由于我们调研问卷中涉及服装企业的只有30家,因而我们在上海、广东、浙江、江苏和山东五省市外经贸政府部门帮助下,在这些省市又随机抽样了170家服装企业,主要是了解不同所有制性质下的贸易方式,这样总的样本企业数据是200家。

在整个企业样本中,上海企业 50 家,占 25%;广东企业 46 家,占 23%;浙江企业 42 家,占 21%;江苏企业 38 家,占 19%;山东企业 24 家,占 12%。中国服装加工贸易也基本上集中在这些地区,因而样本具有一定的典型性。

表 8.2 中,从贸易方式看,纯粹以加工贸易方式经营的企业有 79 家,占样本企业总数的 39.5%,其中来料加工企业 39 家,进料加工企业 8 家;同时采用来料加工贸易和进料加工贸易的加工贸易企业有 32 家,占总样本的 16%。说明,当中资加工贸易企业同时采用来料加工和进料加工两种贸易方式时,在这个企业内部就可能存在两种生产控制方式,一种方式是以来料加工贸易而形成的分治模式,另一种是以进料加工贸易而形成的生产控制方式,而这种生产控制方式既可能是分治模式,也有可能是独占模式,主要看料件采购权和销售权掌握在中方还是外方手中。

表 8.2　服装加工贸易样本企业的所有制和贸易方式分布

(单位:家、%)

| | 国有企业 | 集体企业 | 民营企业 | 中外合资企业 | 中外合作企业 | 外商独资企业 | 合计 |
|---|---|---|---|---|---|---|---|
| 来料 | 0(0) | 0(0) | 8(4) | 0(0) | 1(0.5) | 30(15) | 39(19.5) |
| 进料 | 0(0) | 0(0) | 0(0) | 3(1.5) | 1(0.5) | 4(2) | 8(4) |
| 来料和进料 | 1(0.5) | 0(0) | 11(5.5) | 13(6.5) | 1(0.5) | 6(3) | 32(16) |
| 一般贸易和来料 | 2(1) | 0(0) | 65(32.5) | 2(1) | 0(0) | 3(1.5) | 72(36) |
| 一般贸易和进料 | 0(0) | 0(0) | 0(0) | 1(0.5) | 0(0) | 0(0) | 1(0.5) |
| 一般贸易、进料和来料 | 9(4.5) | 2(1) | 21(10.5) | 4(2) | 1(0.5) | 11(5.5) | 48(24) |
| 合计 | 12(6) | 2(1) | 105(52.5) | 23(11.5) | 4(2) | 54(27) | 200(100) |

注:括号里的数字是各类型企业占样本企业数的百分比。

资料来源:笔者调研数据。

调研数据中,同时以加工贸易和一般贸易两种方式从事经营的企业121家,占60.5%。这反映了中国服装企业贸易方式的一种趋势,企业采用一般贸易方式在逐步增加,这在表8.1中有明显反映,就是一般贸易在上升,加工贸易在下降。是采用一般贸易还是加工贸易,同料件的采购直接相关,当料件采购全部在国内进行时,加工贸易的条件就不存在了。而国内服装料件的提高是同纺织业的发展,特别是外资企业在纺织业的投资直接相关的。

但是从实际情况看,市场上还存在采用一般贸易的同时也采用加工贸易的方式。从样本企业看,同时采用一般贸易和来料加工贸易这两种方式的企业有72家,占总样本数的36%。同时采用一般贸易、进料加工贸易和来料加工贸易三种方式的企业有48家,占24%。说明,在服装加工贸易企业内部,既有完全独占模式,以一般贸易形式表现,或者是以加工贸易形式中的独占方式表现,这种独占可能是中资企业性质的中方独占,也可能是外商独资性质的外方独占;也存在分治,例如中资加工贸易企业同时采用来料加工贸易方式,或者没有销售权的进料加工贸易方式。

从企业性质看,民营企业和外商独资企业是样本企业中服装加工贸易两种主要的所有制性质企业。在民营企业中,同时采用一般贸易和加工贸易两种方式经营的企业最多,一共有86家,占样本总数的43%。一方面说明服装行业中,民营企业所占比重是中资企业中最高的;另一方面说明民营企业生产控制方式并不只采用或者"分治"或者"独占"的模式,而是采用更加灵活的"分治"和"独占"并存的模式。在一般贸易中,民营企业拥有自己的销售权和品牌,同时近年来这些企业甚至在国内进行销售。另外,这些企业让渡销售权给外方,采用进料加工贸易甚至是来料加工贸易方式。在外商独资企业中,采用来料加工贸易的方式最多,说明外方强化对加工贸易企业的控制。

在服装行业,为什么许多加工贸易企业同时存在"分治"和"独占"模式,是因为在服装行业,资产专用性不表现在制造加工环节,而是表现在服务环节。服装行业的资本壁垒和技术壁垒相对其他行业低,在服装制造过程中,打样车间是服装制造中的关键环节,具体生产需要的熟练工比较多,但对熟练工的专业知识和技能要求并不是很高,这样民营企业进入服装企业是很正常的事情,对于贸易方式的选择权自然也就掌握在民营企业自己手里。

但是,为什么具有生产权的民营企业要让渡一部分权利从事来料加工贸易,或者是被外方所控制的进料加工贸易呢?这主要由于服装行业产品的需求呈现高度的个性化,必须要通过各种各样的渠道来适应消费者需求的个性化特点。为了满足消费者的个性化需求,服装产品的研发成为重要的服务环节,从面料选择到款式的确定,需要高技术的产品开发能力和营销能力。

# 8.4 不同生产控制方式下的生产率分析: 以上海外资服装企业为例[①]

## 8.4.1 样本企业的总体情况

结合上海服装外资企业年检数据和上海主要区县提供的服装贸易方式数据,我们总共得到了 126 家符合条件的样本企业。在这其中,按所有权分类,可以分成外商独资企业和合资企业两类;按贸易方式分类,可以分成从事来料加工、从事进料加工以及同时从事来料加工和进料加工三类企业。

在 126 家样本数据中,中外合资企业 28 家,占样本企业的 22.22%,不管贸易方式如何,属于分治方式;外商独资企业 98 家,其中来料加工贸易 40 家,占 31.75%。说明,在服装加工贸易中,外商独资企业对加工贸易企业实行完全的生产控制。从企业规模看,各种规模的企业都存在,出口额在 1000 万美元以上的也有 18 家,但 200 万美元以下的占多数。从企业的国别结构来看,服装加工贸易企业的外资来源地主要是日本、中国香港和中国台湾这三个国家及地区,所占比重接近 90%,而欧美

---

① 由于数据来源是上海外资企业年检数据,所以数据中没有包含中资企业,但是分析结果仍然能在一定程度上反映出不同控制模式下服装加工贸易企业的基本情况。

国家相对而言比重很小,仅为5%不到。

表8.3　样本企业总体情况　　　　（单位:家）

| | | 中外合资企业 | 外商独资企业 | 合计 |
|---|---|---|---|---|
| 贸易方式 | 来料 | 13 | 40 | 53 |
| | 进料 | 3 | 16 | 19 |
| | 来料和进料 | 12 | 42 | 54 |
| 成立时间 | 5 年以内 | 0 | 16 | 16 |
| | 6—10 年 | 13 | 39 | 52 |
| | 11—15 年 | 8 | 26 | 34 |
| | 16 年以上 | 7 | 17 | 24 |
| 投资总额 | 50 万美元以下 | 6 | 28 | 34 |
| | 50 万—200 万美元 | 13 | 36 | 49 |
| | 200—500 美元 | 8 | 23 | 31 |
| | 500 万美元以上 | 1 | 11 | 12 |
| 出口额 | 200 万美元以下 | 8 | 45 | 53 |
| | 200 万—500 万美元 | 12 | 21 | 33 |
| | 500—1000 美元 | 4 | 18 | 22 |
| | 1000 万美元以上 | 4 | 14 | 18 |
| 总利润 | 100 万元以上 | 9 | 20 | 29 |
| | 0—100 万元 | 10 | 29 | 39 |
| | 亏损 100 万—0 万元 | 3 | 21 | 24 |
| | 亏损 100 万元以上 | 6 | 28 | 34 |
| 国别 | 日本 | 20 | 51 | 71 |
| | 韩国 | 0 | 3 | 3 |
| | 中国香港 | 5 | 21 | 26 |
| | 中国台湾 | 1 | 14 | 15 |
| | 欧美 | 1 | 5 | 6 |
| | 其他 | 1 | 4 | 5 |

资料来源:根据上海服装外资企业年检数据及上海市商务委员会提供的数据整理所得。

### 8.4.2　计量模型

我们假设整个行业的生产函数为三要素的柯布—道格拉斯生产函

数,为 $Y = AK^\alpha L^\beta T^\varpi$。加入控制模式变量和随机误差项,得生产函数为:

$$Y = AK^\alpha L^\beta T^\varpi e^{\gamma OI + \varphi PG + \varphi PJ + \varepsilon} \tag{8.1}$$

对(8.1)式两边取对数,得到估计方程为:

$$\ln Y = \ln A + \alpha \ln K + \beta \ln L + \varpi \ln T + \gamma OI + \varphi PG + \varphi PJ + \varepsilon \tag{8.2}$$

其中 A 为生产函数的系数项,K、L 和 T 分别表示资本、劳动和厂房建筑面积,OI、OJ、PG 和 PJ 分别表示外资企业、合资企业、企业采取来料加工贸易方式(以下简称来料)和企业采取来料和进料两种加工贸易方式(以下简称混合),用虚拟变量来表示,其取值为 0 和 1,取值为 1 时,则所有权和贸易方式为对应形式。

考虑到 $\ln K$、$\ln L$ 和 $\ln T$ 之间的多重共线性问题,在规模报酬不变($\alpha + \beta + \varpi = 1$)的情况下,我们可以将上述回归模型修改为

$$\ln YT = \ln A + \alpha \ln KT + \beta \ln LT + \gamma OI + \varphi PG + \varphi PJ + \varepsilon \tag{8.3}$$

其中,

$$\ln YT = \ln Y - \ln T,\ \ln KT = \ln K - \ln T,\ \ln LT = \ln L - \ln T$$

### 8.4.3 回归结果

为了更好地分析服装加工贸易行业的特性,我们首先以产出($Y$)为应变量,以资本($K$)、劳动($L$)以及土地($T$)为自变量进行回归,然后再加进控制模式的虚拟变量进行回归,回归结果如表8.4和表8.5所示。

第一个回归的结果中,资本($K$)和劳动($L$)两个变量是显著的,但是土地($T$)变量并不显著。这一结果说明在服装行业,土地与生产效率之间并没有显著的相关性,同时其产出弹性(0.047)也很小,进一步佐证了这一结果。另外,估计得出的资本和劳动的产出弹性分别为0.158和0.819,可以看出,服装行业是明显的劳动密集型行业。同时资本、劳动和土地三者的产出弹性之和非常接近1,这说明,服装行业是非常接近于完全竞争市场的,也即其规模报酬不变。综上,我们分析得到服装加工贸易行业是一个劳动密集型的完全竞争市场,这一特点是与现实相吻合的。

从第二个回归结果来看,除了表示所有权的外方独资($OI$)不显著之外①,其他变量的回归结果都是显著的。当企业采取的是进料加工贸易方式($PG$)时,其对产出的影响是明显的正向关系,系数为0.836。同样的,当企业同时采取进料和来料两种加工贸易模式($PJ$)时,其对产出的影响也是正向的,系数为0.236,明显小于企业采取进料加工贸易时的系数。比较以上两者对产出的影响,我们可以发现,总的来说,外资企业采取进料加工贸易方式会有助于生产效率的提高,但是,其提高的程度当其完全采取进料加工贸易而不从事来料加工贸易时会达到最大。

表8.4　模型修正前的回归结果

| $logY$ | Coef. | P>t | [95% Conf. | Interval] |
|---|---|---|---|---|
| $logK$ | 0.158 | 0.018 | 0.028 | 0.288 |
| $logL$ | 0.819 | 0.000 | 0.635 | 1.003 |
| $logT$ | 0.047 | 0.531 | −0.102 | 0.197 |
| _cons | 11.339 | 0.000 | 10.331 | 12.347 |

表8.5　模型修正后的回归结果

| $logYT$ | Coef. | P>t | [95% Conf. | Interval] |
|---|---|---|---|---|
| $logKT$ | 0.119 | 0.052 | −0.001 | 0.239 |
| $logLT$ | 0.855 | 0.000 | 0.714 | 0.996 |
| $OI$ | 0.016 | 0.901 | −0.232 | 0.264 |
| $PG$ | 0.836 | 0.000 | 0.521 | 1.151 |
| $PJ$ | 0.236 | 0.039 | 0.012 | 0.460 |
| _cons | 11.279 | 0.000 | 10.758 | 11.799 |

### 8.4.4　不同生产控制模式下的生产效率

由于生产函数为 $Y = AK^{\alpha}L^{\beta}T^{\varpi}e^{\gamma OI + \varphi PG + \varphi PJ + \varepsilon}$,且规模报酬不变,则不同生产控制模式下的生产效率可以通过比较 $\tau = e^{\gamma OI + \varphi PG + \varphi PJ}$ 得到,具体结果

---

① 但是这不能说明所有权对于生产效率没有影响,因为样本中没有中资企业。

见表8.6。

表8.6　不同控制模式下服装加工贸易企业的生产效率

| 控制模式 | 生产效率 |
| --- | --- |
| 独资来料加工贸易方式 | 1.016 |
| 独资来料加工和进料加工贸易方式 | 1.286 |
| 独资进料加工贸易方式 | 2.344 |
| 合资来料加工贸易方式 | 1.000 |
| 合资来料加工和进料加工贸易方式 | 1.266 |
| 合资进料加工贸易方式 | 2.307 |

注:以最低生产效率最低的合资、来料加工贸易企业为1。

从总体看,来料加工贸易企业的生产效率相对时比较低的,不管是合资性质的来料加工贸易,还是独资来料加工贸易,其生产率低于进料加工贸易方式。相对而言,进料加工贸易的方式下的服装加工贸易企业生产效率较高。同时,从样本数据看,看不出外方独占和中外分治加工贸易企业在生产率方面的变化规律。

# 8.5　本章结论

从贸易方式看,中国服装一般贸易逐渐成为服装贸易的主要方式同国内料件的提供能力有关,高档面料主要通过外资企业在中国设立子公司提供,而一般面料国内的民营企业具有供应能力,因而目前服装一般贸易已经成为中国贸易的主要方式。

在服装加工贸易生产控制方式中,我们发现无论是中资企业,还是外资企业,同时通过多种贸易方式出口,既通过一般贸易出口,也通过加工贸易出口。在加工贸易中,同时通过来料加工贸易和进料加工贸易的方式也比较多,说明服装行业加工贸易生产控制方式并不是简单的中方独占或者外方独占,或者中外双方的分治,在一个中资服装加工贸易企业内部,存在着独占和分治同时存在的现象,即在中资企业,有一部分产品是通过自己的销售渠道出口,但另外一部分可能通过进料加工贸易方式,销售权掌握在外方,甚至可能通过来料加工贸易方式,直接接受外方的订单委托。

我们以上海的外资服装加工贸易企业为例分析了不同加工贸易生产控制下的加工贸易企业生产率,发现独占和分治控制模式与企业的生产效率之间并没有彼此对应的关系。从而我们得出结论,在服装加工贸易行业,生产控制模式并不是一个能够决定企业竞争优势的影响因素。

### 参考文献

卜国琴、刘德学:《中国服装加工贸易升级研究——基于全球服装生产网络视角》[J],《国际贸易》2006 年第 11 期,第 27—31 页。

李丽:《后配额时代中国纺织品贸易发展问题探讨》[J],《中南财经政法大学学报》,2005 年第 4 期,第 15—20 页。

刘德学等:《全球生产网络与加工贸易升级》[M],北京:经济科学出版社 2006 年版。

邬关荣:《中国服装加工贸易升级发展——基于价值链观点》[J],《国际贸易问题》2007 年第 4 期,第 23—28 页。

Brambilla, I. , Khandelwal, A. , and Schott, P. , 2007. "China's Experience under the Multifiber Arrangement( MFA) and the Agreement on Textiles and Clothing( ATC) ," *NBER working paper* w13346.

Gereffi, G. , 1999. "International Trade and Industrial Upgrading in the Apparel Commodity Chain," *Journal of International Economics*, 48: 37–70.

Gereffi, G. , 2002. "The International Competitiveness of Asian Economies in the Apparel Commodity Chain," *ADB ERD working paper series* No. 5.

Gereffi, G. , and Memedovic, O. , 2003. "The Global Apparel Value Chain: What Prospects for Upgrading by Developing Countries," *UNIDO working paper*.

Gereffi, G. ,2004. "Global Sourcing in the U. S. Apparel Industry,"

*Journal of Textile and Apparel, Technology and Management*, 2(1): 1–5.

Michiko Hayashi, 2007. "Trade in Textiles and Clothing: Assuring Development Gains in A Rapidly Changing Environment," *UNCTAD working paper*.

Schmitz, H., 2006. "Learning and Earning in Global Garment and Footwear Chains."

*The European Journal of Development Research*, Vol. 18, No. 4, December, pp. 546–571.

# 第九章　加工贸易生产控制
## 方式的地区特征

**【本章摘要】**

本章首先分析了加工贸易生产控制方式的一般特征,对芬斯阙和汉森(2005)和王怀民(2007)提出不同地区的生产控制方式提出质疑,认为加工贸易生产控制方式同各地加工贸易的企业性质有关,因而同吸收外资的项目和当地民营企业发展加工贸易有关。然后我们以广东东莞和江苏苏州为例分析了东莞"来料加工厂"生产控制方式和苏州大型加工贸易外商独资企业的生产控制方式,尽管这两个地区加工贸易生产控制方式不同,但有一点是共同的,就是它们都是外方独占的生产控制方式,加工贸易对地区的贡献有限。

本章我们首先从总体上分析加工贸易主要集聚地区的基本特征,然后分析广东东莞来料加工厂生产控制方式和江苏苏州外商独资加工贸易企业两种生产控制方式。

## 9.1　加工贸易生产控制方式的
## 地区一般特征

从加工贸易的地区发展看,从广东省开始,逐步发展到江苏、上海,以后到山东等中国北部沿海地区,由于各地区加工贸易发展的时间和地区环境的不同,各地除了反映中国加工贸易的共同特征看,表现出各自不同的特点。

对于加工贸易生产控制方式的地区特征,芬斯阙和汉森(Feenstra

and Hanson, 2005)认为,由于中国内陆和北方省份出口市场厚度薄、法律成本高,因而被认为具有高投资专用性,加工贸易企业大多采用"独占"模式,而在南方沿海省份(特别是经济特区)的出口市场厚度高、法律效力强,"敲竹杠"的成本低,并多通过香港转口,加工贸易大多采用"分治"模式。[①] 王怀民(2007年)认为,由于不同地区加工贸易具有不同的产业特征,纺织服装业相对集中在内陆地区,机电行业主要集中在东南沿海地区。同时,外方所有权和中方采购权的分治模式更多地分布于增值率比较高的机械制造部门,因此沿海地区将以分治模式为主,内陆地区以独占模式为主。

我们通过加工贸易生产控制方式的地区一般特征的分析,以及广东东莞地区和江苏苏州地区加工贸易生产控制方式的典型地区分析,发现现实情况并非如此。

### 9.1.1　中国加工贸易的地区分布

目前中国加工贸易高度集中在沿海经济发达地区,从1993年到2008年,经济发达地区加工贸易占全国的比重基本没有变化,占96%左右,经济中等发达地区(五个省市)2008年只占1%,经济欠发达地区(17个省、直辖市和自治区)占2.6%。因此,从加工贸易的地区分布看相当不平均。

表9.1　加工贸易的区域分布(1993—2008)

(单位:%)

| 年份 | 1993 | 1994 | 1995 | 1996 | 1997 | 1998 | 1999 | 2000 |
|---|---|---|---|---|---|---|---|---|
| 经济发达地区 | 95.6 | 95.2 | 94.3 | 95.2 | 95.4 | 96.3 | 96.9 | 97.1 |
| 经济中等发达地区 | 1.8 | 1.8 | 2.1 | 1.9 | 1.9 | 1.5 | 1.4 | 1.2 |
| 经济欠发达地区 | 2.6 | 3 | 3.6 | 2.9 | 2.7 | 2.2 | 1.7 | 1.7 |

---

① 市场厚度是指市场中供应商的数量。这一概念的提出最早可以追溯到 Telser, Lester C. (1981)。市场厚度是交易成本的一个重要决定因素。麦克拉伦(McLaren, 2000)和格罗斯曼等人(Grossman and Helpman, 2002, 2005)在应用交易成本理论分析外包与垂直一体化生产的选择,以及国内外包与国际外包之间的权衡时,将市场厚度纳入其一般均衡分析之中。

续表

| 年份 | 2001 | 2002 | 2003 | 2004 | 2005 | 2006 | 2007 | 2008 |
|---|---|---|---|---|---|---|---|---|
| 经济发达地区 | 97.4 | 97.4 | 97.6 | 97.5 | 97.5 | 97.2 | 96.8 | 96.4 |
| 经济中等发达地区 | 1 | 1 | 0.8 | 0.7 | 0.8 | 0.8 | 0.9 | 1 |
| 经济欠发达地区 | 1.6 | 1.6 | 1.6 | 1.8 | 1.7 | 2 | 2.3 | 2.6 |

注:经济发达地区为天津、上海、江苏、山东、福建、浙江、北京、天津和辽宁九个省市自治区;经济中等发达地区为黑龙江、河北、海南、湖北、吉林五个省;经济欠发达地区为剩下的省份。

表9.2　中国加工贸易分布的基尼系数

| 年份 | 进口 | 出口 | 进出口 |
|---|---|---|---|
| 2002 | 0.8592 | 0.8436 | 0.8497 |
| 2003 | 0.8612 | 0.8467 | 0.8524 |
| 2004 | 0.8539 | 0.8403 | 0.8457 |
| 2005 | 0.8527 | 0.8398 | 0.8448 |
| 2006 | 0.8504 | 0.8393 | 0.8433 |
| 2007 | 0.8487 | 0.8377 | 0.8415 |
| 2008 | 0.8414 | 0.8356 | 0.7977 |

注:加工贸易分布的基尼系数是指在加工贸易中,不平均分配的那部分加工贸易额占总加工贸易额的比重。在这里,我们用这一指标来衡量中国的加工贸易在各省市之间的分布情况,所用的公式是未分组离散数据的基尼系数协方差公式:$G = \dfrac{2\mathrm{cov}(x_i, i)}{n\mu}$。

之所以加工贸易主要集中在沿海经济发达地区,主要有三个方面的原因。第一,是加工成本和运输成本。加工贸易企业的最基本经营活动就是加工或装配以及为加工提供料件的进口和加工品的出口,因而加工贸易企业最主要支付的成本是为加工或装配所需要的非熟练劳动力成本以及料件进口和加工品出口的运输成本。

在劳动力成本方面,由于非熟练劳动力在中国各个省市之间可以自由流动,因而劳动力成本在中西部和东部沿海之间的差异相对比较小。同时,加工贸易企业所需要的熟练劳动力(技术、管理人员)在东部地区相对丰裕。

在加工贸易企业中,东部沿海地区的非熟练劳动力基本上是西部地区转移过来的,他们的工资水平是各地公布的工资标准中最低的,雇员要增加收入的话一般都要靠加班或者增加计件量。

从我们的调研看,广东地区的非熟练劳动力主要从湖南、四川、江西、广西以及广东内陆地区等省份输入。江苏主要是安徽、江西、四川等地输入,上海主要从四川、湖南、江西等省份输入,浙江包括从浙西、安徽、江西、湖南和四川等地输入。山东省则主要以鲁西贫困地区为主,很少有国内其他省份的。

表9.3 加工贸易企业外地员工所占比重 （单位:家、%）

| | 样本企业数 | 所占比重 | | |
|---|---|---|---|---|
| | | 2005 年 | 2006 年 | 2007 年 |
| 江苏省 | 17 | 51.38 | 56.43 | 61.58 |
| 山东省 | 9 | 63.16 | 62.19 | 62.98 |
| 上海市 | 31 | 56.50 | 61.58 | 62.07 |
| 浙江省 | 39 | 49.60 | 56.08 | 57.36 |
| 广东省 | 7 | 83.79 | 84.01 | 84.00 |
| 福建省 | 6 | 78.56 | 76.62 | 79.92 |
| 合计 | 101 | 57.81 | 61.64 | 63.35 |

资料来源:根据企业问卷资料统计所得。

即使是高技术产品的加工贸易企业也大量使用外地劳动力,主要是这些产品在组装环节,制造技术含量本身就不高,而易于管理和要价相对低也是加工贸易企业大量使用外地劳动力的主要原因。

运输成本也是加工贸易企业布点时考虑的一个重要成本因素。根据我们的调查,运输成本一般要占整个加工贸易总成本的20%,主要以海运费用为主。中国加工贸易的进出口,都以美国、欧盟、日本、韩国和中国台湾、香港地区为主,且以海运为主,沿海地区离港口近,而中西部地区需要通过铁路运输到沿海港口,这样自然就增加了运输成本。

第二,政策因素。广东省是中国最先开放的地区,以后扩大到全国沿海地区,这些地区在全国最先建立经济特区和工业开发区,获得外资的优惠政策。随着20世纪90年代中期中国吸收外资的深入,为了规范加工贸易,有效监管各种走私行为,中央政府开始通过出口加工区加强对加工贸易的管理,但是设立出口加工区需要地方政府大量的财政投入。相对而言,东部沿海地区政府的财政收入大大好于中西部地区,这样,东部地区吸收外资加工贸易企业的基础费用基本上由地方财政承担,而中西部地区似乎没有这方面的能力。

第三,既有的基础设施。既有的基础设施包括基本的物流设施。随着加工贸易产品结构向高技术产品的发展,许多料件和产成品的进出口都要通过空运的方式,主要机场的国际航班数量以及同国际城市的网络连接对高技术加工贸易产生了重要的影响。北京、上海和广州的国际通航城市明显多于中西部地区的重庆、成都、武汉和西安。

表9.4 主要机场国际航线和通航城市

| 机场 | 开通航线（条） | 通航城市（个） | | 进驻的国内外航空公司 |
|---|---|---|---|---|
| | | 国内城市 | 国际（地区）城市 | |
| 北京首都国际机场 | 207 | 88 | 69 | 66 |
| 天津滨海国际机场 | 59 | 30 | 17 | 20 |
| 上海浦东国际机场 | NA | 70 | 90 | 60 |
| 重庆江北国际机场 | 70 | 60 | 20 | NA |
| 广州白云国际机场 | 110 | 100 | 100 | 33 |
| 武汉天河国际机场 | 158 | 53 | 20 | 27 |
| 西安咸阳国际机场 | 154 | 74 | 25 | 26 |
| 成都双流国际机场 | NA | 69 | 23 | 21 |

注:NA 表示数据缺失。
资料来源:http://www.youabc.com/lvyoubaike/minhang/jichang/shoudu-jichang/,民航资源库 http://wiki.carnoc.com/wiki/TSN/,http://www.shanghaiairport.com/pdlkzn/index.html。广州白云机场是国内城市和国际(地区)城市的总和统计。

同时,原有沿海地区的工业基础和企业基础比较好,在国内沿海城市,特别是中小城市,形成以某类产品为主要产业的城市产业集群,在一个城市内部,围绕某类产品的生产和销售,形成了上游和下游的产业分工体系,企业之间在价值链中形成前向和后向的产业关联,这种方式被称为"城市供应链"。[①] 沿海中小城市的城市供应链形成,是从 20 世纪

---

① Gary Gereffi,2009. "Development Models and Industrial Upgrading in China and Mexico," *European Sociological Review*,37-51.

80年代就开始了,它通过市场方式逐步形成的。

### 9.1.2 加工贸易企业生产控制方式的地区特点

我们使用海关统计数据看一下主要省市加工贸易的基本特点。首先,从贸易方式看,各地主要以进料加工贸易为主,九省市进料加工贸易所占比重都超过了75%,除了辽宁从2002年到2008年进料加工贸易所占比重略有下降外,其他地区都有不同程度的上升。相比较而言,广东进料加工贸易出口所占比重相对较低,这同广东20世纪80年代中后期展开的"来料加工厂"模式有关。

表9.5  九省市进料加工贸易出口占加工贸易出口的比重

(单位:%)

| 年份 | 广东 | 江苏 | 上海 | 福建 | 浙江 | 山东 | 北京 | 天津 | 辽宁 |
|---|---|---|---|---|---|---|---|---|---|
| 2002 | 66.43 | 83.05 | 79.38 | 66.41 | 80.77 | 86.88 | 88.99 | 90.05 | 81.90 |
| 2003 | 71.29 | 83.14 | 84.38 | 68.36 | 83.64 | 89.49 | 92.10 | 90.54 | 83.48 |
| 2004 | 73.16 | 81.89 | 83.95 | 72.34 | 0.86 | 88.78 | 93.24 | 93.66 | 82.60 |
| 2005 | 76.79 | 74.11 | 87.16 | 73.84 | 89.64 | 88.52 | 94.30 | 94.24 | 80.58 |
| 2006 | 78.98 | 73.59 | 91.35 | 76.19 | 91.70 | 90.48 | 94.88 | 94.14 | 80.62 |
| 2007 | 78.60 | 74.03 | 89.12 | 80.81 | 90.94 | 86.89 | 95.18 | 94.66 | 79.54 |
| 2008 | 77.92 | 86.18 | 87.99 | 83.22 | 91.16 | 86.89 | 94.02 | 94.90 | 79.89 |

资料来源:根据海关统计数据整理。

表9.5中我们看不出北方省份和南方省份之间加工贸易企业生产控制方式中独占和分治之间的区别。按照芬斯阙和汉森(Feenstra and Hanson,2005)将进料加工贸易中采购权归中方的说法,各地基本以"分治"为主,恰恰相反,广东作为南方省份的典型,来料加工贸易出口在各省市中的比重是最高的,仅从这一点看,广东的"独占"比重应该最高。

从我们对四个省市的加工贸易进行的调查看,在中资企业中,存在着中方独占(以具有品牌为主要判断标准)、分治(来料加工贸易和在采购料件时外方通过指定国家或者指定企业方式形成采购权的共同持有为判断标准),以及企业内部独占和分治并存三种生产控制方式。中外

203

合资企业不管采用哪种方式,都是分治方式,主要是因为所有权为双方共同拥有。在外商独资企业中,不管什么形式,都是外方独占。在具体表格中我们看不出四个省市的差别到底有多大。

表9.6 四个省市调研样本企业的生产控制情况

(单位:家)

| | | | 上海 | 江苏 | 浙江 | 山东 | 合计 |
|---|---|---|---|---|---|---|---|
| 中资企业 | 贸易方式 | 来料 | 0 | 0 | 0 | 2 | 2 |
| | | 进料 | 9 | 3 | 7 | 4 | 23 |
| | | 来料和进料 | 2 | 2 | 5 | 3 | 12 |
| | | 合计 | 11 | 5 | 12 | 9 | 37 |
| | 料件指定 | | 4 | 1 | 1 | 6 | 12 |
| | 是否有品牌 | | 5 | 4 | 6 | 2 | 17 |
| 中外合资 | 贸易方式 | 来料 | 4 | 0 | 0 | 1 | 5 |
| | | 进料 | 9 | 3 | 5 | 5 | 22 |
| | | 来料和进料 | 1 | 1 | 0 | 1 | 3 |
| | | 合计 | 14 | 4 | 5 | 7 | 30 |
| | 料件指定 | | 6 | 1 | 1 | 5 | 13 |
| | 是否有品牌 | | 2 | 1 | 0 | 2 | 5 |
| 外商独资 | 贸易方式 | 来料 | 3 | 2 | 1 | 0 | 6 |
| | | 进料 | 17 | 20 | 6 | 5 | 48 |
| | | 来料和进料 | 3 | 0 | 1 | 0 | 4 |
| | | 合计 | 23 | 22 | 8 | 5 | 58 |
| | 料件指定 | | 7 | 12 | 0 | 3 | 22 |
| | 是否有品牌 | | 1 | 2 | 0 | 1 | 4 |
| 合计 | | | 48 | 31 | 25 | 21 | 125 |

资料来源:笔者通过调研所得。

### 9.1.3 地区加工贸易的国别结构特征

地区加工贸易在国别上也有明显的特征。首先,从进口看,从总体上看,加工贸易进口主要来自日本、韩国和中国台湾地区,这主要是三个方面的原因引起的。一是这些国家和地区的料件质量高。在我们的调研中,许多企业,包括欧美企业在加工贸易的国外料件采购中,要求指定日本、韩国这两个国家的产品最多。二是同这些国家或地区在中国设立的加工贸易企业有关。由于组装企业将生产基地搬迁到中国,有些料件企业也跟进进入中国,但还有一些料件企业没有投资中国,这样就需要通过料件进口的方式。三是同进口的距离有关,这些料件的进口地区都离中国比较近。

从各地区加工贸易进口看,呈现一些特点,主要同不同地区吸收外资加工贸易有关。例如山东和天津,这两个省市的进口主要来自韩国。根据我们的调查,在山东青岛和威海,韩资加工贸易企业占很高的比重,特别是威海,基本上都是韩国的来料加工贸易企业,因而基本上是韩方控制的加工贸易企业。天津主要是三星集团在那里的投资,尽管采用进料加工贸易方式,实际上是三星集团母子公司之间的交易关系。江苏省的加工贸易以苏州为主。在下面的分析中,我们可以看出,苏州地区主要从日本、韩国和中国台湾地区进口,与吸收这些国家或者地区的加工贸易企业有着直接的关系。

从加工贸易出口看,中国加工贸易的出口主要是美国和欧盟,但是各地方也显示出不同的特征。广东省的加工贸易还是通过香港出口,对香港的依赖比较大。下面一节我们以东莞来料加工厂为例,分析目前只有在广东存在的独特的"独占"方式。同样,由于山东省有相当部分是以韩资企业为主的来料加工贸易,因而出口到韩国的比重自然就很高了。

从上面的研究中我们可以看出:(1)中国加工贸易主要分布在沿海九个省市,其中以广东、江苏和上海所占比重为最高。(2)同芬斯阙和汉森(Feenstra and Hanson, 2005)所分析的市场厚度、法律成本对加工贸易企业生产控制方式的影响不同,我们认为最主要的影响因素是各自所吸收的外资加工贸易企业,因而以广东为主的南方地区不是分治,恰恰是独占为主要方式,体现在外资独资企业的来料加工贸易在全国所占的比重是最高的。(3)从国别结构看,中国各地区加工贸易的进口主要依赖日本、韩国和中国台湾地区,料件质量、加工贸易主体和运输距离是最主要的三个影响因素。从出口结构看,以美国和欧盟为主,但是广东省的加工贸易出口目前仍然依赖香港。

表9.7　2002年和2008年各地区的加工贸易按国别进口比重

（单位：%）

| 地区 | 日本 | | 美国 | | 欧盟 | | 中国香港 | | 中国台湾 | | 韩国 | | 六个经济体合计 | |
|---|---|---|---|---|---|---|---|---|---|---|---|---|---|---|
| | 2002 | 2008 | 2002 | 2008 | 2002 | 2008 | 2002 | 2008 | 2002 | 2008 | 2002 | 2008 | 2002 | 2008 |
| 广东 | 16.87 | 14.45 | 3.55 | 2.71 | 5.73 | 4.65 | 6.28 | 1.71 | 24.29 | 19.05 | 7.20 | 9.41 | 63.93 | 51.98 |
| 江苏 | 27.39 | 18.37 | 5.99 | 3.83 | 4.96 | 6.10 | 6.22 | 0.62 | 23.60 | 23.48 | 9.91 | 23.66 | 78.08 | 76.06 |
| 上海 | 25.62 | 19.36 | 12.46 | 11.20 | 11.10 | 12.01 | 9.30 | 1.91 | 17.78 | 16.82 | 8.89 | 7.43 | 85.15 | 68.73 |
| 山东 | 14.45 | 14.16 | 7.60 | 8.11 | 12.13 | 8.86 | 1.95 | 1.73 | 2.50 | 3.62 | 48.11 | 35.17 | 86.73 | 71.65 |
| 浙江 | 27.64 | 17.06 | 8.18 | 4.89 | 9.37 | 11.18 | 5.82 | 1.07 | 15.54 | 27.00 | 12.88 | 11.73 | 79.44 | 72.95 |
| 福建 | 14.14 | 10.37 | 4.81 | 4.07 | 7.58 | 8.42 | 4.75 | 0.57 | 32.56 | 36.75 | 12.88 | 13.33 | 76.72 | 73.51 |
| 北京 | 35.43 | 26.99 | 4.55 | 2.57 | 8.20 | 7.93 | 32.24 | 11.07 | 3.38 | 4.23 | 7.15 | 15.32 | 90.95 | 68.11 |
| 天津 | 18.88 | 13.35 | 12.86 | 9.84 | 5.42 | 8.24 | 8.53 | 4.53 | 9.93 | 5.70 | 29.85 | 44.40 | 85.47 | 86.05 |
| 辽宁 | 41.49 | 23.38 | 2.43 | 3.67 | 7.48 | 8.85 | 1.46 | 0.59 | 2.18 | 1.76 | 22.20 | 15.17 | 77.24 | 53.42 |
| 全国 | 20.47 | 16.18 | 5.60 | 5.21 | 6.88 | 7.16 | 6.60 | 1.62 | 20.35 | 18.08 | 11.82 | 15.64 | 71.72 | 63.88 |

资料来源：中国海关总署。

表9.8　2002年和2008年各地区的加工贸易按国别出口比重

（单位：%）

| 地区 | 日本 | | 美国 | | 欧盟 | | 中国香港 | | 中国台湾 | | 韩国 | | 六个经济体合计 | |
|---|---|---|---|---|---|---|---|---|---|---|---|---|---|---|
| | 2002 | 2008 | 2002 | 2008 | 2002 | 2008 | 2002 | 2008 | 2002 | 2008 | 2002 | 2008 | 2002 | 2008 |
| 广东 | 9.03 | 5.84 | 26.79 | 22.03 | 14.87 | 16.26 | 36.04 | 40.12 | 1.98 | 1.30 | 1.19 | 2.41 | 89.89 | 87.97 |
| 江苏 | 19.95 | 8.46 | 26.29 | 23.12 | 21.42 | 29.05 | 10.43 | 9.72 | 3.45 | 2.92 | 3.61 | 6.12 | 85.16 | 79.39 |
| 上海 | 23.56 | 11.81 | 22.61 | 26.21 | 17.30 | 30.58 | 12.63 | 8.06 | 3.36 | 2.26 | 3.11 | 2.19 | 82.57 | 81.10 |
| 山东 | 23.47 | 13.23 | 21.41 | 21.95 | 15.25 | 21.52 | 6.17 | 4.46 | 1.18 | 0.78 | 18.44 | 17.25 | 85.93 | 79.19 |
| 浙江 | 25.49 | 12.46 | 27.09 | 22.02 | 18.05 | 26.20 | 8.84 | 9.86 | 2.00 | 1.79 | 4.13 | 3.74 | 85.60 | 76.08 |
| 福建 | 24.74 | 19.00 | 30.48 | 26.14 | 16.31 | 23.05 | 11.43 | 9.46 | 2.68 | 2.34 | 0.80 | 1.94 | 86.44 | 81.92 |
| 北京 | 18.92 | 9.84 | 19.43 | 7.85 | 25.94 | 39.82 | 16.40 | 7.36 | 0.24 | 2.64 | 8.10 | 1.93 | 89.11 | 69.44 |
| 天津 | 14.14 | 8.93 | 38.10 | 20.95 | 14.88 | 23.18 | 7.02 | 6.22 | 1.58 | 1.05 | 9.54 | 11.57 | 85.26 | 71.90 |
| 辽宁 | 43.61 | 28.84 | 16.09 | 10.04 | 11.31 | 13.33 | 5.15 | 5.73 | 0.35 | 0.63 | 9.20 | 11.81 | 85.71 | 70.38 |
| 全国 | 15.67 | 9.23 | 26.02 | 22.20 | 16.07 | 22.95 | 23.55 | 21.01 | 2.21 | 1.88 | 3.87 | 4.75 | 87.39 | 82.02 |

资料来源：中国海关总署。

## 9.2　东莞"来料加工厂"生产控制模式

广东省东莞市是国内最早从事加工贸易的地区,从 1978 年东莞签订第一份来料加工合同到现在已有 30 多年历史,目前东莞已经成为中国最大的来料加工贸易基地。本节主要研究在中国广东省存在的一种特殊加工贸易企业——来料加工厂,这种类型的加工贸易企业在东莞最典型,因此我们以东莞来料加工厂为例分析这种加工贸易企业的形成过程以及各种经济主体的利益格局。

### 9.2.1　问题提出

来料加工贸易是中国最早开展的加工贸易方式。1978 年 7 月,国务院颁布《开展对外加工装配业务试行办法》,据国务院文件颁布不到两个月,东莞于 1978 年 9 月 15 日,组建了全国第一家来料加工贸易企业——太平手袋厂。1979 年 9 月 3 日,国务院发布了《开展对外加工装配和中小型补偿贸易办法》,进一步规范了来料加工贸易方式的运行规则。为了进一步落实国务院《开展对外加工装配和中小型补偿贸易办法》,针对广东各地区从事来料加工贸易时出现的问题,广东省人民政府于 1983 年颁发了《广东省关于加强对外加工装配业务管理的暂行规定》,明确规定:"经营对外加工装配的企业,应是国营和集体所有制企业,凭批准的协议、合同向工商行政管理部门领取特准营业执照。"①因此,当时对来料加工贸易主体的规定是十分明确的,就是国营和集体企业,外方委托中资企业从事来料加工贸易业务,外方不作价提供料件和设备,并负责销售,中方只收取工缴费。从加工贸易企业控制方式的角度看,外方既控制了料件的采购,又拥有料件和产成品控制权,但由于中方拥有所有权,中资企业可以承接来料加工业务,也可以不承接来料加工业务,国内

---

① 《广东省关于加强对外加工装配业务管理的暂行规定》是地方行政性法规,这个法规在 2001 年废止,主要是含有同中国入世承诺不相符的规定。

的行政法规赋予了中资企业更大的选择权。芬斯阙和汉森(Feenstra and Hanson，2005)将这种控制权描述为中方管理者在加工贸易合同执行中的作用，这种作用的大小对企业利润和贸易利益分配产生影响。

我们之所以将东莞来料加工厂作为典型进行研究，主要是基于三个方面的原因。一是从1978年到现在，东莞来料加工贸易不仅没有下降，反而继续保持着上升的趋势。1979年东莞来料加工贸易金额为234.34万美元，2008年为242.84亿美元，来料加工贸易占东莞加工贸易的37.05%，大大超过全国平均比重(16.35%)。那么目前在中国企业能力不断增强的条件下，许多地区的来料加工贸易所占比重很小，而东莞的来料加工贸易为什么还很高，所占比例大大超过国内平均水平呢？二是国务院有关加工贸易的文件规定了来料加工贸易的运作规则，在东莞的实际情况是这样的吗？我们通过调研发现，东莞来料加工贸易形成了不同于全国的运行方式，到目前还大量存在着非法人地位的来料加工厂，并且在广东省最为典型。三是2008年金融危机以后，东莞市政府提供了来料加工厂转型为"三资企业"的政策，以促进来料加工贸易企业的转型，这种转型对来料加工贸易企业生产控制方式将产生什么影响？

国内对东莞来料加工厂的研究并不是很多，毛德龙(2004年)从法律角度专门研究了东莞来料加工贸易企业的性质和变化趋势，他认为，1978年刚开始在东莞完全按照国务院的有关规定运作，然而，随着外商对中方来料加工厂在经营权等方面的控制，中方拥有的权利逐步转让给了外方，后来发展到许多外商直接到东莞租赁厂房，形成了来料加工厂，但是这种企业不具有法律效力，只是外商同东莞对外装配服务公司签署来料加工合同。

东莞是广东承接香港制造业转移的重要地区，其中香港中间商在制造业转移中起到重要作用。王怀民(2007年)把香港中间人分为两类：一类是集中间人与生产商角色于一身的贸易商，他们首先从国外接受生产订单，然后从国际市场上购买原材料，在香港或其他地方对之进行初步加工，之后提供给位于内地的加工企业，并在加工产品出口到最终目的地之前先运往香港进行检验、验收或分类包装。因此，他们从事的是外向的加工活动与质量分级服务。其实，这些贸易商在内地改革开放前就在香港从事加工装配活动,随着香港劳动力成本的上升,他们将加工产业转移到了与香港毗邻的广东省,通过香港总公司继续对位于广东的加工企业进行全方位管理。香港的另一类中间人是只为买卖双方达成交易提供服务,他们并不拥有生产设施,是名副其实的贸易商。

芬斯阙和汉森(Feenstra and Hanson,2005)检验了香港地区作为中国与世界进行贸易的中间人的角色。笔者利用香港港口统计数据和中国海关的数据说明了1988—1998年十年里中国出口量的大量增加,其中从香港转口的份额很大。中国出口额中,外发加工(outward processing)占大部分,特别是从香港转口的。而且这一比例在1988—1998年间是上升的,1998年外发加工在香港转口贸易中的份额为73.8%,而1988年只有49.7%。同时,跨国公司在中国出口中的份额在不断增加,每年从香港转口的外商独资企业份额大于从中国直接出口的外商独资企业份额,这就是香港作为中间人角色的重要性体现。笔者还对在香港转口的货物价格上升现象进行了计量分析,认为1988—1998年海关、保险和货运费等使得中国的再出口产品价格从进入香港到离开香港平均上涨了24%,这个升值是与行业、产品多样性、目标国家的富裕程度以及运输费的差异不同的。芬斯阙等人(Feenstra,Hanson and Lin,2002)进一步评估了国家通过香港中间人的服务从中国大陆购买货物所带来的利益,计量结果显示通过香港提供的中间人服务进口中间投入品获得的利益等于从香港转口的货物价值的16%,对于具体的制造产品为10%—21%。

对于中间人在加工贸易中的作用和发展趋势,王怀民(2007年)认为,内地对外贸易的发展可以增进市场信息的流动,减轻对中间人的依赖,但信息不对称和逆向选择问题仍将存在,内地开展的加工装配活动仍离不开中间人。

我们认为,现有文献讨论的主体是香港转口贸易的来源以及通过转口贸易获取的贸易利益。转口贸易既可能是来料加工贸易,也可能是一般贸易,而我们需要讨论的是东莞来料加工贸易同外商,特别是香港中间商之间是什么关系?为什么会形成东莞这种特殊类型的企业以及未来来料加工厂类型的生产控制方式变化?

### 9.2.2 东莞来料加工厂的形成和基本特征

在从事来料加工贸易企业的开始阶段,东莞基本上按照国务院《开展对外加工装配和中小型补偿贸易办法》的有关规定,以国内企业(当时大多是国有企业)作为一方,外方企业(当时主要是香港中间商)为另一方,双方签署加工贸易合同。因此,当时来料加工贸易的基本特征是:第一,必须先存在中资企业和在中国境外的外方企业,这两家企业都具有法人地位,具有独立经营行为。第二,中方和外方就加工装配业务签署合同,这种合同的性质属于国际加工承揽合同。第三,外商提供的设备的价款,我方加工厂用工缴费偿还,也可以采取灵活做法。这样在加工贸易企业的生产控制方式方面十分明确,从事来料加工贸易的主体是中方,中方的企业性质是国有或者集体企业,外方不作价提供料件并进行产品的销售,因而采购权和销售权归外方,加工贸易企业的生产控制方式属于分治方式。

随着外方在东莞加工产品复杂程度的提高和规模的扩大,中方拥有所有权的企业逐步失去了中方在加工贸易业务中的主导权。这种主导权的失去主要基于三个方面的原因:第一,中方管理者经营管理能力有限,完成来料加工贸易业务完全由中方设立并经营管理,难以符合外商对不同加工装配业务的需求。如果说中外双方在简单的加工装配业务的经营管理方面矛盾尚不突出的话,日益复杂、规模巨大的加工装配业务则越来越需要外商成熟及特性化的经营管理。① 第二,由于外方控制了外部销售权,因而中外双方一开始就处于不平等的地位。外方掌握了订单,就完全掌握了与订单有关的所有市场信息,这样,何时生产、生产多少、产品质量、规格等方面完全为外方所掌握,中方由于不清楚与订单有关的信息,自然在具体经营决策方面处于被动局面。第三,中方的利益是获得工缴费,而对外方从事的产品不感兴趣,在经营管理方面被外方控制,对于中方而言不损失什么。经营管理权由中方交到外方手中,不仅不会减少中方的任何收益,反而会减少经营运作的风险。这样,中

---

① 毛德龙:《涉"三来一补"企业纠纷若干法律问题研究——以东莞市为典型的实证与理论考察》,http://www.law-lib.com/lw/lw_view.asp? no=4139。

方管理者在加工贸易企业中的作用逐步减弱,甚至丧失。

尽管外商基本控制了具有的国有和集体企业,但是原来的国有和集体企业财产并不混同于外商企业,这些企业仍然有自己独立的经营核算体系,中方仍然与外商以工缴费的形式进行结算,而不是成为外商的内地加工车间,国有或者集体资产的代表向企业派遣经营者,经营者作用的大小取决于双方的谈判和经营者的努力程度。根据东莞相关年份统计年鉴反映的东莞所有制结构变化,东莞1978—1983年的工业企业主要是集体企业,国有或国有控股企业本身在东莞也不多。

1985年以后,外商为了在来料加工业务中获得更大的利益,提出建立"三来一补"加工厂。"三来一补"加工厂是外商不作价通过租赁或者建造厂房的方式,在东莞和广东其他地区建立以来料加工为业务的加工装配厂。"三来一补"加工厂来源于两个渠道:一个渠道是更多的外商到东莞从事来料加工贸易,但东莞没有多少集体企业承接来料加工贸易业务,外商直接租赁镇和村的厂房,通过同村镇经济发展公司签署来料加工合同,成立挂靠在村镇经济发展公司下的集体企业来料加工厂;另一个渠道是其他不同投资厂房的私人、外资或者几方合资,同相关部门签订来料加工合同以后,建立不同性质的来料加工厂。①

图9.1是1985年前后东莞来料加工业务运行方式的变化,最大的变化是原来中资企业主导的来料加工贸易方式逐步变成了名义上是集体性质的来料加工厂,实际上主要是外资主导的贸易方式。也就是说,在东莞,来料加工贸易企业表现为两种企业性质的企业:一是不具有法人资格的"三来一补"加工厂,二是外商通过直接投资在东莞形成以来料加工贸易为主、具有法人资格的"三资企业"。

1985年,东莞的来料加工厂为3141家,"三资企业"为79家;到

---

① 在东莞,"三来一补"贸易合同一般包括商务代理公司、镇外经办或经济发展总公司、外方企业及"三来一补"厂的四方合同。商务代理公司是东莞对外装配服务有限公司,其前身是东莞市来料加工贸易服务办公室,后政企分开以后成为来料加工厂办理商务业务的机构;外经办或经济发展总公司是因来料加工厂使用土地等代表镇一级政府管理企业;"三来一补"厂是厂房拥有者代表,厂房拥有者决定来料加工厂的产权性质。

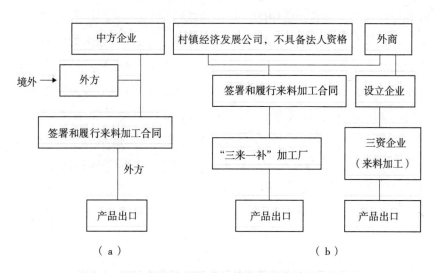

图 9.1　1985 年前和 1985 年后的东莞来料加工厂的运行

2002 年,来料加工厂为 11557 家,"三资企业"为 5842 家。① 根据香港工业总会 2006 年的调查,香港在广东的来料加工厂为 32300 家,其中东莞企业 6100 家。说明,按照 2003 年东莞来料加工厂的数据,香港投资商投资在东莞的来料加工厂占东莞所有来料加工厂的 60% 左右。

东莞来料加工厂的基本特征是:第一,非法人资格。外商同东莞下属的村镇经济发展公司签署来料加工合同,按照原来的制度设计,村镇经济发展公司是履行来料加工贸易合同的中方主体,外方不能成立任何性质的企业。但是村镇经济发展公司不只同一家外商签订来料加工合同,而是同几百家外商签订来料加工合同。为了在经营上提高效率,东莞允许外商设立来料加工厂,在得到国家工商行政管理局认可以后同意给来料加工厂发放营业执照。但是从法理上看,来料加工厂不具有法人地位,因为外商同村镇经济发展公司签署的是来料加工贸易合同。

---

　　① 《东莞统计年鉴》从 1997 年开始出,几乎每年都换统计指标,对来料加工厂企业数的统计到 2004 年以后就没有了。有趣的是,东莞 1999 年和 2000 年两年镇区来料加工累计签协议宗数是完全一样的,这让人怀疑统计数据的准确性。

表 9.9　来料加工企业与外商投资企业的差异

| 企业形态 | 来料加工企业 | 外商独资企业 |
|---|---|---|
| 企业性质 | 无独立法人资格 | 独立法人资格 |
| 产品销售管道 | 产品须 100% 外销;一般无内销权 | 产品可合法内销甚至可达 100% |
| 进口机器设备税收政策 | 外商可不作价提供,免税进口不作价设备 | 投资专案为鼓励类之设备为免税进口,其他允许类、限制类均须先征后返 |
| 料件来源管道 | 获得国内购料批准证后,可部分国内购买、有限制 | 可自行控制国内购买 |
| 汇及财务 | 1. 工缴费收入由商务部门统一结汇,须付外汇差额扣补及其他相应之管理费。2. 不能开出销售发票 | 1. 有独立结汇权,无须缴工缴费及管理费等 2. 可以开出销售发票 |
| 厂房、土地权使用归属 | 外商无法取得国有土地使用权 | 外商可以取得国有土地使用权 |

资料来源:东莞对外贸易经济合作局:《关于做好东莞市来料加工企业就地不停产转三资企业有关工作的通知》。参见 http://www.dgboftec.gov.cn/transform/222.html。

　　而当时东莞为什么形成了这么多非法人地位的来料加工厂呢? 主要是因为在东莞的外商主要是香港的中小贸易商,后来中国台湾地区、甚至韩国和日本的中小贸易商也纷纷来到东莞。中小贸易商以订单为主,接到订单进行加工,这样在市场中处于不稳定的状态,外商需要有一个低成本的加工地,一旦接到订单,就可以高效率地进行生产,但在没有订单的情况下闲置成本很低。所以,在东莞以合同为主的来料加工地和以企业为主的加工地在运行成本上存在着巨大的差异。

　　第二,来料加工厂的基本控制方式是"集体性质,外方控制"。东莞的来料加工厂大都是外商同村镇经济发展公司签订来料加工合同,因而从企业性质看是中资集体企业。以香港在广东的来料加工厂为例,东莞 78.7% 来料加工厂的企业性质是集体企业。但是正如我们在前面分析的,即使是真正意义上的集体企业承接外商的来料加工业务,中资的控制权也基本上被外商所控制。

　　按照来料加工厂的管理规定,一般情况下,村镇经济发展公司派遣管理人员对来料加工厂进行管理,这些管理人员是厂长、报关员、仓管员、出纳员和会计员,但实际上大多数来料加工厂被外商所控制。根据香港工业总会 2005—2006 年对香港在东莞来料加工厂的调查,港资拥有来料加工厂经营权及管理权的占 66.7% 。

表 9.10　香港投资者在广东设立来料加工厂的性质

（单位:%）

| 企业性质 | 深圳 | 东莞 | 惠州 | 广州 | 珠海 | 中山 | 江门 | 佛山 | 肇庆 | 全部样本 |
|---|---|---|---|---|---|---|---|---|---|---|
| 集体企业 | 71.1 | 78.7 | 8.8 | 7.0 | 69.6 | 52.5 | 63.2 | 14.9 | 67.7 | 51.0 |
| 私营企业 | 21.1 | 19.1 | 53.8 | 73.5 | 22.4 | 41.7 | 25.3 | 58.2 | 29.3 | 37.1 |
| 股份合作企业 | 3 | 1.6 | 19.8 | 8.5 | 3.2 | 3.3 | 3.2 | 10.4 | 2 | 5.4 |
| 股份制企业 | 3.4 | 0 | 14.3 | 3 | 1.6 | 1.2 | 1.1 | 7.5 | 0 | 3.1 |
| 国有企业 | 0.9 | 0.5 | 3.3 | 7.5 | 3.2 | 0.5 | 7.4 | 3 | 1 | 3 |
| 其他企业 | 0.4 | 0 | 0 | 0.5 | 0 | 0 | 0 | 6 | 0 | 0.5 |

资料来源:香港工业总会(2007 年):《珠三角制造,香港工业的挑战和机遇》。参见 http://www.hku.hk/hkcer/prd%20report%20II/Presentation_Chi_(2007-04.19).pdf。

第三,来料加工厂的利益分配。来料加工厂的收益就是工缴费,东莞来料加工贸易合同是四方当事人签署的合同,这样,利益分配当然涉及四个方面的经济主体,即东莞对外加工装配服务公司、镇区经济发展总公司、外商和来料加工厂。① 这种分配方式同一般来料加工企业的区别是参与分配的利益主体不同,一般来料加工贸易企业就是承接来料加工贸易的企业与外方之间的收益分配,没有第三方分享收益权。

由于东莞只有整个来料加工贸易 1996—2002 年的各镇的工缴费统计数据,因而我们只能计算东莞来料加工装配所获得的工缴费和出口,单位产品的工缴费,见表 9.11。

---

① 根据毛德龙对高埗镇的调研,在整个工缴费中,东莞对外经济贸易合作局对外加工装配公司会以管理费的名义收取 1% 的引资费,东莞市财政局提取 4% 的管理费。高埗镇经济发展总公司(这个经济发展总公司与镇外经办基本是合一的)将扣划 15% ,剩余作为来料加工厂独立支配的那部分,主要用来支付厂房租金、水、电、气等费用,还有工人工资、办公费用、治安消防费用。

表9.11　来料加工贸易额、工缴费、国内采购率和贸易增加值率

（单位：万美元、%）

| 年份 | 出口额 | 进口额 | 工缴费 | 国内采购率 | 贸易增加值率 |
|------|--------|--------|--------|-----------|-------------|
| 1996 | 496833 | 383988 | 39125 | 14.84 | 0.08 |
| 1997 | 582863 | 445237 | 71756 | 11.30 | 0.12 |
| 1998 | 652853 | 462194 | 90802 | 15.30 | 0.14 |
| 1999 | 759638 | 584224 | 109592 | 8.66 | 0.14 |
| 2000 | 834347 | 64562 | 140567 | 5.78 | 0.17 |
| 2001 | 940908 | 684323 | 147941 | 11.55 | 0.16 |
| 2002 | 1171688 | 922916 | 143088 | 9.02 | 0.12 |

注：来料加工国内采购率的计算公式是：（出口-进口-工缴费）/出口；来料加工贸易增加值率的
　　计算公式是工缴费/出口额。
资料来源：根据《东莞统计年鉴》1997—2003年有关数据整理而成。东莞统计年鉴中有关工缴
　　费的统计只有1996—2002年的数据，以后都没有公布。

　　从东莞来料加工贸易的国内采购看，1996—2002年平均的国内采购
率是10.92%。从贸易增加值率看，1996年的贸易增加值率相对低一
点，只有8%，1996—2002年平均来料加工增加值率为13%，这个数据低
于芬斯阙等人（Feenstra，Hanson and Lin，2002）估计的香港作为中间人获
得的收益。

　　第四，来料加工厂以代工贴牌方式为主。根据香港总会对港资企业
在广东地区的调研，来料加工厂的产品经营主要以代工贴牌为主。港商
具有自主品牌的来料加工厂很少。

表9.12　香港投资加工企业的生产模式

（单位：%）

| | 企业比例 | | |
|------|--------|--------|--------|
| | 所有被调查的企业 | 直接投资企业 | 来料加工厂 |
| 代工制造 | 65.1 | 61.9 | 68.6 |
| 代工设计 | 9.8 | 13.2 | 6.0 |
| 自主品牌 | 6.6 | 7.0 | 6.1 |
| 代工设计和制造 | 11.9 | 10.3 | 13.8 |
| 代工制造和自主品牌 | 3.0 | 3.3 | 2.6 |

续表

| | 企业比例 | | |
|---|---|---|---|
| | 所有被调查的企业 | 直接投资企业 | 来料加工厂 |
| 代工设计和自主品牌 | 1.1 | 1.4 | 0.8 |
| 代工设计、制造和自主品牌 | 2.1 | 2.4 | 1.8 |
| 其他 | 0.4 | 0.5 | 0.3 |

资料来源:FHKI 调查。

来料加工厂的非法人地位,对于外商而言,不仅可以节约许多交易成本,还能逃避许多责任。例如合理逃避税收、受雇工人社会保障、环境污染等问题,特别是当经济危机出现以后承担的社会责任问题。东莞市金融机构从 2001 年始不再办理"三来一补"企业的信贷业务,实际上就反映了金融机构对"三来一补"交易风险的控制。

### 9.2.3 来料加工厂生产控制方式的转变和利益调整

从 2002 年起,东莞市工商局已经开始着手推动"三来一补"企业的转制,但效果并不是很好。但是当 2008 年全球金融危机对东莞来料加工厂产生重大影响时,一般情况是,具有法人地位的企业,特别是中小企业,关、停、并、转是正常的现象,金融危机导致企业倒闭增加是正常的现象,主要根据法律程序进行资产清理就可以了。但是不具有法人地位的来料加工厂就可以逃避法律责任,在一般经济条件下,个别来料加工厂的倒闭,镇区经济发展总公司可以承担社会责任,但是当出现金融危机以后,大部分企业出现了停产,这样就难以承担社会责任。

正是在这种情况下,2008 年广东省人民政府发布了《关于促进加工贸易转型升级的若干意见》,其中第四点第 18 条专门提出了来料加工厂的转型问题,"推动来料加工厂实现不停产转型。鼓励和支持符合国家产业政策的来料加工厂,按照相关规定就地转型为具有独立法人资格的外商投资企业或其他类型企业。外经贸、海关、工商、税务、外汇管理、检验检疫、公安、环保、劳动保障等有关部门要为来料加工厂实现不停产转型提供便利服务。"①随后广东外经贸厅和东莞市政府专门制订了有关来料加工厂实现不停产转型的具体操作方案。②

来料加工厂原地"转型"是指,仅开展来料加工业务而不具有独立法人资格的企业或工厂,在原加工地转变成为具独立法人资格的外商投资企业(或其他类型企业)继续开展加工贸易业务的行为。"转型后"是指企业以新成立的外商投资企业(或其他类型企业)名义对外签订加工贸易合同并获外经贸主管部门批准。这样,来料加工厂的生产控制方式从以名义上的中资企业的"分治"模式转变为外资企业的"独占"模式。

来料加工厂原地"转型"实际上是从原来东莞地区不规范的做法(在设备引进、厂房使用和劳动力使用等方面)转变为严格按照法律规范执行,这对全国从事来料加工业务的企业来说可以形成一种公平的竞争环境。

但来料加工厂转型为外资企业的"独占"模式存在着以下三个问题:第一,转型成本问题,例如进口设备税收征收、厂房使用权、土地租用费用、劳动力的社会保障费用,等等。尽管财政部在2009年7月16日下达了《关于来料加工装配厂转型为法人企业进口设备税收问题的通知》,但进口设备税收只是转型成本的小部分。第二,某些来料加工厂企业规模本身就比较小,产品档次低,其竞争优势的获得在某种程度上就是靠"不正当竞争",当来料加工厂要形成规范的法人企业时,这种成本优势不复存在,短期内通过技术和规模取得竞争优势不太可能,这样可能形成较大规模来料加工厂的震动,对香港的影响也比较大。③ 第三,来料加工厂要打破原来的工缴费利益分配格局,并非是一件容易的事情。

---

① 广东省人民政府:《关于促进加工贸易转型升级的若干意见》,广东省人民政府网站,http://www.gd.gov.cn/govpub/zfwj/zfxxgk/gfxwj/yf/200810/t20081014_70520.htm。
② 《关于印发省外经贸厅等十一个部门关于来料加工企业原地不停产转型的操作指引的通知》,http://www.gddoftec.gov.cn/ggl/index.asp?dt=522;东莞市外经贸局:《关于做好东莞市来料加工企业就地不停产转三资企业有关工作的通知》,http://www.dgboftec.gov.cn/call_board/detail.asp?ID=667。
③ 据香港工商总会估计,香港在广东的来料加工厂为32000家,其中东莞最多,为12000家,香港来料加工厂的就业人数为504万人,其中东莞为231万人,这个统计数据大大高出东莞统计局的统计数据。资料来源:香港工业总会(2007年),《珠三角制造,香港工业的挑战和机遇》,http://www.hku.hk/hkcer/prd%20report%20II/Presentation_Chi_(2007-04.19).pdf。

所以,我们认为,来料加工厂的转型方向是完全正确的,但要看到来料加工厂转型的困难,这并不仅仅是形式上简单的转型问题,而是企业利益关系的再调整和企业竞争力形成以后的再转型问题。对这些来料加工厂要进行细分,根据不同的需求,通过必要的过渡期,逐步进行转型。

首先,政府不急于办理来料加工厂转型的问题,而是要对这些来料加工厂进行评估和转型成本测算。从 1985 年到 2009 年,来料加工厂存在了 24 年,许多复杂的关系不可能在短期内完成的。其次,转型成本的分摊和利益的再调整问题。长期的来料加工厂方式的运行使原来的东莞市政府、镇村政府以及厂房所有者和外商之间形成的利益关系如何逐步调整到规范合理的利益关系,需要一定的制度设计,从而不致产生有影响的经济波动。最后,应根据不同来料加工厂的需求进行转型,而不可能只是一种固定的转型模式。

从上面的分析中可以看出:(1)东莞来料加工厂生产控制名义上是中资"分治"方式,实际上基本属于外资"独占"方式,这种方式从 1985 年到 2009 年已经存在了 24 年,该方式对于广东以外的其他来料加工贸易企业而言,存在着不公平竞争问题,而且对广东本身也带来了许多不稳定因素。(2)来料加工厂的转型是必要的,这是一次产权的进一步规范,非法人地位的"来料加工厂"的不稳定难以保障资方、劳方和地方政府之间的利益关系。(3)来料加工厂的转型涉及转型成本和利益调整,因而要看到转型的长期性和艰巨性。从政府之间的利益调整看,涉及香港特别行政区和广东之间的利益调整;从来料加工厂之间的利益关系看,最主要是劳方利益的保障。(4)来料加工厂的转型模式不可能是千篇一律的,在实践中会创造新的商业模式,但这种商业模式应该是在法律的框架下运行。

## 9.3  苏州外商独资加工贸易企业控制方式

江苏苏州地区与广东东莞地区加工贸易的起步和发展方式存在着

巨大的差异,20世纪80年代起苏州地区主要是以乡镇集体企业国内市场为主的苏南模式。1992年以后,苏州开始重视吸收外资制造业,特别是2000年以后通过建立出口加工区,吸引了以出口为主的跨国公司,使苏州从20世纪80年代以一般贸易为主的地区转变为2000年之后以加工贸易为主的地区。

### 9.3.1 关于苏州模式的有关讨论

2000年以来,苏州加工贸易的迅速增长,到2008年苏州加工贸易进出口总额1596.57亿美元,占苏州货物贸易的69.86%。苏州加工贸易出口占江苏省的70.81%,在全国加工贸易出口比重中占7.04%,苏州以加工贸易带动的高速经济增长使得"苏州模式"备受关注,学术界对苏州加工贸易的研究主要围绕"苏州模式"的基本内涵,以及苏州模式对苏州经济发展的作用的分析。

关于苏州模式的内涵,学者们从不同的角度进行了论述。李玉梅、王冬生(2004年)认为,20世纪90年代以后,由于受到资源、体制和资源约束,苏州逐渐扬弃了以乡镇企业为核心的苏南模式,形成了以外向型经济为特点的一种发展模式,基本特征是外资的投入和外贸的进出口,苏州模式推动了地方经济的发展。马丽平(2005年)认为苏州模式是以强势政府和有效政府为基础,以招商引资为手段,以土地换资金,以空间求发展的典型的引进发展型模式。王炜瀚(2005年)认为,苏州模式是"以政府为主导,依赖外资及其技术、管理与商业渠道,以制造业为基础,以出口为导向进行工业化的经济增长模式"。其发展基本是靠政府引进外资,外资组织生产活动,本土劳动力参与生产的模式,因而是"典型的资源'依赖'型模式,所依赖的生产要素主要是廉价的劳动力,通过引进外资搞来料加工增加产出"。张晔(2005年)认为,苏州模式是一种以外资带动出口加工,发展外向经济的模式。这种模式固然能推动本地工业化进程,但是外资出口加工企业是为了追逐更高利润,其特性决定了它永远在寻求最佳的性价比地区,待本地资源优势丧失时,这些外资就会很快发生迁移,出现产业空心化的威胁。张向阳等人(2005年)等用全球价值链理论比较了苏州和温州两种不同模式在全球价值链中的位置,提出了争取进入全球价值链的部分战略环节。根据学者们对苏州模式的界定,苏州模式具有以下特征:一是苏州模式开始于20世纪90年代、成型于2000年之后;二是政府在苏州模式的形成中起到了主导作用;三是两头在外的加工贸易是苏州模式的产业模式;四是外资企业是苏州模式的企业主体;五是廉价的劳动力、土地资源、优惠的外资政策是形成苏州模式的要素基础。

关于苏州模式对苏州经济发展的作用,学者们普遍认为苏州模式促进了苏州经济的快速发展,但是这种模式具有明显的局限性。就苏州模式的成效而言,张晔(2005年)指出以外资引导的出口加工型的苏州模式能够迅速推动当地工业化进程,是经济发展初期促进工业化的有效途径。张晔(2005年)认为,苏州模式推动了当地产业结构的升级;密切了本土企业与国际市场的联系;提高了产品的国际竞争力;培养了当地经济发展所需的技术和管理人员;解决或缓解了当地劳动力就业问题;为当地工业的发展积累了大量资本。在肯定苏州模式的成效的同时,学者们也指出了由外资主导的苏州模式会导致本土经济被边缘化,容易引发地方经济的空心化危机并伴随"市强民穷"现象的出现。(2004年;张晔,2005年;马丽平,2005年;田园,2009年)

针对苏州模式的不足,学者们指出苏州要想真正实现经济的持续健康发展,必须实现苏州模式的转型升级。学者们普遍认为外资主导是苏州模式局限性的根源,因此转型升级的关键是以实现本土经济为主导。张晔(2005年)指出苏州模式只适用于经济发展的初期阶段,必须由现在的苏州模式向新苏州模式转型,即从外资主导的出口加工模式转变为本土制造企业承接跨国公司外包的模式。马丽平(2005年)则认为,苏州在引进外资达到一定程度以后应及时实行转型,在引进资本的同时引进先进技术,从而带动本土产业升级,同时,要将引进生产型项目与引进服务型项目结合起来,在发挥原有优势的同时,带动本地经济结构的调整和完善,更快地促进百姓收入的增长。

同苏州模式发展相近的地区还有上海郊区各区县,江苏的无锡等苏南地区,广东的深圳和广州,天津,山东的青岛、烟台和威海等地区。这些地区的加工贸易以外资为主体,主要集中在出口加工区和工业园区,这种加工贸易模式在中国目前占主导地位。因此,苏州模式在中国加工贸易中具有一定的代表性。这种模式是以跨国公司企业内交易和跨国公司之间契约贸易(外包)为背景,母国根据东道国的要素禀赋决定加工贸易企业的定位。

总体而言,目前主要的文献只是从宏观上分析了苏州模式及其对苏州经济的作用和转型升级途径,而不是从微观的角度研究苏州模式的运行机理。针对苏州模式,我们的研究要分析清楚三个基本问题:一是同东莞地区吸收的外资相比较,企业同样做加工贸易业务,但它们之间是否存在着差异;二是外资企业一般使用进料加工贸易方式,是否意味着这种加工贸易方式存在着同中资企业之间的分治;三是这种生产控制模式下各方的基本利益分配格局是什么?

### 9.3.2 苏州加工贸易企业生产控制方式的基本特征

苏州加工贸易主要通过外资企业的进入而发展起来。2000 年以后,苏州利用世界电子和通信制造业特别是电子计算机制造业转移的机会,以吸收中国台湾地区的电子计算机代工企业为主,通过苏州工业园区和昆山出口加工区的平台,形成了以自动数据设备及其零部件等为主的加工贸易制造基地。

表 9.13 苏州进出口贸易方式及所占比重(2008 年)

(单位:亿美元、%)

| 贸易方式 | | 贸易额 | 所占贸易额比重 |
|---|---|---|---|
| 出口 | 出口 | 1316.64 | 100 |
| | 加工贸易出口 | 1005.23 | 76.35 |
| | 排名前 100 外资企业出口 | 767.44 | 58.29 |
| 进口 | 进口 | 913.77 | 100 |
| | 加工贸易进口 | 591.34 | 64.71 |
| | 排名前 100 外资企业进口 | 482.62 | 52.81 |

注:苏州进口或者出口排名前 100 的外资企业都是加工贸易企业。

资料来源:苏州市对外经济贸易合作局:《2008 年苏州市对外贸易经济年报》,http://www. szhboftec. gov. cn/Info. asp? ParentID=52。

表 9.13 中,苏州进出口中,加工贸易占比较高的比重,同时,加工贸易中,进出口前 100 位的企业贸易额所占比重超过了苏州进出口贸易总额的 50%。

外方独占是苏州加工贸易企业生产控制方式的基本特征,其表现在所有权、采购权和销售权三个方面。

在所有权方面,苏州加工贸易企业,特别是大型加工贸易企业都采用外商独资的方式。[①] 苏州加工贸易性质的外资企业大都是跨国公司或者跨国公司的关联企业。到 2008 年,共有 128 家世界 500 强企业在苏州投资了 400 多个法人项目,注册外资 100 多亿美元,涉及总投资 200 多亿美元。在这些项目中,以加工贸易为主的项目主要是欧美、日韩跨国公司和中国台湾地区的大型制造性加工贸易企业。苏州进出口排名前 100 位外资企业都是外商独资企业,并采用加工贸易方式,其中台资笔记本计算机代工商占进出口贸易前 100 家的 65.8%,日韩企业占 21.1%,欧美企业占 13.1%。

在采购权方面,苏州加工贸易大型企业的采购权为外方所独占。苏州加工贸易企业主要从中国台湾、韩国、日本等市场采购加工贸易所需要的关键料件。最早进入苏州的大型制造企业是台湾华硕电脑集团,1999 年在苏州成立了名硕电脑苏州有限公司,制造笔记本计算机,产品全部出口,采用来料加工贸易方式。随着华硕的进入,中国台湾其他大型笔记本代工商也开始大规模进入,同时还包括美国、日本和韩国的大型制造性企业,以计算机及配套产品、电子产品和电信产品出口为主,采用进料加工贸易方式。[②]

根据我们的调查,在苏州的大型外商独资企业在采购权方面存在着

---

① 国家统计局等对大中小企业的定义,大型工业企业的标准是从业人员在 2000 人及以上、销售额在 3 亿元及以上,资产在 4 亿元及以上的企业。国家统计局:《统计上大中小型企业划分办法》,http://www.stats.gov.cn/tjbz/t20061018_402369829.htm。

② 根据苏州苏州市对外经济贸易合作局外商投资企业管理处沙仲华处长的介绍,名硕电脑苏州有限公司是国家批准的唯一一家采用来料加工贸易方式的高新技术加工贸易企业,国家高新技术加工贸易政策的指导思想是通过进料加工贸易方式来带动国内企业,就是希望采购国内其他性质的料件,以带动产业结构的调整和优化。但事实上到目前为止,很少有国内企业进入到外资加工贸易企业的料件采购体系中。

两种配置方式。一种是采购权掌握在母公司,在苏州的企业只是执行采购任务,没有任何采购权利。台湾在苏州的加工贸易企业都采用这种模式,这种模式同名硕采用的来料加工贸易方式没有多少区别。另一种配置方式是核心料件的采购权掌握在母公司手中,一般料件的采购由加工贸易企业决定,但大多数情况下也要通过母公司认可。

**表 9.14　苏州前 100 位外资加工贸易企业的进出口构成**(2008 年)

| 外资企业进出口总额 ( 1994.95 亿美元) | 排名前 100 位外资企业进出口总额 1262.3 亿美元 (63.3%) | 计算机及配套产品、其他电子产品、通信产品 1127.72 亿美元 (89.3%) | 代工企业:台资 742.03 亿美元(65.8%) | |
|---|---|---|---|---|
| | | | 品牌制造商 385.69 亿美元(34.2%) | 日韩企业:238.33 亿美元 (21.1%) |
| | | | | 欧美企业:147.36 亿美元 (13.1%) |
| | | 其他 10.7% | | |
| | 其他 36.7% | | | |

资料来源:根据《2008 年苏州市对外贸易经济年报》相关数据整理计算。苏州市对外经济贸易合作局:http://www.szhboftec.gov.cn/Info.asp? ParentID=52。

　　不管是母公司掌握采购权,还是子公司掌握部分采购权,采购权都完全被外方所控制,因为在外商独资企业中没有所谓的"中方管理者",管理者是外方直接任命的,因而也不存在中方对采购权的控制问题。

　　在销售权方面,苏州大型加工贸易企业没有实质上的销售权利,其权利被母公司所控制。苏州加工贸易企业在获得销售订单以后,通过关键料件的进口,进行加工组装,然后主要出口到母公司指定的销售地,最大的市场是欧美市场。2008 年苏州企业出口到欧盟占 26.59%,美国占 24.61%,其次为东盟(8.7%)、中国香港(8.17%)、日本(8.17%)、韩国(5.14%)、中国台湾(3.56)。[1]

　　通信设备、计算机及其他电子设备制造业是苏州外资企业通过加工贸易方式出口的主要行业,这个行业出口占整个苏州出口的 60.26%,在这个行业中,外商和港澳台商投资工业企业出口交货值占整个行业的

----

[1]　苏州市对外经济贸易合作局:《2008 年苏州市对外贸易经济年报》第 29 页,http://www.szhboftec.gov.cn/Info.asp? ParentID=52。

99.76%,因而这个行业被外商独资企业控制。

**表9.15 通信设备、计算机及其他电子设备制造业不同**
**所有制企业主要经济指标(2008年)**

| 企业类型 | 企业数(个) | 从业人员(人) | 出口交货值(万元) | 资产(万元) | 利润总额(万元) | 税收(万元) |
|---|---|---|---|---|---|---|
| 规模以上工业企业 | 966 | 970197 | 46999134 | 32216922 | 2446614 | 824000 |
| 国有及国有控股工业企业 | 4 | 1439 | 41347 | 108749 | 12209 | 1781 |
| 民营工业企业 | 109 | 26158 | 112799 | 729009 | 32179 | 28650 |
| 外商和港澳台商投资工业企业 | 855 | 943349 | 46886335 | 31427635 | 2414261 | 795327 |
| 外商和港澳台商投资工业企业占规模以上工业企业的比重(%) | 88.51 | 97.23 | 99.76 | 97.55 | 98.68 | 96.52 |

注:从统计看,应该是国有及国有控股工业企业、民营工业企业、外商和港澳台商投资工业企业三种主要类型企业的经济指标加总等于或者小于规模以上工业企业的经济指标,因为小于的话可能还存在其他经济类型的企业。但是从《苏州统计年鉴2009》统计结果看,通信设备、计算机及其他电子设备制造业三种不同所有制加总经济指标等超过了规模以上工业企业的经济数据,尚不清楚其中的原因。
资料来源:根据《苏州统计年鉴2009》数据整理。

从上面的分析中我们可知,大型外商独资加工贸易企业在苏州占主导地位,而这些企业都采用外方独占的生产控制方式。说到底,苏州的外资加工贸易企业实质上是跨国公司或者关联公司在苏州的一个生产基地。

### 9.3.3 分段模块化生产、企业产品分工和深加工结转

苏州吸收的大型制造企业以出口为主,政府管理部门为了加强对保税货物的管理,在加工贸易的管理模式上也与东莞完全不同,采用封闭式建立出口加工区的方式。自1994年苏州工业园区运行以来,相继设立了昆山出口加工区(2000年)、苏州高新区出口加工区(2003年)、常熟出口加工区(2005年)、吴江出口加工区(2005年)、吴中出口加工区(2005年)。2004年1月在原苏州工业园区出口加工区A区、B区和全国首家保税物流中心(B型)基础上,整合形成了苏州综合保税区。

出口加工区的建立为区内加工贸易企业节约了运作成本,提高了运作效率。具体表现在区内的加工贸易企业不执行加工贸易手册制度和银行保证金制度,实行备案制度。海关为区内企业办理 24 小时通关服务。

但是企业内部产品分工和企业之间的产品分工不可能放在一个出口加工区,这样就出现了出口加工区难以解决产品前道工序和后道工序之间的连接,特别是跨海关关区之间的连接的问题。

苏州加工贸易企业生产的产品大都是自动数据处理设备及配套产品、电子产品和电信产品,其基本特征是最终产品组装加工前,将分解成独立的中间产品,这些独立的产品再组成一个一个模块,形成模块化供货系统,模块化是通过模块分解和模块集中的过程,把复杂系统分解为互相独立的组成部分,再通过即插即用的接口把独立的部分联结为一个完整的系统,通过这些系统组装成最终产品。模块化技术最早应用于机械设计和制造产业,后来广泛应用于自动数据处理设备业,但是这个行业的模块化完全不同,它是以信息技术为基础,对编码信息进行处理,每一个模块都是智能化的复杂系统。[1]

产品技术水平的高低影响跨国公司全球战略安排中对外国直接投资和外包的选择,技术水平越高跨国公司越偏好采用外国直接投资方式,形成公司内部贸易;技术比较成熟、产品标准化程度相对比较高的产品,跨国公司偏好于采用外包的方式,或者采用国际外包的方式。全球价值链的区域配置广度或者说外包和纵向一体化之间的替代程度,都取决于生产周期。一般情况下,新产品价值链的所有部分都是在国内生产的,随着时间推移,零部件的生产离岸外包给了子公司,并通过公司内贸易进口零部件。当产品成熟后,零部件都在国外制造,并通过公司间进口。[2]

---

① 孙晓峰:《模块化技术与模块化生产方式:以计算机产业为例》,《中国工业经济》2005年第6期,第60—61页。

② Antras, P. , ( 2005 ). "Incomplete contracts and the product cycle," *American Economic Review* 95 ,4 : 1054. 1073.

当这些高技术中间产品通过制造以后,到另一个制造工序或者到最终产品制造商进行组装时,一般企业采用两种贸易方式。一种是企业内贸易,例如美国和日本的芯片制造商制造成晶圆以后,需要封装和测试两个不同的制造工序,这些企业就将产品运到自己企业内部的封装厂进行,封装厂要经过前道的晶圆表面贴膜、晶圆切割以及切割后清洗等工序完成切割,晶圆上就形成了一个个的小格,即晶粒。完成以后将晶粒运到测试厂进行测试。在苏州的加工贸易企业的产品制造工序一般是2—5个环节。另一种方式是企业之间贸易,例如在苏州的自动数据处理设备组装企业,它们中有许多是为品牌制造商代工的,因而品牌商和组装企业之间的贸易就是企业间贸易。

不管是企业内贸易,还是企业间贸易,当一个制造工序完成以后,要进入下一个工序,当这两个工序都在一个出口加工区时,企业可以在保税状态下运行。但是一个制造工序完成以后,要到另外一个出口加工区进行时,就出现了保税产品出关,视同出口。为了解决这个问题,海关专门制定《关于加工贸易保税货物跨关区深加工结转的管理办法》,允许保税货物跨关区深加工结转,保税货物跨关区深加工结转,是指加工贸易(来料加工、进料加工)企业将保税料件加工的产品结转至另一直属海关关区内的加工贸易企业深加工后复出口的经营活动。

外资企业内部之间和跨国公司在苏州子公司之间的深加工结转强化了外方对加工贸易企业的生产控制,跨国公司内部"更加集中于价值链中知识密集、资本密集、最具创造性等不易被模仿的功能,例如产品定义、研究和开发、管理服务,以及核心价值营销和品牌等服务"。① 从跨国公司从事的制造产品而言,都是一些高技术含量、不易被其他公司模仿的关键产品,对于外资企业内部企业之间的深加工结转,意味着加工贸易企业的控制从单个企业向核心工序的多个内部分工企业转变,使跨国公司内部转移定价相对更为容易。

另一方面,跨国公司将非核心制造业务外包出去,形成了跨国公司

---

① 联合国贸易与发展会议:《世界投资报告》2002年,http://www.unctad.org/en/docs/wir2002_en.pdf。

国际生产体制,这种生产体制的核心是关键性的治理全球价值链和地理布局之间的关系、确定业务活动的地理和功能分配以及确保它们之间协调的管理结构。在国际生产体制中,治理的形式多种多样,从提供直接管理性监督的所有权(或产权)联系直到提供各种非产权联系,这些联系通过诸如特许经销、发放许可证、分包营销合同、共同技术标准或稳定基于信任的业务关系等各式各样的关系联系起来,基于产权的治理体制将管理内部化,并且允许对各公司特有的利益给予更强有力的保护。跨国公司近来在许多产业中倾向于更加集中于价值链的知识密集等不那么有形的功能,如产品定义研究和开发管理服务以及营销和品牌管理等,由于这个缘故,合同制造商增长得十分迅速,跨国公司日益倾向于更加狭窄的专业化而将越来越多的业务功能发包给分布在全世界的独立的公司去做,以便利用其成本和物流方面的优势。有些公司甚至选择完全退出生产,让合同制造商去从事生产,自己则集中精力于革新和营销。

在苏州的自动数据处理设备制造业代工企业是跨国公司和合同制造商之间形成国际生产体制的典型地区。

对于外资企业之间的深加工结转,跨国公司和关联公司之间的结合更为有效,成为跨国公司国际生产的一个重要组成部分。

表9.16 自动数据处理设备加工贸易企业的贸易方式、所属工业园区、独资外方母公司和代工品牌商

| 工业区 | 工厂 | 母公司 | 代工品牌 |
|---|---|---|---|
| 昆山出口加工区 | 凯博电脑(昆山)有限公司 | 大众电脑 | 联想、NEC |
| | 昆达计算机科技(昆山)有限公司 | 神达电脑 | 戴尔、惠普 |
| | 昆山广志电子有限公司 | 仁宝电脑 | 戴尔、东芝、惠普、鸿基、联想 |
| | 伦飞计算机(昆山)有限公司 | 伦飞电脑 | 神舟 |
| | 仁宝信息技术(昆山)有限公司 | 仁宝电脑 | 戴尔、东芝、惠普、鸿基、联想 |
| | 仁宝资讯工业(昆山)有限公司 | | |
| | 神讯电脑(昆山)有限公司 | 神基科技 | NEC |
| | 纬创资通(昆山)有限公司 | 纬创集团 | 惠普、戴尔、宏基、IBM、联想 |
| | 纬新资通(昆山)有限公司 | | |
| | 纬智资通(昆山)有限公司 | | |
| | 旭达电脑(昆山)有限公司 | 神达电脑 | 戴尔、惠普 |

| 工业区 | 工厂 | 母公司 | 代工品牌 |
|---|---|---|---|
| 昆山高新技术园区 | 昆山乐金微永电脑有限公司 | 台湾微星和微星科技 | LG |
| | 微盟电子(昆山)有限公司 | | |
| 吴江出口加工区 | 亚旭电子科技(江苏)有限公司 | 华硕电脑 | 索尼、三星 |
| | 泽康科技(吴江)有限公司 | 大众电脑 | 联想、NEC |
| | 华宇电脑(江苏)有限公司 | 华宇电脑 | 惠普、NEC |
| 苏州出口加工区 | 大将科技(苏州)有限公司 | 大众电脑 | 联想、NEC |
| | 志合电脑(苏州工业园区)有限公司 | 精英电脑 | 苹果 |
| 苏州高新技术产业开发区 | 名硕电脑(苏州)有限公司 | 华硕电脑 | 索尼、三星 |
| 苏州工业园区 | 苏州三星电子电脑有限公司 | 三星电子 | 三星 |
| 总计 | 21 | | |

资料来源:笔者根据调研资料整理所得。

### 9.3.4 苏州加工贸易的政府投入和收益

苏州模式与东莞模式的最大区别是,苏州通过建立工业园区和出口加工区,加工贸易企业在园区内运作,俗称"圈养式"加工贸易,而东莞是沿公路两旁,租用镇、村土地和房产从事来料加工贸易,俗称"散养式"加工贸易。相对而言,因为要设立封闭式的出口加工区,苏州政府的前期投入是相当大的。

中国台湾地区和欧美、日韩跨国公司大规模进入苏州是在 2000 年以后,同时苏州的加工贸易企业都是外商独资企业,因而可以享受获利年度起 2 年免征、3 年减半征收企业所得税的待遇,因而 2005 年前苏州获得外商加工贸易企业的税收是极其有限的,尽管苏州市政府没有公布这方面的数据。因此,从 2006 年到现在只有 3 年多的时间,这么短的时间是很难对苏州加工贸易企业的贸易利益进行计量分析。

苏州市对外经济贸易合作局公布了 2007 年和 2008 年苏州地区开发区的基本经济指标,我们计算了苏州政府加工贸易的投入和收益。开发区的投入是开发区的基础设施投入,产出对政府而言就是一般预算收入,我们计算了 2007 年和 2008 年出口 1 美元所需要的基础设施投入、投入 1 元基础设施所获得的一般预算收入和吸收 1 美元实际外资所需要的基础设施投入资金,见表9.17。

**表9.17 苏州主要经济开发区的政府投入和收益**(2007年、2008年)

（单位:美元）

| 开发区名称 | 出口1美元需要投入基础设施 | | 吸收外资所需要的基础投入 | |
|---|---|---|---|---|
| | 2007 | 2008 | 2007 | 2008 |
| 开发区合计 | 0.032 | 0.035 | 2.086 | 2.046 |
| 国家级小计 | 0.018 | 0.017 | 2.493 | 2.791 |
| 苏州工业园区 | 0.024 | 0.018 | 2.608 | 3.169 |
| 苏州高新技术产业开发区 | 0.013 | 0.024 | 2.500 | 2.614 |
| 昆山经济技术开发区 | 0.010 | 0.010 | 3.160 | 2.646 |
| 张家港保税区 | 0.199 | 0.048 | 1.591 | 3.497 |
| 省级小计 | 0.099 | 0.099 | 1.672 | 1.488 |
| 常熟经济开发区 | 0.042 | 0.044 | 3.224 | 2.349 |
| 苏州吴中经济开发区 | 0.136 | 0.220 | 1.269 | 0.738 |
| 苏州相城经济开发区 | 0.129 | 0.158 | 2.091 | 1.400 |
| 吴江经济开发区 | 0.034 | 0.045 | 1.904 | 1.549 |
| 张家港经济开发区 | 0.116 | 0.121 | 1.057 | 0.587 |
| 江苏昆山高新技术产业园区 | 0.044 | 0.024 | 4.357 | 7.114 |

资料来源:苏州市对外经济贸易合作局:《2008年苏州市对外贸易经济年报》,http://www.szh-
boftec.gov.cn/Info.asp? ParentID=52。

而实际上,各种园区之间形成深加工结转,除了苏州投入大量的基础设施外。同时,上海良好的基础设施为吸收以空运为主的加工贸易提供了条件。笔记本电脑的核心零部件进口和组装以后的出口都要通过空运的方式,因而国际航班的数量和网络以及通关速度对计算机加工贸易起到重要的作用,上海拥有浦东和虹桥两大机场,上海与75个国内城市和41个国家或地区的94个城市直航,48家国际或地区航空公司开通了上海的定期航班。[1]

从上面的分析中我们认为:以外资为主导的加工贸易是苏州模式的

---

① 中国国际投资促进会、中欧国际工商学院、中国服务外包研究中心:《中国服务外包发展报告2007》,上海交通大学出版社2007年,第192页。

主要贸易方式。苏州通过利用外资及其技术、管理与商业渠道,以加工制造为基础,在一定程度上实现了经济的飞速发展。但由于 20 世纪 90 年代中期以来苏州加工贸易的快速发展是由跨国公司推动的,加工贸易企业的定位取决于母国对东道国要素禀赋的考虑,跨国公司对加工贸易企业的控制方式取决于跨国公司对价值链的控制能力。跨国公司、代工商通过 FDI 方式在苏州设立独资企业开展加工贸易,实现了在所有权上对加工贸易企业的控制,通过进料加工实现了在采购权上对加工贸易的控制。因而苏州的加工贸易企业产权和采购权完全归属外方,是跨国公司或者代工商在苏州的一个生产基地。对东道国而言,由于外商独资企业采取了独占型的生产控制模式,因而东道国没有资格参与贸易利益的直接分配,东道国利益分配主要间接地体现在劳动力报酬和地方税收方面。但由于受跨国公司转移定价策略和东道国产业政策的影响,东道国在税收和工资上的获益相对都比较小。

## 参考文献

《2008 年苏州市对外贸易经济年报》,http://www. szhboftec. gov. cn/Info. asp? ParentID=52。

戴明:《苏州市利用外商直接投资的现状及发展对策》,《苏州市职业大学学报》2000 年第 3 期。

李玉梅、王冬生:《"苏州模式"的经济分析》,《当代财经》2004 年第 5 期。

联合国贸易与发展会议:《世界投资报告》2002 年。

吕康:《关于"苏州模式"的研究观点综述》,《经济纵横》2007 年第 9 期。

马丽平:《透视苏州发展模式》,《现代经济探讨》2005 年第 9 期。

毛德龙:《涉"三来一补"企业纠纷若干法律问题研究——以东莞市为典型的实证与理论考察》,2004 年,参见 http://www. law-lib. com/lw/lw_view. asp? no=4139。

孙晓峰:《模块化技术与模块化生产方式:以计算机产业为例》,《中国工业经济》2005 年第 6 期。

田园、郭东旭、左静:《江苏加工贸易的工资效应——以苏州为例的实证研究》,《黑龙江对外经贸》2009 年第 5 期。

王怀民:《中间人、转口贸易与加工装配活动关系研究——基于香港与内地的经验》,《国际经贸探索》第 23 卷,第 8 期,2007 年 8 月。

王炜瀚:《中国区域经济模式的选择——以知识观视角为核心的分析》,《苏州大学学报》(哲学社会科学版)2005 年,第 2 期。

香港工业总会(2007 年):《珠三角制造,香港工业的挑战和机遇》,参见 http://www. hku. hk/hkcer/prd% 20report% 20II/Presentation_Chi_(2007-04. 19). pdf。

徐绍川:《苏州招商引资实践的启迪》,《苏南科技开发》2003 年第 8 期。

姚君:《外商直接投资对产业升级的效应研究——对苏州的实证检验》,《江南论坛》2005 年第 7 期。

张向阳、朱有为、孙津:《嵌入全球产业价值链与产业升级——以苏州和温州两地为例》,《国际贸易问题》2005 年第 4 期。

张晔:《"苏州模式"的反思及区域发展道路的选择》,《上海经济研究》2005 年第 5 期。

张芸、谢玉梅:《FDI 增长与外贸发展实证研究——以苏州为例》,《商场现代化》2007 年第 2 期,总第 493 期。

赵晓:《苏州模式与温州模式的"中国经验"》,《经济前沿》2005 年第 5 期。

中国国际投资促进会、中欧国际工商学院、中国服务外包研究中心:《中国服务外包发展报告 2007》,上海交通大学出版社 2007 年版,第 192 页。

宗永建:《苏州、温州经济增长模式中政府作用的对比与反思》,《特区经济》2005 年第 9 期。

Antras, P., 2005. "Incomplete contracts and the product cycle," *American Economic Review* 95,4:1054. 1073.

Barbara J. Spencer, 2005. "International outsourcing and incomplete contracts" *Working Paper* 11418, http://www. nber. org/papers/w11418.

Feenstra, and Hanson, 2000. "Intermediaries in Entrept Trade: Hong Kong Re – Exports of Chinese Goods," The paper is available online at http://webuser. bus. umich. edu/gohanson/gohanson. html.

Feenstra, Hanson, and Lin, 2002. "The Value of Information in International Trade: Gains to Outsorcing Through Hong Kong," *Working Paper* 9328, http://www. nber. org/papers/w9328.

Feenstra, and Hanson, 2005. "Ownership and Control in Outsourcing to China: Estimating the Property–Rights Theory of the Firm," JEL #F14, L23.

Grossman, Gene M. and Elhanan Helpman, 2002. "Integration versus Outsourcing in Industry Equilibrium," *Quarterly Journal of Economics* 117 (1), 84. 120.

Grossman, Gene M. and Elhanan Helpman, 2005. "Outsourcing in a Global Economy," *Review of Economic Studies*, 72 (1), 134. 160HKTDC, 2007. Implications of Mainland Processing Trade Policy on Hong Kong, 参见 http://www. cmab. gov. hk/doc/ProcessingTradeJune_eng. pdf.

McLaren, J. , 2000. "Globalization and Vertical Structure," *American Economic Review* 90, 1239–1254.

Telser, Lester C. ,1981. "Why There Are Organized Futures Markets," *Journal of Law and Economics* 24, pp. 1–22.

附表 9.1 东莞来料加工厂的基本经济指标

| 年份 | 出口总额 | 进口总额 | "三来一补"企业 | 工缴费（实收） | 引进设备价值 | 来料加工宗数 | 期末人数 |
|---|---|---|---|---|---|---|---|
| | （万美元） | （万美元） | （家） | （万美元） | （万美元） | （宗） | （万人） |
| 1996 | 496833 | 383988 | 10209 | 39124. 99 | NA | 8241 | 57. 43 |
| 1997 | 582863 | 445237 | 10179 | 71756 | 31691 | 9169 | 54. 78 |
| 1998 | 652853 | 462194 | 10200 | 90802 | 40784 | 10093 | 69. 05 |
| 1999 | 759638 | 584224 | 8771 | 109592 | 48620 | 9820 | 68. 91 |
| 2000 | 834347 | 64562 | 8767 | 140567 | 55975 | 10690 | 72. 89 |
| 2001 | 940908 | 684323 | 8496 | 147941 | 66801 | 10093 | 129. 34 |
| 2002 | 1171688 | 922916 | 11557 | 143088 | 58662 | 9664 | 142. 54 |

续表

| 年份 | 出口总额 | 进口总额 | "三来一补"企业 | 工缴费（实收） | 引进设备价值 | 来料加工宗数 | 期末人数 |
|---|---|---|---|---|---|---|---|
| | （万美元） | （万美元） | （家） | （万美元） | （万美元） | （宗） | （万人） |
| 2003 | 1257934 | 962367 | 10515 | NA | 592280 | | 146.69 |
| 2004 | 1503757 | 1090197 | NA | NA | 681835 | NA | 134.98 |
| 2005 | 1611676 | 1216566 | NA | NA | 774858 | 8997 | 126.49 |
| 2006 | 1661399 | 1265725 | NA | NA | 873401 | NA | 156.36 |
| 2007 | 2235125 | 1702595 | NA | NA | 967766 | 7602 | 150.69 |
| 2008 | 2428365 | 1712939 | NA | NA | | 7138 | 108.00 |

注：1. 1996—2002 年"来料加工累计签协议宗数"、"引进设备价值"数据源自 1996—2002 年版《东莞统计年鉴》中《镇区来料加工装配签约宗数、工缴费及引进设备价值统计》表，通过加总东莞各镇来料加工数据整理所得。2. 1996—2008 年"（来料加工装配）出口总额"数据源自 1996—2009 年版《东莞统计年鉴》中《主要年份进出口贸易》表。3. 2003—2008 年"引进设备价值"数据源自 2007 年版《东莞统计年鉴》中《历年累计引进设备价值》的"引进设备价值累计中来料加工装配项目"。4. 1996—2002 年"实收工缴费"数据源自 1996—2002 年版《东莞统计年鉴》中《镇区来料加工装配签约宗数、工缴费及引进设备价值统计表》，通过加总东莞各镇来料加工数据整理所得。5. 2002 年起集体企业不包括"三来一补"企业。2001 年前集体包括纯集体和挂集体牌照的"三来一补"企业。6. NA 表示数据不详。

# 第十章 结论与政策建议

本章在前十章分析的基础上,得出了七个方面的理论,在此基础上我们提出三个方面的政策建议。

## 10.1 结论

从对中国加工贸易企业生产控制方式的研究中我们得出如下七个方面的研究成果。

第一,加工贸易企业生产控制方式中的权利及其权利之间的配置问题。最早从加工贸易企业生产控制方式的角度进行研究的是美国学者芬斯阙和汉森(Feenstra and Hanson,2005)发表的《对华外包中的所有权与控制权:对企业产权理论的估计》,他们假设加工贸易企业生产控制权为所有权和采购权两个权利,并根据两种权利的不同归属来判断加工贸易企业的"分治"和"独占",该研究具有开拓性,但这种研究被简单化了。这种简单化表现在两个方面:一是销售权被假设为外方所有,但事实上有些中资加工贸易企业确实具有销售权,同时拥有自己的品牌;二是采购权的归属被简单化了,他们的研究简单地将进料加工贸易中的采购权归类为加工贸易企业拥有。从我们实际调研的情况看,加工贸易企业中是否掌握采购权是一个相当复杂的问题,但同是否拥有销售权密切相关,掌握销售权的企业(一般为外方)可以通过指定采购产品甚至是指定采购企业的方式控制加工贸易的采购权,而这些产品和被采购的企业恰恰是产业链中的关键料件和跨国供应商。不对采购权的归属进行细分,就难以判断加工贸易企业生产控制方式中权利配置的基本特征。因此,根据所有权、采购权和销售权在加工贸易企业中的不同配置方法,我们首先将加工贸易生产控制方式的权利配置分为 3 种加工贸易生产控制方式,即中方独占控制方式、外方独占控制方式和中外双方分治方式。在实际企业调研中,我们发现,在低技术加工贸易企业,存在着一个加工贸易企业内部独占和分治同时存在的现象。

第二,根据我们对加工贸易企业生产控制方式的分类方法,我们首先通过海关统计数据对加工贸易生产控制方式进行初步判断。从总体上看,外方独占是中国加工贸易企业生产控制方式的主要形式,因为以来料加工贸易特别是进料加工贸易为主的外商独资加工贸易在中国加工贸易中占主导地位。从不同技术看,高技术加工贸易的企业主体主要是外商独资企业,尽管它们采用进料加工贸易方式,但采购权被跨国公司或者关联公司母公司所控制,因而是外方独占的生产控制方式,这同罗伯特·库普曼、王直和魏尚进(Robert Koopman, Zhi Wang, Shang - Jin Wei,2008)估计方法类似,我们认为这部分贸易实际上不是中国企业创造的。在低技术产品加工贸易中,中资企业特别是民营企业在所有制性质中所占比重最高。

我们对广东、福建、浙江、上海、江苏和山东六个省的 269 家加工贸易企业的相关信息进行了调查。根据对 204 份有效问卷进行统计和计量分析,我们对影响中国加工贸易生产控制模式的因素进行了分析。分析结果表明,企业所在行业的技术水平、主要产品的标准化程度和通用性程度、企业规模以及中方和外方对劳动力的培训程度,是影响中国企业加工贸易生产控制模式的主要因素。对样本企业的计量结果表明,无论企业的采购权和销售权归谁所有,当加工贸易企业的所有权由外方控制时,外商独资企业的生产效率总体上要低于合资或者中资企业的生产效率。在同一种所有权配置情形下,不同采购权和销售权的配置会影响企业的生产效率,且呈现一定的规律。

第三,我们在 GHM 框架下将产品特征(产品标准化程度和通用性程度)和资产专用性纳入不完全合约的分析框架中并应用其来分析中国加工贸易的生产控制模式问题。在我们的分析中,跨国公司和中国加工贸易企业在加工贸易企业的采购权、所有权和销售权三种权利上都要事先达成配置协议,然后按照事先达成的权利配置方案支付采购努力、加工努力、销售努力和协调努力,其中协调努力由持有销售权的一方支付,它用于协调最终产品加工者的加工活动,这种协调能提高产品质量并带来加工成本的节约。除此之外,加工努力和协调努力同时也会影响最终产品的通用性程度以及最终的销售收益。由于合约的不完全性,这种事先达成的权利配置方案存在着"敲竹杠"的问题,因此双方必须在事后进行纳什议价以重新配置加工贸易的总剩余。在这样的设定下,我们分析了加工贸易企业生产控制模式与产品特征、资产专用性和合约不完全性程度的关系。我们发现,在跨国公司努力的边际成本小于中国加工贸易企业努力的边际成本,以及跨国公司关于加工贸易剩余的讨价还价能力大于中国加工贸易企业的讨价还价能力的情况下:(1)独占模式总是总体上优于分治模式。(2)标准化程度的上升总是推动独占模式的上升。(3)跨国公司讨价还价能力的提高总是推动着加工贸易生产控制模式总体上由分治模式往独占模式发展。(4)通用性程度对加工贸易生产控制模式从独占趋向分治模式呈现 U 形的影响。(5)跨国公司和中方努力的边际成本的上升总体上推动着加工贸易生产控制模式由独占模式往分治模式发展。(6)跨国公司或者中方努力边际成本越高,销售权总体上越可能掌握在中方手中。(7)标准化程度越高导致销售权总体上越可能掌握在跨国公司手中,当且仅当跨国公司讨价还价能力大于某一数值。(8)存在通用性水平的关键值,当通用性水平大于该值时,通用性程度越高,销售权总体上越可能控制在跨国公司手中;当通用性水平小于该值时,通用性程度越高,销售权总体上越可能掌握在中方手中。(9)在销售权控制在跨国公司手中的情况下,独占模式总体上优于分治模式。标准化程度上升将导致加工贸易生产控制模式总体上更加往独占模式发展。此外,跨国公司讨价还价能力的上升将导致加工贸易生产控制模式总体上往独占模式发展。(10)在销售权控制在跨国公司手中时,双方努力的边际成本越大,加工贸易生产控制模式越趋于分治模式。(11)在销售权控制在跨国公司手中的情况下,存在通用性水平的关键值,当通用性水平大于该值时,通用性程度越高,加工贸易生产控制模式越趋于独占模式;而当通用性水平小于该值时,通用性程度越高,加工贸易生产控制模式越趋于分治模式。

第四，外方独占的加工贸易控制方式最主要体现在中国高技术产品出口中，我们通过对高技术产品加工贸易中出口占最大比重的自动数据处理设备的研究，发现尽管外商独资加工贸易企业采用进料贸易方式，但是由于销售权主要控制在品牌制造商，而不在代工商手里，因而加工贸易企业并不掌握采购权，而是在品牌商和代工商之间的采购权分配。一般情况下，品牌商拥有核心模块（例如芯片）的采购权，而非核心模块的采购权则掌握在加工贸易企业母公司即代工商手里，它们之间的利益分配主要依赖同资产专用性有关的技术专利。我们从加工贸易企业生产控制方式的角度，验证了以外商独资企业为加工贸易出口方式的大部分产品并非真正意义上的中国出口产品，而是只是完成了地理位置的移动，而这种移动的主要原因是中国加工贸易的保税政策和加工贸易企业低工资的劳动力使用。

第五，中方独占的加工贸易生产控制方式尽管从总体上不占主导地位，但是在某些特定产业形成了加工贸易的主导企业。我们以光伏产业和造船产业为例，分别分析了民营企业为主导的加工贸易生产控制方式和国有企业为主导的加工贸易生产控制方式。在中国光伏产业中，主要企业大都是民营企业，它们从国外采购多晶硅，生产电池片和光伏组件，然后出口到发达国家，因而它们具有自己独立的采购权和销售权。之所以采用加工贸易方式，是由于在2006年前中国光伏上游多晶硅环节缺乏生产能力，因而生产电池片和光伏组件需要进口料件，同时相对其他燃料，光伏发电成本高使光伏产品的国内市场小，主要出口到发达国家市场。由于光伏加工贸易企业的采购权和销售权完全掌握在民营企业手里，因而一旦国内具有多晶硅等料件的制造能力和国内市场启动，它们既可以通过一般贸易出口，也可以在国内市场销售。这是采用这种形式，使这些企业在短期内迅速成长起来。

在中国造船产业中，由于政策、技术和必要资本壁垒使目前中国造船行业主要以国有企业为主，由于国有造船主要以整船制造为主，核心料件国内难以提供，因而它们采用进口料件的加工贸易方式出口，这类企业也拥有采购权和销售权，因而一旦国内具有核心料件的提供能力，这些企业也可以随时转换贸易方式。

第六，我们在调研中，发现了一种新的生产控制方式，即在一个加工贸易企业内部，存在着分治和独占同时存在的两种生产控制方式，这种加工贸易企业主要出现在低技术加工贸易企业。我们发现，不管是中资企业，还是外资企业，存在着多种加工贸易方式，既采用一般贸易和加工贸易方式，也采用来料加工贸易和进料加工贸易方式，这样就出现了一个中资加工贸易企业内部独占和与外方分治并存的情况。我们以服装加工贸易企业为分析对象，发现中资加工贸易企业内部独占和分治并存的企业占比较大的比重。

第七，由于中国加工贸易各地区开展的时间不同，因而出现了不同地区加工贸易企业的不同特征，我们以最早开展加工贸易的广东东莞地区和后来以吸收大型外资加工贸易企业的江苏苏州地区为例分析这两个地区加工贸易生产控制方式的特征。我们发现，东莞来料加工厂生产控制名义上的中资"分治"方式，实际上基本属于外资"独占"方式。大型外商独资加工贸易企业在苏州占主导地位，而这些企业都采用外方独占的生产控制方式，尽管大部分外商独资企业采用进料加工贸易的方式，但是采购权被加工贸易企业的母公司或者上下游跨国公司所控制，说到底苏州的外资加工贸易企业实质上是跨国公司或者关联公司在苏州的一个生产基地。

# 10.2　需要进一步研究的问题

我们比较全面地分析了所有权、采购权和销售权之间的不同配置对加工贸易企业生产控制方式产生的影响，特别是不同销售权对采购权归属产生的影响。但是由于样本企业数据有限，我们还没有分析在外方控制销售权情况下不同销售渠道对采购权和所有权产生的影响。例如同样是服装加工贸易，销售权控制在外方，但是服装品牌制造商和渠道商对服装加工贸易企业的生产控制方式方面是否有不同，有什么不同？我们还没有做深入的分析。

我们分析了不同技术条件下的外方加工贸易控制方式存在差异,但是没有分析不同国别的外方,例如日本等亚洲国家、美国和欧盟国家在加工贸易生产控制方式方面是否存在差异,为什么会出现这种差异。

对加工贸易企业的贸易利益估算问题尽管不是本书的研究重点,但是是一个十分重要的问题。我们以案例的方式对某些行业和具体加工贸易企业的贸易利益进行了比较简单的计算,但是对中国加工贸易不同控制方式下中外双方的贸易利益还没有一个整体的估计。

# 10.3 政策建议

从加工贸易政策设计看,政府主要围绕加工贸易结构优化、加工贸易产业链延伸和产业转移、加工贸易企业技术溢出等三个方面的政策设计进行。具体地说主要包括三个方面,一是加工贸易企业的转型升级政策,二是加工贸易企业向中西部转移政策,三是加工贸易的工业化政策。

## 10.3.1 加工贸易转型升级政策

加工贸易转型升级的政策含义是通过加工贸易产品出口管理,调整加工贸易结构,通过鼓励和引导企业提高加工贸易产品附加值,提升中国在全球生产价值链中的分工地位。具体政策为:第一,制定限制和禁止加工贸易政策,引导加工贸易的出口导向,逐步调整加工贸易的进出口结构;第二,鼓励和支持研发政策,这类政策并不是专门针对加工贸易企业,而是现有高新技术产业;第三,出口自主品牌政策,这个政策也主要不是专门针对加工贸易企业,而是所有出口贸易企业。

专门制定限制和禁止加工贸易政策主要有两个方面的原因:一是要禁止和限制高排放、高能耗加工贸易产品,这是政府制定加工贸易限制和禁止政策的基本思路;二是要解决所谓的出口顺差问题,以2007年制定的加工贸易限制和禁止政策最为明显。

我们认为,政府在贸易公共政策方面的强化是必要的,特别是对环境严重污染、能源消耗高、附加值低的产品。但是我们认为,贸易公共政策的制定不应该以贸易方式为依据,因为一方面这种政策的制定可能产生不公平,另一方面可能出现会出现政策的失效。环境污染和高能源消耗并不是只有加工贸易企业存在的,一般贸易企业和以内需为主的制造业企业也存在着环境污染和高能源消耗问题,只对加工贸易企业实行禁止和限制政策是不公平的。同时,从加工贸易生产控制方式的角度看,从我们的调查中可以看出,低技术壁垒行业企业从加工贸易转成一般贸易方式相对比较容易,当政府对这类产品的加工贸易企业实行限制政策特别是禁止政策以后,它们自然转成一般贸易出口方式,因而政策效果将受到影响。我们认为,不应该专门制定限制和禁止加工贸易政策,而是以所有贸易作为对象进行比较规范的分类,同时为了保障加工贸易企业的权益,国家要建立严格的法律程序和法律制度。

加工贸易的转型升级,一是从企业角度看加工贸易企业的转型升级,二是从产业角度看,通过加工贸易形成产业链的提升。加工贸易企业的转型升级,一是指制造业务的转型升级,就是从技术含量低的制造工序向技术含量相对比较高的工序发展,这种转型往往附带设计业务、后勤服务等业务的提升,制造工序中的技术含量越高,越需要研发和设计等服务支撑;二是指加工贸易企业从制造业务向服务业务的转型,例如从制造业务向代工设计业务,或者自主品牌服务发展,而将制造业务外包出去。我们认为,加工贸易企业的转型升级基础是加工贸易企业的生产控制方式,不同企业控制方式下的转型升级基础是不同的。

对于外方独占的加工贸易企业,外方控制销售权,进而控制采购权,这些企业转型升级到 ODM(原始设备设计商)、特别是 OBM(品牌商)的可能性较小。因为跨国公司母公司和子公司之间具有明确的业务分工关系,一般情况下,中国作为发展中国家与跨国公司母公司所在的发达国家在要素禀赋方面完全不同,发展中国家劳动力丰裕,而发达国家知识要素丰裕,因而母公司对配置在发展中国家的子公司以加工装备等劳动力密集的生产段为主,而且是成熟产品的制造工序。安特拉斯(Antras

2005）实际上说明了跨国公司出口、制造和外包之间的关系，①因此，北方跨国公司还是将具有技术含量高，制造工序并不是特别成熟，或者大部分配套企业还是在发达国家的生产段配置在发达国家。由于外商独资企业以贸易分段方式将标准化的制造工序配置到中国，因而我们不能奢望这些加工贸易企业的全面转型升级，从 OEM 到 ODM、OBM 的发展，它们的转型升级就是制造工序的提升，以及为制造工序提供支持的设计和供应链管理服务，其主要体现在两个层面：一个层面是为制造工序提供设计服务。在研究和开发中，主要包括基础研究和应用开发，根据跨国公司母子公司之间的分工关系，子公司为了提升竞争力，解决制造工序中的问题，应用开发起到重要的作用，因而与制造工序有关的设计业务不仅可以转换贸易方式，而且为高一级制造工序进入中国提供准备。另一个层面是与制造有关的国际物流和供应链服务，由于在产业价值链中简单的制造工序获得的贸易利益减少，而服务工序因新技术的不断应用而得到提高，与制造有关的国际物流和供应链服务对提高加工贸易的利益有着积极意义。

对于中方独占的加工贸易企业，中方控制了销售权，因而可以控制整个产业价值链的加工贸易控制方式，这种加工贸易企业不是加工贸易的转型问题，而是一开始就建立起了一个完整的企业。对于中方独占的加工贸易高技术企业，这主要是关键料件国内无法生产，产品在国内消费尚不成熟，因而出口在国外而产生的一种新型加工贸易模式，这种模式是贸易发展阶段的产物，对推动中国高技术产业发展起到重要的作用。以高技术产品出口中的光伏产业为例，国内民营企业例如无锡尚德股份有限公司、常州天合公司等已经在太阳能电池、组件制造中形成了规模较大的企业，它们通过进口硅锭与硅晶圆，制造太阳能电池、组件，再出口到欧美市场。这种类型的加工贸易企业本身不是加工贸易转型升级问题，而是一开始就运用加工贸易的保税政策将加工贸易作为料件

---

① 安特拉斯认为，跨国公司产品转移到南方国家生产同产品的标准化程度有关，标准化程度不同，契约的完备性也不同。Antras, P. ,2005. " Incomplete contracts and the product cycle," *American Economic Review* 95，4：1054. 1073.

来源、成本和质量控制的手段,它们有独立的研发部门和营销渠道。对于中方独占的低技术加工贸易产业,有些加工贸易企业由于拥有独立的销售权和销售渠道,开始重视品牌建设,许多人认为加工贸易没有品牌,只是做简单的加工装备,而实际上,这些企业开始通过控制国外渠道的方式建立自己的品牌。尽管在我们调研的样本企业中只占总加工贸易企业的1/4不到,大多数加工贸易企业的品牌知名度还不是很高,但这是中国加工贸易企业转型升级的基本取向,只要企业不断积累,总有机会形成国际品牌。同时,我们在强调国际品牌的同时,更要给加工贸易企业良好的国内经营环境,形成国内品牌,形成内外贸一体化经营方式。

因此,我们认为,加工贸易企业的转型升级是企业行为,而不是政府行为。不同性质企业会根据国家要素禀赋、企业本身的能力和实力以及企业外部经营环境来选择最佳的制造工序加工环节或者转型路径,过度干预企业行为,反而会扭曲要素资源。

通过加工贸易提升产业链实际上也受到加工贸易企业生产控制方式的影响,对于外方独占的加工贸易企业,它们形成了自己的供应链管理体系,特别是在高新技术行业,外商独资企业形成了跨国公司之间、跨国公司母子公司之间、跨国公司子公司之间在上下游模块之间的紧密联系,中资企业很难进入到成熟的供应链体系中。对于中方独占的加工贸易企业,随着中资企业的成长,可以逐步形成比较完整的供应链体系。

从上面的分析中我们可以看出,加工贸易的转移升级实际上是企业行为,而不是政府行为,因而政府作用有限;同时,加工贸易转型升级实际上受到不同加工贸易企业生产控制方式的影响,因而政府难以制定统一的加工贸易转型升级政策。

政府可以在振兴产业计划中体现对企业的促进作用,而不是直接干预企业的经济行为。

### 10.3.2 加工贸易向中西部转移的政策

我们认为,加工贸易难以向中西部转移,并不等于产业不可能转移,只要找到结合点,还是能够实现沿海和中西部之间的联动发展。在城市供应链体系中,许多产品除了进行加工贸易外,许多专业性中小城市开始重视国内贸易。我们认为,仿效沿海的城市供应链模式,在中西部三线城市形成与沿海中小城市对接的专业性城市,并以中西部为主要内需市场是中国区域制造业协调发展的基本结合点。

福建晋江是城市供应链的典型企业,福建晋江是通过泉州侨民和当地民营企业发展起来的,经过十几年的发展,形成了独特的发展模式。(1)晋江市以制鞋业为主,形成了鞋业原材料采购、设计等服务环节,制鞋加工业等制造环节以及销售网络体系。2008年,晋江市有鞋类生产企业3000多家,从业人数40多万人,年产鞋近10亿双,主要产品有运动鞋、旅游鞋、休闲鞋、凉鞋等数百个品种和规格。其中,运动鞋、旅游鞋占全国总产量的40%、世界总产量的20%。(2)福建晋江绝大部分制造性公司在香港设立贸易公司,通过贸易公司投资制造业,贸易公司起到订单处理功能和贸易融资功能,对制造业起到重要的支撑作用。(3)内外贸一体化。国内以品牌为主,晋江形成了乔丹、安踏、特步、361°等品牌企业,这些企业模仿耐克、阿迪达斯等商业管理模式,将部分制造业务外包出去,自己关注研发和品牌建设,例如安踏外包订单在50%左右。晋江是中国县级市国内品牌最多的城市。在内外销比重中,晋江内销制鞋企业占35%,有些企业开始形成出口品牌,但大量的企业还是从事以加工贸易为主的贴牌产品。福建晋江加工贸易企业生产控制方式的特点是:(1)名义上是外资企业,实际上都是通过在香港设立贸易企业再投资中国大陆的制造业,因而实际是为了获得外资企业优惠政策的中资企业。(2)采购权被谁控制同渠道相关。一般情况下,品牌制造商对料件的采购有要求,或者是指定国家,或者是指定企业。而大规模的渠道商对料件没有特殊的要求。

由于福建晋江的企业实际上是中方控制的企业,特别是这些企业形成了内贸与外贸相结合的经营方式,因而我们认为内需部分的制造向中西部转移是可能的。同时,我们认为,沿海地区形成了中小城市的供应链体系,因而向中西部转移的基础和基本经济活动主体不是省与省之间,而是中小城市之间,中央政府有关部门应该直接深入到沿海的三线城市和中西部的三线城市,形成三线城市之间的对接。前面我们已经分析,福建晋江等城市开始形成内外贸两个不同市场,尽管外贸市场占主要比重,但随着国家扩大内需政策的执行,许多专业性城市,特别是消费品行业城市市场内需开始启动,并且初步形成了商业网络体系,国内品牌知名度提高,主要表现在服装、鞋业等低附加值的最终消费品环节。通过在中西部选择相应的城市作为与沿海地区相对应的专业化城市分工体系,并以中西部地区为基本市场,可以带动中西部三线城市的发展,主要基于以下几点分析。

(1)低技术产品制造业最活跃的城市主要不是一线城市和二线城市,而是沿海县级城市。这些城市产品的主导者不是政府和外商直接投资企业,而是国内民营企业,并以最终消费品为主,因而具有对接的市场基础和所有制基础。

(2)不同省份下三线城市之间建立商业联系比省市之间建立商业网络和联系更为有效。长期以来中国省份之间之所以没有消除障碍,一方面是因为行政势力和评价指标的存在,另一方面是因为即使同一个省份,三线城市之间的差异很大,为了省一级政府本身的利益,省一级政府倾向于将制造资源转移到省内部不发达的城市。

(3)沿海地区和中西部地区三线城市之间最重要的转移基础是市场增量。没有这个条件,中低附加值制造业就失去了转移的基础,因为目前沿海地区已经形成了很大的生产能力。

(4)通过沿海地区中小城市与中西部地区产业的对接,同时可以在政府公共服务管理、基础设施建设等领域提供经验。

城市产业供应链体系不是对沿海城市供应链体系的简单复制,而是根据要素禀赋原则使沿海地区和中西部城市供应链体系之间形成互相合作的关系。在整个城市供应链体系中,以最终产品的组装为切入点,因为以中西部市场为目标市场,因而最终产品的制造在成本方面是节约的,而中间产品布点在哪里,什么时候调整布点完全取决于企业的布点决策。

沿海地区和中西部地区工业区之间的合作是产业转移合作的基础。中西部的产业转移绝对不是将高污染的产品配置到那里,而是一开始就要特别重视环境问题,而工业区发展模式被证明是有效管理外部环境的重要方式。不同工业区之间形成产业集聚可以在模式上创新,可以作为东部沿海省市工业区的衍生区域,先将沿海工业区内的龙头企业与中西部工业区对接,然后根据当地的具体情况实现从龙头企业到产业群的对接。

### 10.3.3　通过加工贸易实现工业化的政策

通过加工贸易实现工业化不仅是许多学者的美好设想,也是政策制定者最近几年所积极推动的一项重要任务。

我们认为,加工贸易本身的特点决定了通过加工贸易实现工业化本身所固有的缺陷,加工贸易是通过料件的进口实现出口贸易的,为什么要进口料件,主要原因就是国内没有这方面的料件,或者即使有,但可能没有达到一定的质量要求,而这些料件恰恰是产业链中的核心产品,我们在分析自动数据处理设备时,就十分清楚地说明了大多数核心模块被跨国公司所控制。

从加工贸易企业生产控制方式的角度看,不同生产控制方式所实现的工业化的利益是完全不同的。外方独占的生产控制方式名义上看不仅推动了中国工业化的实现,而且使中国高技术出口比重大大提高,但是正如我们对自动数据处理设备产业进行分析的那样,模块商和代工商都是外商独资性质的企业,外资企业形成了母子公司之间、跨国公司之间的完整供应链体系,通过加工贸易方式形成了生产段之间的有机联系。通过这种方式实现的工业化实际上是很少具有贸易利益的工业化,但目前这种加工贸易企业恰恰是中国加工贸易的主体,并在加工贸易中占主导地位。通过这种方式实现的工业化无论在技术溢出方面,还是在贸易利益方面都是相当有些的。

对于中方独占的加工贸易企业,我们认为这是中国工业化的一种重要实现方式。因为中国是一个发展中国家,与发达国家在制造领域存在着差距,特别是某个产业领域中的核心零部件研发和制造,同时,国内消费水平也明显低于发达国家。在经济全球化的条件下,一个前沿性制造业的发展,不是要等到国内技术和中间产品完全有能力提供,或者已经具备了国内消费市场,而是要通过进口国外料件,产品出口到发达国家,从而逐步形成高技术领域的技术和制造能力,当国内中间产品具有制造能力时,这种企业的贸易方式从加工贸易转变为一般贸易和国内市场销售方式,这是实现工业化的一种重要途径。我们前面以光伏产业为例,分析了中国光伏制造业企业通过海外市场融资将研发放在发达国家,制造放在国内,产品通过加工贸易方式出口到发达国家,从而使中国成为光伏制造和出口大国。从这个意义上看,我们认为发展加工贸易是中国贸易发展战略的一个重要组成部分,是实现工业化的一个重要手段,要培育中方独占的加工贸易企业是进一步发展加工贸易的主要内容。

**参考文献**

Antras, P. ,2005. "Incomplete contracts and the product cycle," *American Economic Review* 95, 4: 1054. 1073.

Feenstra, Robert C. , and Gordon H. Hanson, 2005. "Owership and Control in Outsourcing toChina: Estimating the Property – Rights Theory of Firm," *The quaterly Journal of Economics*.

Robert Koopman, Zhi Wang, and Shang – Jin Wei, 2008. "How much of Chinese exports is really made inChina? Assessing domestic value – added when processing trade is pervasive," *Working Paper*. Available at: http://www. nner. org/papers/w14109。

附表 1

问卷编号：＿＿＿＿＿＿＿＿

# 加工贸易企业调查问卷

## 问卷说明

（1）本问卷调查结果只用作与加工贸易企业研究有关的学术研究和政府政策咨询，与任何商业活动均无关；

（2）调查方承诺：遵守《统计法》，严守企业秘密，绝不向任何第三方透露被调查企业的任何信息，也不将被调查企业信息用作本研究以外任何其他目的；

（3）本调查仅针对加工贸易企业，填写前请确认这一点，数据的真实性将直接影响到本研究的意义。谢谢您的配合！

1. 企业所属行业（若无法肯定，请询问访问员）

A. 纺织（  ）B. 服装、鞋、帽（  ）C. 文教体育用品（  ）

D. 家具（  ）E. 交通运输设备（  ）F. 电器机械及器材（  ）

G. 通信设备、计算机及其他电子设备（  ）

H. 仪器仪表及文化、办公用机械（  ）

I. 其他（请依 GB/T 4754—2002 分类标准说明在下）

＿＿＿＿＿＿＿＿＿＿＿＿＿＿＿＿＿＿＿＿＿

2. 企业成立日期：＿＿＿年＿＿＿月

3. 加工贸易开始日期：＿＿＿年＿＿＿月

4. 企业注册资本：＿＿＿＿＿＿万人民币（  ）美元（  ）

5. 中方是否民营企业：是（  ）否（  ）（外商独资企业不填写）

6. 企业产权性质：外资占比（请在认为最合适的数字处以"●"标示出来）

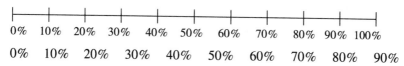

100%

7. 企业占用土地：_____亩；建筑面积：_____平方米

8. 企业主要加工贸易产品的 HS 编码（只填前四位即可）

| 产品 1 | | 产品 5 | |
|---|---|---|---|
| 产品 2 | | 产品 6 | |
| 产品 3 | | 产品 7 | |
| 产品 4 | | 产品 8 | |

9. 加工贸易方式（可以多选）

A. 来料加工（　　） 　　B. 进料加工（　　）C. 来样加工（　　）

D. 其他（请说明在下面并请直接回答问题 11）

_____

10. 主要料件的进口来源地：（可以多选）

A. 中国香港（　）B. 中国台湾（　）C. 日本（　）

D. 韩国（　）E. 东南亚（　）F. 美国（　）

G. 欧盟 15 国（　）F. 其他（请说明）_____

11. 企业近三年劳动力及主要经营数据

| 年度 | 2005 | 2006 | 2007 |
|---|---|---|---|
| 企业总产值 | 万人民币 | 万人民币 | 万人民币 |
| 企业内销额 | 万人民币 | 万人民币 | 万人民币 |
| 加工贸易总产值 | 万美元 | 万美元 | 万美元 |
| 一般贸易出口额 | 万美元 | 万美元 | 万美元 |
| 加工贸易出口额 | 万美元 | 万美元 | 万美元 |
| 用于加工贸易的国内料件采购额 | 万人民币 | 万人民币 | 万人民币 |
| 用于加工贸易的国外料件采购额 | 万美元 | 万美元 | 万美元 |
| 企业从业人数 | 人 | 人 | 人 |

续表

| 年度 | 2005 | 2006 | 2007 |
|---|---|---|---|
| 非本地户口从业人员数 | 人 | 人 | 人 |
| 上缴税收额 | 万人民币 | 万人民币 | 万人民币 |
| 企业性质 | 独资( )合资( )中资( )其他( ) | 独资( )合资( )中资( )其他( ) | 独资( )合资( )中资( )其他( ) |

12. 加工贸易主要产品的标准化程度(标准化程度高:加工产品可以被完全不同的客户或其他非合作方所接受,标准化程度低:产品只能提供给特定合作方)

A. 高( )B. 较高( )C. 中等( )D. 较低( )E. 低( )

13. 用于生产主要加工贸易产品的技术的通用性(通用性高:加工技术可以满足完全不同客户的要求,通用性低:加工技术只能满足特定客户的要求)

A. 高( )B. 较高( )C. 中等( ) D. 较低( )E. 低( )

14. 企业为保证加工贸易的顺利进行,中方是否投入了自主专利

A. 有( )B. 无( )

15. 为保证加工贸易顺利进行,中方是否投入了自有(商业或制造)技术诀窍

A. 有( )B. 无( )

16. 中方在企业加工贸易业务中是否具有自主品牌

A. 有( )B. 无( )(请直接回答问题18)

17. 请列举中方在企业加工贸易业务中三个主要的自主品牌

A. ( ) B. ( ) C. ( )

18. 用于加工贸易生产的专用设备在全部用于加工贸易设备中数量的大致比例

A. <10%( ) B. 10%—30%( ) C. 31%—70%( )

D. 71%—90%( ) E. >90%( )

19. 企业为保证加工贸易顺利进行,自主培训的劳动力(含工程技术

249

人员）在总劳动力中所占比例

    A. <10%（　） 　　　　B. 10%—30%（　） 　　　　C. 31%—70%（　）

    D. 71%—90%（　）　　E. >90%（　）

20. 主要料件的采购是否与外资方（或客户）有合同约定

A. 是（　）B. 否（　）

21. 主要料件的采购是否完全由外资方（或客户）指定

A. 是（　）（请直接回答问题24）B. 否（　）

22. 中方是否可以完全控制主要料件的采购权

A. 是（　）（请直接回答问题24）B. 否（　）

23. 与外资方相比，企业中中方对主要料件采购的决定权大约占比

```
 |    |    |    |    |    |    |    |    |    |    |
0%  10%  20%  30%  40%  50%  60%  70%  80%  90% 100%
```

24. 企业加工贸易产品是否具有自主外销渠道

A. 有（　）B. 无（　）（请直接回答问题26）

25. 与外资方相比，企业中中方对加工贸易产品外销渠道的决定权大约占比

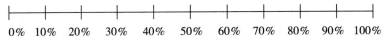

```
 |    |    |    |    |    |    |    |    |    |    |
0%  10%  20%  30%  40%  50%  60%  70%  80%  90% 100%
```

26. 企业所在的行业中，市场竞争力最主要体现在哪些方面（可以多选）

    A. 产品研发（　）B. 产品制造技术（　）C. 规模效应（　）

    D. 销售渠道（　）E. 市场反应能力（　）F. 售后服务（　）

    G. 其他（请说明）_____

27. 与过去相比，企业对所在行业竞争激烈程度的主观感觉是（请在认为最合适的数字处以"√"标示出来）

不激烈　非常激烈

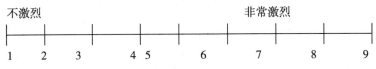

不激烈　　　　　　　　　　　　　　　非常激烈

```
 |    |    |    |   |    |       |       |    |
 1    2    3    4   5   6       7       8    9
```

28. 近年来企业加工贸易年度定单数量大约有（　　　　）次

29. 与外方相比,企业中方对加工贸易产品定价的决定权大约是

   A. <10%(   )B. 10%—30%(   )C. 31%—70%(   )

   D. 71%—90%(   )   E. >90%(   )

30. 与外方相比,企业中方从事目前的加工贸易时相对竞争优势主要体现在

   A. 劳动力成本(   )B. 企业规模(   )C. 产品价格(   )

   D. 技术(   )E. 政策优惠(   )

   F. 其他(请说明)_____

31. 您认为影响加工贸易企业控制模式的主要原因是什么?

   _____

   _____

   _____

   _____

32. 与一般贸易相比,企业从事目前的加工贸易业务主要是出于哪些因素的考量(可以多选)

   1. 利润(   )B. 销售渠道的培育(   )

   C. 长期合作关系(   )D. 吸收外方技术(   )

   E. 成本(   )   F. 其他(请说明)_____

33. 为顺利开展加工贸易,曾经在外资企业总部或其他分部得到技术或管理方面培训的员工数大约是 _____

34. 企业从事加工贸易以来利润率是否有增加

   A. 是(   )B. 否(   )

35. 与一般贸易相比,本企业对加工贸易所获利润的满意度(请在认为最合适数字处以"•"标示出来)

不满意    满意

不满意                                    满意

| 1 | 2 | 3 | 4 5 | 6 | 7 | 8 | 9 |

36. 与一般贸易相比,企业是否考虑放弃目前承接的加工贸易业务?

   A. 是(   )B. 否(   )

37. 您认为中国目前的加工贸易环境如何？

_____

_____

_____

38. 企业加工贸易主要产品的出口口岸是：

A. 江苏(　　)B. 浙江(　　)C. 上海(　　)D. 浙江(　　)E. 福建(　　)
F. 广东(　　)

39. 企业加工贸易主要产品的报关地是：

A. 江苏(　　)B. 浙江(　　)C. 上海(　　)D. 浙江(　　)E. 福建(　　)
F. 广东(　　)

非常感谢您的合作！谢谢！

企业全称：_____

被访人联系电话：_____

E-mail：_____

访问人员：_____

访问日期：_____

附表 2　课题组调研企业名录

| 序号 | 时间 | 组织者 | 地点 | 企业名称 | 所属省市 | 企业性质 | 贸易方式 | 采购权（是否外方指定） | 是否有研发 | 是否有品牌 |
|---|---|---|---|---|---|---|---|---|---|---|
| 1 | 2008 年 4 月 14 日 | | 常熟市珠江路 172 号国际经贸大厦 2 楼会议室 | 常熟市波司登进出口有限公司 | 江苏常熟 | 民营 | 来料和进料 | 不指定 | 否 | 是 |
| 2 | 2008 年 4 月 14 日 | | 常熟市珠江路 172 号国际经贸大厦 2 楼会议室 | 芬欧汇川（常熟）纸业有限公司 | 江苏常熟 | 外商独资 | 来料 | 不指定 | 否 | 否 |
| 3 | 2008 年 4 月 14 日 | | 常熟市珠江路 172 号国际经贸大厦 2 楼会议室 | 常熟思思时装有限公司 | 江苏常熟 | 中外合资 | 进料 | 不指定 | 否 | 否 |
| 4 | 2008 年 4 月 14 日 | | 常熟市珠江路 172 号国际经贸大厦 2 楼会议室 | 住友橡胶（常熟）有限公司 | 江苏常熟 | 外商独资 | 进料 | 不指定 | 否 | 否 |
| 5 | 2008 年 4 月 14 日 | 李徽 | 常熟市珠江路 172 号国际经贸大厦 2 楼会议室 | 阿科玛（常熟）氟化工有限公司 | 江苏常熟 | 外商独资 | 进料 | 不指定 | 否 | 否 |
| 6 | 2008 年 4 月 14 日 | | 常熟市珠江路 172 号国际经贸大厦 2 楼会议室 | 江苏理文造纸有限公司 | 江苏常熟 | 外商独资 | 来料 | 不指定 | 否 | 否 |
| 7 | 2008 年 4 月 14 日 | | 常熟市珠江路 172 号国际经贸大厦 2 楼会议室 | 常熟华新特殊钢有限公司 | 江苏常熟 | 外商独资 | 进料 | 不指定 | 否 | 否 |
| 8 | 2008 年 4 月 14 日 | | 常熟市珠江路 172 号国际经贸大厦 2 楼会议室 | 常熟美迪洋皮革有限公司 | 江苏常熟 | 中外合资 | 进料 | 不指定 | 否 | 否 |
| 9 | 2008 年 7 月 23 日 | 吴缨 邹玲 | 浙江省嘉兴市少年路 168 号外经贸大楼 | 浙江卡森实业有限公司 | 浙江嘉兴 | 中外合资 | 进料 | 不指定 | 否 | 否 |

续表

| 序号 | 时间 | 组织者 | 地点 | 企业名称 | 所属省市 | 企业性质 | 贸易方式 | 采购权(是否外方指定) | 是否有研发 | 是否有品牌 |
|---|---|---|---|---|---|---|---|---|---|---|
| 10 | 2008年7月23日 | 邓健 | 浙江省嘉兴市少年路168号外经贸大楼 | 浙江新韦进出口有限公司 | 浙江嘉兴 | 国有 | 进料 | 不指定 | 否 | 否 |
| 11 | 2008年7月23日 | | 浙江省嘉兴市少年路168号外经贸大楼 | 关东辰美电子(平湖)有限公司 | 浙江嘉兴 | 外商独资 | 进料 | 不指定 | 否 | 否 |
| 12 | 2008年7月23日 | | 浙江省嘉兴市少年路168号外经贸大楼 | 浙江新正方实业股份有限公司 | 浙江嘉兴 | 民营 | 来料和进料 | 不指定 | 否 | 否 |
| 13 | 2008年7月24日 | | 浙江省杭州市延安路457号 | 杭州万事利丝绸科技有限公司 | 浙江杭州 | 民营 | 进料 | 指定国家和企业 | 是 | 否 |
| 14 | 2008年7月24日 | | 浙江省杭州市延安路457号 | 杭州新星光电有限公司 | 浙江杭州 | 中外合资 | 进料 | 不指定 | 是 | 否 |
| 15 | 2008年7月24日 | | 浙江省杭州市延安路457号 | 杭州西子孚信科技有限公司 | 浙江杭州 | 中外合资 | 进料 | 指定企业 | 否 | 否 |
| 16 | 2008年7月24日 | | 浙江省杭州市延安路457号 | 杭州杭叉进出口有限公司 | 浙江杭州 | 民营 | 进料 | 不指定 | 是 | 是 |
| 17 | 2008年7月24日 | | 浙江省杭州市延安路457号 | 杭州中策橡胶有限公司 | 浙江杭州 | 国有 | 进料 | 不指定 | 是 | 是 |
| 18 | 2008年7月24日 | | 浙江省杭州市延安路457号 | 数源科技股份有限公司 | 浙江杭州 | 国有 | 来料和进料 | 不指定 | 否 | 是 |

续表

| 序号 | 时间 | 组织者 | 地点 | 企业名称 | 所属省市 | 企业性质 | 贸易方式 | 采购权（是否外方指定） | 是否有研发 | 是否有品牌 |
|---|---|---|---|---|---|---|---|---|---|---|
| 19 | 2008年7月24日 | 卓雅 | 浙江省杭州市延安路457号 | 杭州天地数码科技有限公司 | 浙江杭州 | 民营 | 进料 | 不指定 | 否 | 是 |
| 20 | 2008年7月31日 | | 上海市奉贤区奉浦大道111号（奉浦大厦十楼） | 上海联吉合纤有限公司 | 上海奉贤 | 中外合资 | 进料 | 指定国家 | 是 | 是 |
| 21 | 2008年7月31日 | | 上海市奉贤区奉浦大道111号（奉浦大厦十楼） | 圣诺技（中国）电源有限公司 | 上海奉贤 | 外商独资 | 进料 | 不指定 | 否 | 否 |
| 22 | 2008年7月31日 | | 上海市奉贤区奉浦大道111号（奉浦大厦十楼） | 上海德浦打火机有限公司 | 上海奉贤 | 外商独资 | 进料 | 指定国家 | 否 | 否 |
| 23 | 2008年7月31日 | | 上海市奉贤区奉浦大道111号（奉浦大厦十楼） | 上海和汇安全用品有限公司 | 上海奉贤 | 中外合资 | 进料 | 不指定 | 否 | 否 |
| 24 | 2008年7月31日 | | 上海市奉贤区奉浦大道111号（奉浦大厦十楼） | 上海英特汽车配件有限公司 | 上海奉贤 | 中外合资 | 进料 | 不指定 | 否 | 否 |
| 25 | 2008年7月31日 | | 上海市奉贤区奉浦大道111号（奉浦大厦十楼） | 上海东霞实业有限公司 | 上海奉贤 | 民营 | 来料和进料 | 不指定 | 否 | 否 |
| 26 | 2008年7月31日 | | 上海市奉贤区奉浦大道111号（奉浦大厦十楼） | 空气化工产品系统（上海）有限公司 | 上海奉贤 | 外商独资 | 来料 | 不指定 | 否 | 否 |
| 27 | 2008年7月31日 | | 上海市奉贤区奉浦大道111号（奉浦大厦十楼） | 上海神力科技有限公司 | 上海奉贤 | 民营 | 进料 | 不指定 | 是 | 是 |

续表

| 序号 | 时间 | 组织者 | 地点 | 企业名称 | 所属省市 | 企业性质 | 贸易方式 | 采购权（是否外方指定） | 是否有研发 | 是否有品牌 |
|---|---|---|---|---|---|---|---|---|---|---|
| 28 | 2008年7月31日 | | 上海市奉贤区奉浦大道111号（奉浦大厦十楼） | 上海超日太阳能科技股份有限公司 | 上海奉贤 | 外商独资 | 进料. | 不指定 | 是 | 否 |
| 29 | 2008年7月31日 | | 上海市奉贤区奉浦大道111号（奉浦大厦十楼） | 上海桦夏实业有限公司 | 上海奉贤 | 民营 | 来料和进料 | 指定国家 | 否 | 是 |
| 30 | 2008年7月31日 | | 上海市奉贤区奉浦大道111号（奉浦大厦十楼） | 维龙（上海）包装工业有限公司 | 上海奉贤 | 外商独资 | 进料 | 不指定 | 否 | 否 |
| 31 | 2008年7月31日 | | 上海市奉贤区奉浦大道111号（奉浦大厦十楼） | 怡人太阳能 | 上海奉贤 | 民营 | 进料 | 不指定 | 否 | 是 |
| 32 | 2008年8月7日 | 张银标 | 汇苑宾馆三楼会议室 | 上海中路实业有限公司 | 上海南汇 | 民营 | 进料 | 指定国家 | 否 | 否 |
| 33 | 2008年8月7日 | | 汇苑宾馆三楼会议室 | 上海迪赛诺化学制药有限公司 | 上海南汇 | 民营 | 进料 | 不指定 | 否 | 否 |
| 34 | 2008年8月7日 | | 汇苑宾馆三楼会议室 | 上海万汇塑料包装容器有限公司 | 上海南汇 | 中外合资 | 进料 | 指定国家 | 否 | 否 |
| 35 | 2008年8月7日 | | 汇苑宾馆三楼会议室 | 上海富国橡塑工业有限公司 | 上海南汇 | 中外合资 | 进料 | 不指定 | 否 | 否 |
| 36 | 2008年8月7日 | | 汇苑宾馆三楼会议室 | 上海伟佳家具有限公司 | 上海南汇 | 外商独资 | 进料 | 指定国家 | 否 | 否 |

续表

| 序号 | 时间 | 组织者 | 地点 | 企业名称 | 所属省市 | 企业性质 | 贸易方式 | 采购权（是否外方指定） | 是否有研发 | 是否有品牌 |
|---|---|---|---|---|---|---|---|---|---|---|
| 37 | 2008 年 8 月 7 日 | | 汇苑宾馆三楼会议室 | 上海爱工电器有限公司 | 上海南汇 | 中外合资 | 进料 | 不指定 | 否 | 否 |
| 38 | 2008 年 8 月 7 日 | | 汇苑宾馆三楼会议室 | 上海恩城时装有限公司 | 上海南汇 | 中外合资 | 来料 | 指定国家 | 否 | 否 |
| 39 | 2008 年 8 月 7 日 | | 汇苑宾馆三楼会议室 | 上海三景服装实业有限公司 | 上海南汇 | 外商独资 | 来料 | 指定国家 | 否 | 否 |
| 40 | 2008 年 8 月 7 日 | | 汇苑宾馆三楼会议室 | 夏特装饰材料（上海）有限公司 | 上海南汇 | 外商独资 | 进料 | 不指定 | 否 | 否 |
| 41 | 2008 年 8 月 7 日 | | 汇苑宾馆三楼会议室 | 上海沪桥密封制造有限公司 | 上海南汇 | 中外合资 | 进料 | 指定国家 | 否 | 否 |
| 42 | 2008 年 8 月 8 日 | 刘福升 | 上海市松江区荣乐东路 81 号（工业园区六楼） | 森田医疗器械（上海）有限公司 | 上海松江 | 外商独资 | 来料和进料 | 不指定 | 否 | 否 |
| 43 | 2008 年 8 月 8 日 | | 上海市松江区荣乐东路 82 号（工业园区六楼） | 上海美维电子有限公司 | 上海松江 | 外商独资 | 来料和进料 | 不指定 | 否 | 否 |
| 44 | 2008 年 8 月 8 日 | | 上海市松江区荣乐东路 83 号（工业园区六楼） | 上海酬勤家俱有限公司 | 上海松江 | 民营 | 进料 | 不指定 | 否 | 是 |
| 45 | 2008 年 8 月 8 日 | | 上海市松江区荣乐东路 84 号（工业园区六楼） | 上海乔佩斯时装有限公司 | 上海松江 | 外商独资 | 来料和进料 | 指定企业 | 否 | 否 |

续表

| 序号 | 时间 | 组织者 | 地点 | 企业名称 | 所属省市 | 企业性质 | 贸易方式 | 采购权（是否外方指定） | 是否有研发 | 是否有品牌 |
|---|---|---|---|---|---|---|---|---|---|---|
| 46 | 2008年8月8日 | | 上海市松江区荣乐东路85号（工业园区六楼） | 上海红虹木业有限公司 | 上海松江 | 中外合资 | 来料 | 不指定 | 否 | 否 |
| 47 | 2008年8月8日 | | 上海市松江区荣乐东路86号（工业园区六楼） | 贝印刃具有限公司 | 上海松江 | 外商独资 | 进料 | 不指定 | 否 | 否 |
| 48 | 2008年8月8日 | | 上海市松江区荣乐东路87号（工业园区六楼） | 上海施维英机械制造有限公司 | 上海松江 | 外商独资 | 进料 | 不指定 | 否 | 否 |
| 49 | 2008年8月8日 | | 上海市松江区荣乐东路88号（工业园区六楼） | 上海东盛高级时装有限公司 | 上海松江 | 中外合资 | 来料和进料 | 不指定 | 否 | 否 |
| 50 | 2008年8月19日 | 卫政文 | 上海闵行区经贸委三楼会议室 | 上海虹桥嘉乐制衣有限公司 | 上海闵行 | 中外合资 | 来料 | 不指定 | 否 | 否 |
| 51 | 2008年8月19日 | | 上海闵行区经贸委三楼会议室 | 上海技光美创服饰有限公司 | 上海闵行 | 外商独资 | 来料 | 不指定 | 否 | 否 |
| 52 | 2008年8月19日 | | 上海闵行区经贸委三楼会议室 | 上海花王有限公司 | 上海闵行 | 中外合资 | 进料 | 不指定 | 否 | 是 |
| 53 | 2008年8月19日 | | 上海闵行区经贸委三楼会议室 | 上海意特尔有限公司 | 上海闵行 | 外商独资 | 进料 | 不指定 | 否 | 否 |
| 54 | 2008年8月19日 | | 上海闵行区经贸委三楼会议室 | 上海玉灿鞋业有限公司 | 上海闵行 | 外商独资 | 进料 | 不指定 | 否 | 是 |

课题组调研企业名录

| 序号 | 时间 | 组织者 | 地点 | 企业名称 | 所属省市 | 企业性质 | 贸易方式 | 采购权（是否外方指定） | 是否有研发 | 是否有品牌 |
|---|---|---|---|---|---|---|---|---|---|---|
| 55 | 2008 年 8 月 19 日 | | 上海闵行区经贸委三楼会议室 | 上海华汇机电有限公司 | 上海闵行 | 外商独资 | 进料 | 不指定 | 否 | 否 |
| 56 | 2008 年 8 月 19 日 | | 上海闵行区经贸委三楼会议室 | 上海中镁科技有限公司 | 上海闵行 | 外商独资 | 进料 | 不指定 | 否 | 否 |
| 57 | 2008 年 8 月 22 日 | 叶素梅 | 中国银行衢州市分行公司业务部 | 衢州珍妮芬服饰有限公司 | 浙江衢州 | 外商独资 | 来料和进料 | 不指定 | 否 | 否 |
| 58 | 2008 年 8 月 22 日 | | 中国银行衢州市分行公司业务部 | 浙江富通塑料包装有限公司 | 浙江衢州 | 外商独资 | 进料 | 不指定 | 否 | 否 |
| 59 | 2008 年 8 月 22 日 | | 中国银行衢州市分行公司业务部 | 衢州星光钻石有限公司 | 浙江衢州 | 外商独资 | 来料 | 不指定 | 否 | 否 |
| 60 | 2008 年 8 月 22 日 | | 中国银行衢州市分行公司业务部 | 浙江通天星集团 | 浙江衢州 | 民营 | 进料 | 不指定 | 是 | 否 |
| 61 | 2008 年 8 月 22 日 | | 中国银行衢州市分行公司业务部 | 衢州英特高分子材料有限公司 | 浙江衢州 | 民营 | 来料和进料 | 不指定 | 否 | 是 |
| 62 | 2008 年 8 月 22 日 | | 中国银行衢州市分行公司业务部 | 衢州恒顺化工有限公司 | 浙江衢州 | 民营 | 来料和进料 | 不指定 | 否 | 否 |
| 63 | 2008 年 8 月 22 日 | | 中国银行衢州市分行公司业务部 | 嘉禾管业股份有限公司 | 浙江衢州 | 民营 | 来料和进料 | 不指定 | 否 | 是 |

续表

| 序号 | 时间 | 组织者 | 企业名称 | 地点 | 所属省市 | 企业性质 | 贸易方式 | 采购权(是否外方指定) | 是否有研发 | 是否有品牌 |
|---|---|---|---|---|---|---|---|---|---|---|
| 64 | 2008年8月22日 | | 浙江来飞户外用品股份有限公司 | 中国银行衢州市分行公司业务部 | 浙江衢州 | 民营 | 进料 | 不指定 | 否 | 否 |
| 65 | 2008年9月25日 | 朱建军 | 宁波中集物流装备有限公司 | 中国宁波北仑·保税区大厦11楼 | 浙江宁波 | 外商独资 | 进料 | 不指定 | 否 | 否 |
| 66 | 2008年9月25日 | | 冠捷科技(宁)有限公司 | 中国宁波北仑·保税区大厦11楼 | 浙江宁波 | 外商独资 | 进料 | 不指定 | 否 | 否 |
| 67 | 2008年9月25日 | | 晟铭电子(宁波)有限公司 | 中国宁波北仑·保税区大厦11楼 | 浙江宁波 | 外商独资 | 进料 | 不指定 | 否 | 否 |
| 68 | 2008年9月25日 | | 宁波海天华远机械有限公司 | 中国宁波北仑·保税区大厦11楼 | 浙江宁波 | 中外合资 | 进料 | 不指定 | 否 | 否 |
| 69 | 2008年9月25日 | | 宁波智涌塑胶有限公司 | 中国宁波北仑·保税区大厦11楼 | 浙江宁波 | 外商独资 | 进料 | 不指定 | 是 | 否 |
| 70 | 2008年9月25日 | | 宁波中盟钢铁有限公司 | 中国宁波北仑·保税区大厦11楼 | 浙江宁波 | 中外合资 | 进料 | 不指定 | 否 | 否 |
| 71 | 2008年10月13日 | 徐连光 | 上海益而益电器制造有限公司 | 上海青浦(区政府二楼经贸委) | 上海青浦 | 民营 | 进料 | 不指定 | 否 | 是 |
| 72 | 2008年10月13日 | | 上海美蓓亚精密机电有限公司 | 上海青浦(区政府二楼经贸委) | 上海青浦 | 外商独资 | 进料 | 不指定 | 是 | 否 |

续表

| 序号 | 时间 | 组织者 | 地点 | 企业名称 | 所属省市 | 企业性质 | 贸易方式 | 采购权（是否外方指定） | 是否有研发 | 是否有品牌 |
|---|---|---|---|---|---|---|---|---|---|---|
| 73 | 2008 年 10 月 13 日 | | 上海青浦（区政府二楼经贸委） | 上海金发科技发展有限公司 | 上海青浦 | 民营 | 进料 | 指定国家 | 是 | 否 |
| 74 | 2008 年 10 月 13 日 | | 上海青浦（区政府二楼经贸委） | 奥比塑料（上海）有限公司 | 上海青浦 | 外商独资 | 进料 | 不指定 | 否 | 否 |
| 75 | 2008 年 10 月 13 日 | | 上海青浦（区政府二楼经贸委） | 上海淀山湖时装有限公司 | 上海青浦 | 民营 | 进料 | 指定国家 | 否 | 否 |
| 76 | 2008 年 10 月 13 日 | | 上海青浦（区政府二楼经贸委） | 上海基江纺织工艺品有限公司 | 上海青浦 | 外商独资 | 进料 | 指定国家 | 否 | 否 |
| 77 | 2008 年 10 月 13 日 | | 上海青浦（区政府二楼经贸委） | 高田（上海）汽配制造有限公司 | 上海青浦 | 外商独资 | 进料 | 指定国家 | 否 | 否 |
| 78 | 2008 年 10 月 13 日 | | 上海青浦（区政府二楼经贸委） | 上海青菱高级时装有限公司 | 上海青浦 | 中外合资 | 来料 | 指定国家 | 否 | 否 |
| 79 | 2008 年 10 月 13 日 | | 上海青浦（区政府二楼经贸委） | 上海晨兴电子科技有限公司 | 上海青浦 | 外商独资 | 进料 | 指定国家 | 是 | 否 |
| 80 | 2008 年 10 月 13 日 | | 上海青浦（区政府二楼经贸委） | 上海当纳利印刷有限公司 | 上海青浦 | 中外合资 | 进料 | 指定国家和企业 | 否 | 否 |
| 81 | 2008 年 10 月 13 日 | | 上海青浦（区政府二楼经贸委） | 上海新技电子有限公司 | 上海青浦 | 民营 | 进料 | 不指定 | 否 | 否 |

续表

| 序号 | 时间 | 组织者 | 地点 | 企业名称 | 所属省市 | 企业性质 | 贸易方式 | 采购权（是否外方指定） | 是否有研发 | 是否有品牌 |
|---|---|---|---|---|---|---|---|---|---|---|
| 82 | 2008年11月11日 | 陈彦川 | 广州东风西路158号国际经贸大厦 | 东莞海溪三淡半导体厂 | 广东东莞 | 外商独资 | 进料 | 指定国家和企业 | 否 | 否 |
| 83 | 2008年11月11日 | | 广州东风西路158号国际经贸大厦 | 东莞亚锋电脑零配件有限公司 | 广东东莞 | 外商独资 | 进料 | 不指定 | 否 | 否 |
| 84 | 2008年12月1日 | 王晓旬 | 青岛市香港中路6号世贸中心A座 | 青岛星电电子有限公司 | 山东青岛 | 外商独资 | 进料 | 不指定 | 是 | 否 |
| 85 | 2008年12月1日 | | 青岛市香港中路6号世贸中心A座 | 青岛宏艺成服装有限公司 | 山东青岛 | 中外合资 | 进料 | 指定国家和企业 | 是 | 否 |
| 86 | 2008年12月1日 | | 青岛市香港中路6号世贸中心A座 | 双星集团有限责任公司 | 山东青岛 | 国有 | 进料 | 指定国家 | 是 | 否 |
| 87 | 2008年12月1日 | | 青岛市香港中路6号世贸中心A座 | 青岛喜盈门进出口有限公司 | 山东青岛 | 民营 | 来料和进料 | 指定国家 | 是 | 是 |
| 88 | 2008年12月1日 | | 青岛市香港中路6号世贸中心A座 | 青岛京华饰品有限公司 | 山东青岛 | 国有 | 来料 | 指定国家 | 否 | 否 |
| 89 | 2008年12月1日 | | 青岛市香港中路6号世贸中心A座 | 青岛大洲运动用品有限公司 | 山东青岛 | 中外合资 | 进料 | 指定国家 | 是 | 是 |
| 90 | 2008年12月1日 | | 青岛市香港中路6号世贸中心A座 | 青岛荣花边织有限公司 | 山东青岛 | 外商独资 | 进料 | 不指定 | 否 | 是 |

续表

| 序号 | 时间 | 组织者 | 地点 | 企业名称 | 所属省市 | 企业性质 | 贸易方式 | 采购权（是否外方指定） | 是否有研发 | 是否有品牌 |
|---|---|---|---|---|---|---|---|---|---|---|
| 91 | 2008 年 12 月 1 日 | | 青岛市香港中路 6 号世贸中心 A 座 | 青岛北海船舶重工有限责任公司 | 山东青岛 | 国有 | 进料 | 不指定 | 否 | 否 |
| 92 | 2008 年 12 月 1 日 | | 青岛市香港中路 6 号世贸中心 A 座 | 明治（青岛）橡塑制品有限公司 | 山东青岛 | 中外合资 | 进料 | 不指定 | 否 | 否 |
| 93 | 2008 年 12 月 1 日 | | 青岛市香港中路 6 号世贸中心 A 座 | 凤凰美昊印染有限公司 | 山东青岛 | 中外合资 | 进料 | 指定国家 | 否 | 是 |
| 94 | 2008 年 12 月 2 日 | 王清 | 威海市新威路 75 号 | 威海坤特服装有限公司 | 山东威海 | 民营 | 来料和进料 | 不指定 | 否 | 否 |
| 95 | 2008 年 12 月 2 日 | | 威海市新威路 75 号 | 威海大联电子装配有限公司 | 山东威海 | 中外合资 | 来料 | 不指定 | 否 | 否 |
| 96 | 2008 年 12 月 2 日 | | 威海市新威路 75 号 | 威海庆东渔具有限公司 | 山东威海 | 民营 | 来料和进料 | 指定国家 | 是 | 否 |
| 97 | 2008 年 12 月 2 日 | | 威海市新威路 75 号 | 威海世雄木业有限公司 | 山东威海 | 外商独资 | 进料 | 指定国家和企业 | 否 | 否 |
| 98 | 2008 年 12 月 2 日 | | 威海市新威路 75 号 | 威海弘阳游艇有限公司 | 山东威海 | 中外合资 | 来料和进料 | 指定国家和企业 | 是 | 否 |
| 99 | 2008 年 12 月 2 日 | | 威海市新威路 75 号 | 威海地中电子有限公司 | 山东威海 | 外商独资 | 进料 | 指定国家和企业 | 否 | 否 |

续表

| 序号 | 时间 | 组织者 | 地点 | 企业名称 | 所属省市 | 企业性质 | 贸易方式 | 采购权（是否外方指定） | 是否有研发 | 是否有品牌 |
|---|---|---|---|---|---|---|---|---|---|---|
| 100 | 2008 年 12 月 2 日 | | 威海市新威路 75 号 | 汇尔服装 | 山东威海 | 民营 | 来料 | 指定国家 | 否 | 否 |
| 101 | 2008 年 12 月 2 日 | | 威海市新威路 75 号 | 山东东鑫电子有限公司 | 山东威海 | 外商独资 | 进料 | 指定国家 | 否 | 否 |
| 102 | 2008 年 12 月 3 日 | 党文庆 | 济南外贸经济合作局 4 楼会议室 | 济南昌威塑料制品有限公司 | 山东济南 | 中外合资 | 进料 | 指定国家 | 否 | 否 |
| 103 | 2008 年 12 月 3 日 | | 济南外贸经济合作局 4 楼会议室 | 山东力诺光伏高科技有限公司 | 山东济南 | 民营 | 进料 | 不指定 | 是 | 是 |
| 104 | 2008 年 12 月 3 日 | | 济南外贸经济合作局 4 楼会议室 | 济南绿霸化学品有限公司 | 山东济南 | 民营 | 进料 | 指定国家 | 否 | 否 |
| 105 | 2009 年 3 月 16 日 | 许青松 | 福建省泉州市晋江市泉安中路 525 号外经贸大厦 5 楼会议室 | 菲莉集团（福建）有限公司 | 福建晋江 | 外商独资 | 进料 | 不指定 | 否 | 否 |
| 106 | 2009 年 3 月 16 日 | | 福建省泉州市晋江市泉安中路 525 号外经贸大厦 5 楼会议室 | 艾派集团（中国）有限公司 | 福建晋江 | 中外合资 | 进料 | 不指定 | 是 | 是 |
| 107 | 2009 年 3 月 16 日 | | 福建省泉州市晋江市泉安中路 525 号外经贸大厦 5 楼会议室 | 晋江奇美礼品宠物工业有限公司 | 福建晋江 | 外商独资 | 进料 | 指定国家 | 是 | 否 |
| 108 | 2009 年 3 月 16 日 | | 福建省泉州市晋江市泉安中路 525 号外经贸大厦 5 楼会议室 | 恒安（中国）纸业有限公司 | 福建晋江 | 外商独资 | 来料 | 不指定 | 否 | 是 |

续表

| 序号 | 时间 | 组织者 | 地点 | 企业名称 | 所属省市 | 企业性质 | 贸易方式 | 采购权（是否外方指定） | 是否有研发 | 是否有品牌 |
|---|---|---|---|---|---|---|---|---|---|---|
| 109 | 2009 年 3 月 16 日 | | 福建省泉州市晋江市泉安中路 525 号外经贸大厦 5 楼会议室 | 晋江市展望电子有限公司 | 福建晋江 | 中外合资 | 进料 | 不指定 | 是 | 是 |
| 110 | 2009 年 3 月 16 日 | | 福建省泉州市晋江市泉安中路 525 号外经贸大厦 5 楼会议室 | 晋江汇辉纺织有限公司 | 福建晋江 | 外商独资 | 进料 | 不指定 | 否 | 否 |
| 111 | 2009 年 3 月 16 日 | | 福建省泉州市晋江市泉安中路 525 号外经贸大厦 5 楼会议室 | 冠科（福建）电子科技实业有限公司 | 福建晋江 | 外商独资 | 进料 | 不指定 | 否 | 否 |
| 112 | 2009 年 3 月 16 日 | | 福建省泉州市晋江市泉安中路 525 号外经贸大厦 5 楼会议室 | 福建冠泓塑胶有限公司 | 福建晋江 | 外商独资 | 进料 | 不指定 | 是 | 否 |
| 113 | 2009 年 3 月 16 日 | 罗生根 | 福建省泉州市晋江市泉安中路 525 号外经贸大厦 5 楼会议室 | 晋江市锦福化纤聚合有限公司 | 福建晋江 | 外商独资 | 进料 | 不指定 | 否 | 是 |
| 114 | 2009 年 6 月 24 日 | | 无锡新区管委会 | 帝业技凯（无锡）精密工业有限公司 | 江苏无锡 | 外商独资 | 进料 | 指定企业 | 否 | 否 |
| 115 | 2009 年 6 月 24 日 | | 无锡新区管委会 | 通用电气医疗系统（中国）有限公司 | 江苏无锡 | 外商独资 | 进料 | 不指定 | 是 | 是 |
| 116 | 2009 年 6 月 24 日 | | 无锡新区管委会 | 无锡尚德太阳能 | 江苏无锡 | 外商独资 | 进料 | 不指定 | 是 | 是 |
| 117 | 2009 年 6 月 24 日 | | 无锡新区管委会 | 住化电子材料科技（无锡）有限公司 | 江苏无锡 | 外商独资 | 进料 | 指定企业 | 否 | 否 |

续表

| 序号 | 时间 | 组织者 | 地点 | 企业名称 | 所属省市 | 企业性质 | 贸易方式 | 采购权（是否外方指定） | 是否有研发 | 是否有品牌 |
|---|---|---|---|---|---|---|---|---|---|---|
| 118 | 2009 年 6 月 24 日 | | 无锡新区管委会 | 普利斯通（无锡）化工有限公司 | 江苏无锡 | 外商独资 | 进料 | 指定企业 | 是 | 否 |
| 119 | 2009 年 6 月 24 日 | | 无锡新区管委会 | 朗盛（无锡）化工有限公司 | 江苏无锡 | 外商独资 | 进料 | 指定企业 | 是 | 否 |
| 120 | 2009 年 6 月 24 日 | | 无锡新区管委会 | 爱克发（无锡）印版有限公司 | 江苏无锡 | 外商独资 | 来料 | 指定企业 | 否 | 否 |
| 121 | 2009 年 6 月 24 日 | | 无锡新区管委会 | 尼康光学仪器（中国）有限公司 | 江苏无锡 | 外商独资 | 进料 | 指定企业 | 否 | 否 |
| 122 | 2009 年 6 月 24 日 | | 无锡新区管委会 | 阿特拉斯·科普柯（无锡）有限公司 | 江苏无锡 | 外商独资 | 进料 | 指定企业 | 否 | 否 |
| 123 | 2009 年 6 月 25 日 | 潘光 | 常州高新区管委会 | 常州振扬电子有限公司 | 江苏常州 | 外商独资 | 进料 | 指定企业 | 否 | 否 |
| 124 | 2009 年 6 月 25 日 | | 常州高新区管委会 | 常州天合光能有限公司 | 江苏常州 | 外商独资 | 进料 | 不指定 | 是 | 是 |
| 125 | 2009 年 6 月 25 日 | | 常州高新区管委会 | 常州宝利医疗用品有限公司 | 江苏常州 | 中外合资 | 来料和进料 | 指定企业 | 否 | 否 |
| 126 | 2009 年 6 月 25 日 | | 常州高新区管委会 | 梅特勒-托利多（常州）测量技术有限公司 | 江苏常州 | 外商独资 | 进料 | 指定企业 | 是 | 否 |

课题组调研企业名录

续表

| 序号 | 时间 | 组织者 | 地点 | 企业名称 | 所属省市 | 企业性质 | 贸易方式 | 采购权（是否外方指定） | 是否有研发 | 是否有品牌 |
|---|---|---|---|---|---|---|---|---|---|---|
| 127 | 2009 年 6 月 25 日 | | 常州高新区管委会 | 江苏诚达石化工业有限公司 | 江苏常州 | 民营 | 进料 | 不指定 | 是 | 是 |
| 128 | 2009 年 6 月 25 日 | | 常州高新区管委会 | 常州丰盛光电科技股份有限公司 | 江苏常州 | 中外合资 | 进料 | 不指定 | 是 | 是 |
| 129 | 2009 年 6 月 25 日 | | 常州高新区管委会 | 常林股份有限公司 | 江苏常州 | 国有 | 进料 | 不指定 | 是 | 否 |
| 130 | 2009 年 6 月 25 日 | | 常州高新区管委会 | 光硝子（常州）光学有限公司 | 江苏常州 | 外商独资 | 进料 | 指定企业 | 否 | 否 |
| 131 | 2009 年 6 月 25 日 | | 常州高新区管委会 | 华润包装材料有限公司 | 江苏常州 | 外商独资 | 进料 | 指定企业 | 否 | 否 |
| 132 | 2009 年 6 月 25 日 | | 常州高新区管委会 | 常州市明和塑胶有限公司 | 江苏常州 | 民营 | 来料和进料 | 指定企业 | 否 | 是 |
| 133 | 2009 年 6 月 25 日 | | 常州高新区管委会 | 常州光阳摩托车有限公司 | 江苏常州 | 外商独资 | 进料 | 不指定 | 是 | 否 |
| 134 | 2009 年 6 月 25 日 | | 常州高新区管委会 | 东京制钢（常州）有限公司 | 江苏常州 | 外商独资 | 进料 | 指定企业 | 否 | 否 |
| 135 | 2009 年 6 月 25 日 | | 常州高新区管委会 | 常州浦大电机有限公司 | 江苏常州 | 外商独资 | 进料 | 不指定 | 否 | 否 |

续表

| 序号 | 时间 | 组织者 | 地点 | 企业名称 | 所属省市 | 企业性质 | 贸易方式 | 采购权（是否外方指定） | 是否有研发 | 是否有品牌 |
|---|---|---|---|---|---|---|---|---|---|---|
| 136 | 2009 年 6 月 25 日 | | 常州高新区管委会 | 莱尼金属导体（常州）有限公司 | 江苏常州 | 外商独资 | 进料 | 不指定 | 否 | 否 |
| 137 | 2009 年 6 月 25 日 | | 常州高新区管委会 | 常州盛香料有限公司 | 江苏常州 | 民营 | 进料 | 不指定 | 是 | 是 |

资料来源：根据笔者给加工贸易企业进行座谈所得资料整理所得。

# 后　记

　　《中国加工贸易企业生产控制模式研究》是在我主持的国家社科基金项目《我国加工贸易企业生产控制模式研究》(项目编号:08BJL048,该项目于2010年8月结项,结项编号:20100793)研究报告基础上完成。

　　参与课题研究和本书撰写的人员是:第一章和第二章(沈玉良、孙楚仁合作),第三章和第四章(孙楚仁),第五章和第六章(徐美娜),第七章(沈玉良、刘仰焰合作),第八章(沈玉良、时杰合作),第九章(沈玉良、麻乐和沈克华合作),第十章(沈玉良),问卷设计凌学岭,其中凌学岭副教授还参与了前期项目的调研工作。在调研过程中,本项目得到了各地外经贸委和企业的大力支持,具体名单附在表格中。

　　本项目同时得到上海市普通高校人文社科重点研究基地上海对外贸易学院国际经贸研究所的资助。

责任编辑:姜　玮

**图书在版编目(CIP)数据**

中国加工贸易企业生产控制模式研究/沈玉良 孙楚仁 徐美娜 著.
-北京:人民出版社,2011.12
ISBN 978-7-01-010458-4

Ⅰ.①中…　Ⅱ.①沈…②孙…③徐…　Ⅲ.①加工贸易-企业管理:
生产管理-研究-中国　Ⅳ.①F752.68

中国版本图书馆 CIP 数据核字(2011)第 253034 号

**中国加工贸易企业生产控制模式研究**

ZHONGGUO JIAGONG MAOYI QIYE SHENGCHAN KONGZHI MOSHI YANJIU

沈玉良　孙楚仁　徐美娜 著

**人民よ版社** 出版发行
(100706　北京朝阳门内大街166号)

北京集惠印刷有限责任公司印刷　新华书店经销

2011 年 12 月第 1 版　2011 年 12 月北京第 1 次印刷
开本:710 毫米×1000 毫米 1/16　印张:17.25
字数:255 千字

ISBN 978-7-01-010458-4　定价:38.00 元

邮购地址 100706　北京朝阳门内大街 166 号
人民东方图书销售中心　电话 (010)65250042　65289539